U0135052

間文化的形式上，取得空前的成就，但不幸的也正在於這種對手段或工具的巧妙利用，反而成功地助長了一個絕對性的新霸權的出現。我在本書中反覆致意的民間社會與國家相輔相成的辯證關係，於焉消逝。Foucault及其他後現代主義著所不斷攻擊的「國家機器」對個人的全面掌控，以及透過一個絕對中心的思想、教育機制，經由紀律、懲罰、制約而將個人馴服的過程，在中共對民間文化、普及教育及宣傳機構的掌握中，有最淋漓盡致的發揮。不過這樣的結果，並不能否定在一個文盲人口佔絕大多數的社會，國家在教育（而非教化）上所應扮演的角色。同樣的現代式普及教育的手段也許會導致截然不同的結果（雖然解構主義者連對西方式的普及教育也存有質疑），但仍不足以否定國家在其中所該扮有的角色。

對於中國近代歷史上是否出現過civil society這一回事，西方學者有過激烈的爭辯。我自己的看法是在二十世紀初，即使沒有出現過制度性的與國家相制衡的「公民社會」，但民間各種蓬勃的自發性活動，其性質很顯然的已經與傳統的「士紳社會」有別。這樣一個「民間社會」的出現，不只在清末和民初的歷史脈絡中有意義，放在1949 年之後極權國家的形成，以及各種社會勢力——不管是傳統的「士紳社會」，或我在本書中所謂的「民間社會」——土崩瓦解後令人窒息的情勢中來考量，也應該有更多讓人省思的空間。我想W. K. Cheng教授的評論應該也是從這樣的關懷出發的，所以我願意利用這個機會再作一些解釋。無論如何，我要感謝他的意見和毫不吝惜的稱譽。

本書出版後，中研院歐美所的趙綺娜教授，四川大學歷史系的羅志田教授，日本東京大學博士班的川島真先生、王詩倫小姐等人，或是指出書中的錯誤，或是提供意見，謹此致謝。我也要謝謝宋秉仁先生、蔣竹山先生、吳鳳蓮小姐協助製作索引。由於近史所出版委員會

更明顯。原來以「開民智」爲目的的啓蒙運動，也因爲政治力量的介入，而成爲戰鬥意味強烈的文化動員和政治宣傳。④在這個過程中，我們看到民間社會與國家，自發性秩序(spontaneous order)和革命精英的衝突與互動。⑤當然，經由社會運動和政治運動，去觀察一個文化史的議題如何染上社會史的色彩，無疑也是新鮮有意思的嘗試。

　　一位評論者在書評中，⑥特別提到我對civil society 和國家的關係的看法，我覺得有稍加解釋的必要。事實上，對目睹過六四天門事件中，北京市民和學生自動自發的熱忱，以及軍隊兇殘的鎮壓過程的人來說，我們對國家，特別是像中共那樣一個極權國家，會採取什麼樣的態度是很顯然易見的。而對親身經歷過台灣八、九十年代洶湧的政治、社會運動的人來說，我們會給予civil society 多麼高的評價，也是可以輕易想見的。不過放在中國近代歷史發展的脈絡下來看，國家應該扮演什麼樣的角色，顯然不是一個容易回答的問題。Duara的國家「內捲化」(state involution)的理論，指出民國時期各個政治勢力不斷擴張的結果，反而加速了鄉村既有社會結構及文化網絡的崩潰，對國家與社會的關係這個問題，提供了一個極有洞見的觀察角度。

　　不過，我仍然認爲在中國二十世紀現代化的過程中，國家有必要在各種基礎建設，以及本書所關注的民眾教育上，扮演關鍵的角色。但我要強調的是，我對所謂民族國家的看法，並不像黑格爾那麼簡單樂觀，認爲是自由、理性的最高體現。（相反的，放在中國現代史的發展中來看，黑格爾的這種看法反而是一個最大的諷刺。）我在本書中，不曾建議給予國家毫無保留的壟斷或主導權力。我也沒有認爲中國的前途繫於中國共產黨式的「民粹主義」上。我承認中共在利用民

---

④　這些我在博士論文中都有比較詳細的處理。
⑤　見W. K. Cheng, *Journal of Asian Studies*, 52:4(November 1993), pp. 984-985.
⑥　見 Duara, 前引書。

和呂芳上所長的慨然應允,特別是張力兄和公小穎小姐的多方協助,
本書才得以修訂再版,我要特別向他們致謝。

　　這樣一個嘗試之作,能得到前輩學者的肯定,對我來說,當然是
一種鼓舞。我尤其要感謝劉廣京先生慷慨的鼓勵。各地的師友不吝給
予支持,我雖不及在此一一致謝,卻不敢或忘他們的情誼。

李孝悌 於南港

民國八十七年二月

自　序

　　前年秋天，我在翻閱有關清末戲曲改良的資料時，陸陸續續看到一些新鮮而有意思的記載。沒有多久，我開始覺得這些零散的資料後面，也許蘊藏着什麼有意義的訊息，所以暫時擱置手邊正在進行的計劃，開始仔細地閱讀當時的報紙。讀了幾年份的報紙後，我確定這些看起來好像沒有什麼關聯的報導，其實共同反映出一個新的時代動向。進一步的爬梳，使這個時代動向的面貌益發清晰，所以我決定將它勾畫出來。

　　本書的主要重點當然是利用一些以前不大受到注意的資料，爲清末十年的歷史增加一個新的面相。但除了這十年努力自身所具有的意義外，我同時也要強調這段歷史和日後各項發展的關係。我試圖指出，在二十世紀的第一個十年中，知識份子和人民及其文化的關係，有了引人注目的變化；而這種變化又成爲此後中國歷史中的一個主要題旨。爲了救亡，人民和人民的文化被重新估量，而使得此後中國政治、思想、文化、社會史的發展呈現不同的風貌。

　　本書完稿後，王聿均、陶英惠、張朋園、王爾敏、陸寶千教授曾細讀主文，並提出許多寶貴的意見，謹在此致最誠摯的謝意。同時，我也要謝謝王樹槐教授給我的一些建議。陳永發、熊秉眞、游鑑明、朱浤源、何萍以及秦博理（Barry C. Keenan）教授等人，或是提醒我注意某些資料，或是提供我一些具體的建議。呂慧慈小姐協助整理雜亂的原稿，江淑玲、吳鳳蓮、李慧玲、張珍琳、麗柱芳小姐幫忙校

對文字，均在此一併致謝。另外，我要特別謝謝魏秀梅小姐在本書出版過程中給予的各項熱心協助。

　　最後，謹以此書獻給我的父母親。

民國八十一年五月

目　　錄

第一章 導 論

對許多歷史學家來說，法國大革命象徵著全然的突破和一個全新的開始，一個以平等主義、民主精神爲基本原則的新紀元於焉誕生。①公民、民眾、國家的觀念，取代了臣民、君王和朝代；平等、自決、博愛的主張取代了貴族、僧侶以及某些團體的自由和特權；宗教被人揚棄，理性、公意和眾人的福祉成爲決定公共事務的準繩。②新秩序和新的價值體系似乎和傳統完全割裂，歷史的發展被導入一個截然不同的方向。

但是這樣的看法只透露出對法國大革命一種近乎宗教信仰的立場，而不能眞正客觀的顯現出歷史的眞相。事實上，這種把法國大革命看成與傳統全然斷絕的嶄新發展的看法早就受到批判。托克維爾早在 1856 年發表的「舊王朝與法國大革命」中，就一再強調舊王朝與法國大革命間的連續性。革命只不過是舊王朝一連串改革的最高峰。在1789年之前的改革，使權利越來越集中在國王手中，中央集權的態勢逐漸形成。貴族的勢力大幅消滅，社會也越來越趨於平等、民主。但改革卻喚醒了民眾的自我意識，提高了他們的期望。他們要求更多的權利，更多的財富和更快速有效的改革。但舊王朝的制度和各種舉

---

① François Furet, Interpreting the French Revolution, (Cambridge University Press, 1978), 頁 2-3。

② Eugene Kamenka, "Revolutionary Ideology and 'The Great French Revolution of 1789-?'" in Geoffrey Best, ed., The Permanent Revolution and Its Legacy, 1789-1989, (The University of Chicago Press, 1988), 頁 77.

措卻顯然不能滿足人民越來越高的期盼，以及越來越強烈的不耐和憤懣之情。③革命因而爆發。對托克維爾來說，從改革到革命，是再自然不過的發展了。一個中央集權的民主國家的建立就是舊王朝一連串改革的意義，也是法國大革命的眞正意涵，革命只不過給這個過程一個新的名字而已。④

我們再回過頭來看中國的情形。辛亥革命雖然在中國政治史上有重要的意義，但很少人會像法國大革命的史家一樣，認爲它把中國歷史的發展導入一個徹頭徹尾的新局面。早在1919年，魯迅在一篇被論者稱爲「革命的象徵寓言」⑤的小說「藥」裏，就對革命的後果和前途透露出強烈的疑慮和不安。華小栓的父母依著舊有的迷信，買了一個蘸滿人血的饅頭；血則來自剛被行刑的革命青年夏瑜。但「夏」的滿腔熱血卻治不了「華」的陳年肺疾，似乎是在說革命也救不了中國

---

③ Alexis de Tocqueville, The Old Regime and the French Revolution. Trans., by Stuart Gilbert, (Doubleday Anchor Books, 1955). 特別是 Part three, Chapter 4, 7, 8. Furet 對 Tocqueville 的看法有精闢的分析，見前引書，頁 132-163。Schama 在1989年法國大革命兩百周年時，出版了一本有關大革命的新書。在這本叫好又叫座的巨著中，Schama 特別強調革命從一開始，就對不同階級的人表現不同的意義。路易十六在各地頒發，要人民傾吐苦水的「訴冤狀」(Cahiers)，給一般人帶來了過高的期望。他們認爲國王眞正的關心民生疾苦，要徹底廢除一切封建特權，建立一個完全公正、平等的社會。所以從 1788 年多天開始他們在各地攻擊貴族，侵佔其莊園、財產。事實上，多數貴族也願意放棄特權，但他們所期望建立的新秩序却不僅於此。這些人眞正受到啟蒙思潮的薰陶，意圖建立一個理性而現代的新社會。在這個社會中，應該有更多的自由，更少的規範；勞力的流動性應該更頻密；商業化的過程應該加速；經濟活動也應該更趣理性。但對一般人民（或所謂的第三階級）來說，更多的自由，更少的規範和各種現代化的發展與建設，却意謂著更多的疑慮、不安，更大的傷害和負擔。所以革命從一開始就向著兩個不同的方向發展：一個要求衝決網羅，一個却希望重新躲到舊有的繭殼中。見 Simon Schama, Citizens: A Chronicle of the French Revolution, (New York, Alfred A. Knopf, 1989), 頁 288-332。

④ Furet, 159.

⑤ 夏志清，中國現代小說史，劉紹銘等譯，（香港，友聯，1979），頁32。

的積弊。⑥更具象徵意義的則是在文章結尾，兩位死者的母親分別傷心地來到兒子的墓前，夏瑜的母親看到兒子的墓上有一圈紅白的花，幻想是兒子在顯靈，因此說道：「我知道了。——瑜兒，可憐他們坑了你，他們將來總有報應，天都知道；你閉了眼睛就是了。——你如果真在這裏，聽到我的話，——便教這烏鴉飛上你的墳頭，給我看罷。」但是回答她的卻是周遭死寂的氛圍。「微風早經停息了；枯草支支直立，有如銅絲。一絲絲發抖的聲音，在空氣中愈顫愈細，細到沒有，周圍便都是死一般靜。兩人站在枯草叢裏，仰面看那烏鴉；那烏鴉也在筆直的樹枝間，縮著頭，鐵鑄一般站著。」⑦婦人無告的哭泣、悲傷，死一般的空氣，鐵石一般不語的烏鴉，這淒涼的景象不僅營造出「中國現代小說創作的一個高峰」，也顯示出作者「對革命的意義和前途的一種象徵式的疑慮。」⑧

　　魯迅在另一篇影響深遠的名作「阿Q正傳」中，對辛亥革命帶來的轉變也有非常諷刺性的描寫：「未庄的人心日見其安靜了。據傳來的消息，知道革命黨雖然進了城，倒還沒有什麼大異樣。知縣大老爺還是原官，不過改稱了什麼，而且舉人老爺也做了什麼——這些名目，未庄人都說不明白——官，帶兵的也還是從前的老把總。」「但未庄也不能說是無改革。幾天之後，將辮子盤在頂上的逐漸增加起來了，早經說過，最先自然是茂才公，其次便是趙司晨和趙白眼，後來便是阿Q。」⑨對一般的鄉紳和像阿Q這樣普通的老百姓來說，革命所意謂的不過是投機性地將辮子用筷子盤在頭上，既可攻也可守。

　　魯迅敏銳的觀察，使他在革命後不久就洞悉了革命在許多方面所

---

⑥　夏志清的解釋稍有不同，同上，頁32。
⑦　魯迅，「藥」，收在魯迅全集，（北京，1956），第一集，頁 33-34。
⑧　夏志清，前引書，頁 33。
⑨　「阿Q正傳」，魯迅全集，第一集，頁 104。

顯露的虛妄本質 。 傳統社會的諸多 面相並沒有被革命的 怒潮沖刷蝕毀 ， 而依然生動鮮活地體現在魯迅筆下一個個卑微 、 平凡的人物身上。不過魯迅所透露出來的訊息：中國傳統社會的特質並未因革命而斷絕，在1911之後還是綿延不斷的繼續呈現，和前述托克維爾對舊王朝與法國大革命間的連續性所作的解釋並不相同。兩者對革命的實質意義都沒有太高的評價，認爲革命並沒有帶來眞正的改變。但對托氏來說，革命是舊王朝各項改革的最高潮，和一個發展過程的高峰；對魯迅來說，革命卻只是將舊的事物、現象換上新的名稱和包裝。傳統社會的積弊、蒙昧和黑暗並沒有因爲革命而有什麼變化。

　　但是這一、二十年來學界的研究，卻爲我們提供了一個新的視野。我們現在知道至少在革命前的十多年間，傳統中國的政治、社會已經發生了相當的變化。[10]一系列有關中國現代化的研究，也把這個現代化的起點訂在1860年代。[11]魯迅著重的是傳統如何在革命之後仍然不死不僵，繼續影響著中國的一般人民；上述學界研究的重心則在探討革命前幾十年間，中國社會所發生的各種變化。強調傳統延續性的人 ， 多半不認爲辛亥革命有太大的意義 ； 重視清末各種變化的學者，則傾向於把革命看成前此改革過程的一個結果，雖然是一個不期然的結果。Mary Wright 認爲清王朝因爲改革而加速了自己的滅亡，[12]正好印證了托克維爾所說的：革命總發生在改革已經啟動，人民生活漸趨好轉之際。[13]辛亥革命和法國大革命不同的是前者很少被賦予像後者那樣全面性突破的意義。

---

[10]　例如 Mary Wright, "The Rising Tide of Change," Introduction to China in Revolution, the First Phase, 1900-1913, (Yale University Press, 1968), 頁 1-63.

[11]　中央研究院近代史研究所第一批有關中國現代化的區域研究，就從 1860 開始。

[12]　Mary Wright, 前引文，頁 59。

[13]　Tocqueville, 前引文，頁，176.

　　但就我們此處的論旨而言，更值得重視的毋寧是辛亥革命依然被普遍當成一個重要的分水嶺和里程碑。[14]這樣的看法當然言之成理，持之有故；但卻常常造成一種認知上的障礙，使人很容易就把清朝和民國看成兩個迥然不同的範疇，代表不同的事物，象徵不同的意義。我們把1911年當成中國現代史的開端，在相當程度上就反映了這種態度。把 1911 看成一些事物、制度、現象的終點，和另外一些事物、制度、現象的起點，固然有助於我們認清歷史的變化，卻也常常妨礙了我們對某些歷史動向的觀察。以白話文的發展為例，過去都一直以為是五四運動造成的。卽使早已經有人指出白話的提倡在清末已有先例，但從來沒有人認為清末的白話和五四時期的白話有什麼實質上的關連。究其原因，固然是因為對史料的掌握不足，但也未嘗不是因為1911這個實質和心理上的斷層使然。我在另外一篇文章中就舉出具體的證據，說明1900年代的白話文已經有非常蓬勃的發展，並且在本質上和1910年代的白話文運動是連續一貫的。[15]

　　本書的目的則在詳細描述清末最後十年的下層社會啟蒙運動。時間的斷限起自1901年，主要是因為整個運動最初和最主要的原動力是義和團之亂所帶來的刺激，這從下文的描述中可以看出。從這一年開始，白話報刊的數量開始顯著增加。[16]第二年大公報創刊，先是經常性地刊載白話論說，後來又每日隨報附贈白話專版，並結集出書。以一個每日出刊的報紙長期大量的刊載白話，其意義自是不同。可以說

[14]　例如林毓生教授就非常強調辛亥革命所造成的普遍王權(universal kingship)的崩潰，使得傳統的政治秩序因之瓦解，並對後來的文化、思想發展有重大影響。見 The Crisis of Chinese Consciousness: Radical Antitraditionalism in the May Fourth Era, (The University of Wisconsin Press, 1979)，頁 10-18。金耀基則非常重視辛亥革命在中國政治現代化上所有的重大意義，見中國現代化與知識分子，（臺北，言心，1977），頁23。

[15]　參見拙著，「胡適與白話文運動 的再評估──從清末白話文的 發展談起」的討論，收在胡適與近代中國，（臺北，時報文化出版社，1991）。

[16]　參見蔡樂蘇，「清末民初的一百七十餘種白話報刊」，收於辛亥革命時期期刊介紹，V（北京，人民出版社，1987），頁 493-538。

密集而鮮明地突顯出啟蒙的題旨。所以雖然在1900年以前就已經有白話報刊的出現，但我認為僅是零星的努力，在量上還達不到一個大規模運動的程度。

以義和團之亂後的1901年為上限的另一個原因，在於其他啟蒙形式：像戲曲、閱報社、講報、宣講、演說乃至各種各樣的漢字改革方案⑰以及識字學堂等都在1901年以後大量出現。而且在理念上，對這種種形式的必要性，其間的關係和各自的影響力，都已經形成了一套系統，並在啟蒙者間取得相當的共識。一方面，我們看到提倡各種啟蒙形式的文章燦然雜陳，並且形成一套明晰的論證；另一方面，在實際的行動上，先有民間各階層人士自發性的努力，前仆後繼，蔚為風潮，接著政府也大力介入，並將某些組織制度化。理論加上實踐，使得整個風潮成為一個自覺、綿續，有理念、有目地，而且有相當程度組織力的運動。

這個運動的下限訂在1911，是因為本書意圖透過對清末這段歷史的描述，來說明在舊王朝的最後十年，中國社會其實已經有了非常大的變動。不過下限雖訂在1911，卻並不意謂這個運動的意涵與影響就到此為止。事實上，這個運動的重要性，不僅在於它是中國歷史上第一次以這麼密集而多樣的方式對下層社會做啟蒙的工作；同時也因為它是中國現代史上最引人注目的文化、思想和社會運動——知識分子走向人民的「民粹運動」(populist movement)——的源頭。就這一

⑰ 當時各種漢字改革中比較有名的有王照的「官話字母」，勞乃宣的「合聲簡字」等。周有光曾經比較有系統的介紹從清末到二、三十年代以中共為主導的漢字改革運動。見氏著，漢字改革概論，(北京，文字改革出版社，1961)，頁 25-80。其他的相關論述可參考：羅常培，國音字母演進史，(上海，商務，1934)，頁1-80，收於語文彙編第三輯，(中國文學專社編，香港龍門影印，1968)；倪海曙，漢語拼音的故事，收於語文彙編第五輯，(上海，1958)；拓牧，中國文字拉丁化全程，(生活書店，1939)，頁 16-23；黎錦熙，國語運動史綱，(上)，(上海商務)，卷一，頁1-47；王爾敏，中國近代知識普及化之自覺及國語運動，(臺北，中央研究院近史所集刊，11期，1982,7)，頁 13-45。

層意義來說，1900年代實在是中國現代史上一個新動向的起始，1949年中共政權的建立則象徵這個發展的最高潮。⑱關於清末的下層社會啟蒙運動和其後「走向人民」運動的關係，我在結論部分會作詳細的探討，這裏暫且不論。

　　在開始描述這個運動的實質內容前，我們有必要先對此處所謂的「啟蒙運動」和「下層社會」的意義，略作說明。我們都知道「啟蒙運動」基本上指的是十八世紀發生在歐洲的一個思想運動。根據 Peter Gay 的看法，這個運動的領導者是一些文化批評者、宗教懷疑者和政治改革者，也就是通稱的「哲人」（philosophes）。這些人並無正式的組織，見解也不盡相同；他們之間雖然時有爭執，甚且惡言相向，但基本上卻像一家人一樣，有著類同的風貌。在思想的取向和觀點上小異而大同，都是人文主義者，有著國際性的視野，主張世俗主義和各種自由。⑲他們對古希臘和羅馬極力頌揚，並在這個古典世界中找到思想的啟發和憑據，藉此對基督教大加攻擊。這些哲人自認所身處的時代是一個「哲學的時代」（The Age of Philosophy）；而根據著名的哲學家兼思想史家卡西勒（Ernst Cassirer）的看法，所謂「哲學的時代」，根本上就是「批判的時代」（The Age of Criticism）。⑳這種批判的態度可以說是整個啟蒙運動最重要的基石之一。他們認為所有的事物都必須經由批判的態度加以檢驗，而政治

⑱　Mary Wright 早就指出 1900 年是中國二十世紀一連串革命的起點。不僅 1919 到 1927 革命的根源在此，即使 1949 以後的革命根源，有很多也要在此找尋。見 Mary Wright 前引文。雖然;Wright 對革命的定義和一般看法不同，但她的論斷基本上相當有識見。不過她並沒有對民粹運動的發展有任何指陳。

⑲　Peter Gay, The Enlightenment: An Interpretation—The Rise of Modern Paganism, (New York, The Norton Library, 1966), 頁 1-6.

⑳　Ernst Cassirer, The Philosophy of the Enlightenment, (Princeton University Press, 1951), 頁 275

與宗教兩者尤其須要接受最嚴格的審視。這個新時代的哲學特別重視
實證的經驗和自然的律則，所以哲人們反對抽象的玄學，反對怪力亂
神的神話和奇蹟，而這些（特別是後二者）正是宗教信仰的核心，所
以他們對天啟的宗教大加撻伐。㉑

　　一方面，他們勇於對一切既成的權威挑戰；另一方面，他們又對
現存的世界和未來充滿了信心，抱持樂觀進取的態度。從十七世紀以
來的科學發展，使他們對理性和知識的力量寄予前所未有的期望和信
任，認為人可以藉此，不斷征服前所未知的黑暗領域，不斷的改善，
向前進步，為人世帶來更多的光明和幸福。㉒卡西勒認為啟蒙時代最
特出的成就之一是將批判與生產、建設的功能結合在一起，並將一種
功能直接轉換成另一種功能。㉓這個看法一針見血地指出了啟蒙運動
的特質。哲人們所奉奉的批判精神，一方面使得舊的政治、宗教權威
漸漸式微，一方面也帶來了更多自由和寬容。這種理性和寬容的人文
精神不僅反映在宗教事物上，從人們對男女、婚姻關係看法的轉變；
男人對妻子、兒女威權的式微；父母對子女婚姻的干涉日漸減少；
婦女地位的逐漸提高；兒童權利受到尊重等各方面也可以清楚地看出
來。在這個新的人文精神的主導下，人們更加重視禮節儀態，變得更
溫柔和善，殘暴粗野的舉止和習俗越來越不能為人接受。㉔毫無疑問
的，這個發生在歐洲十八世紀的啟蒙運動是由一批高級知識分子——

㉑　Peter Gay, 頁 130-150. 一般人都認為十八世紀是一個理性的時代，Peter
　　Gay 卻反對這種說法。他認為啟蒙時代的哲學家對人的限制深有所知，他們承
　　認自己的無知，也特別強調理性的極限。因此他認為「批判的時代」才能够眞正
　　確切點出這個時代的精神，見頁 142-145。

㉒　Peter Gay, The Enlightenment: An Interpretation. Volume II:
　　The Science of Freedom, (New York, the Norton Library, 1969),
　　頁 1-27。

㉓　Cassirer, 前引書，頁 278。

㉔　Peter Gay, Vol., II, 頁 29-45

所謂的「哲人」——所發動、領導的思想運動。運動的對象顯然是受過教育的智識階級，而不是一般大眾。㉕就宣導對象而言，歐洲的啟蒙運動和本書所描寫的清末的啟蒙運動不僅不同，其用心、立意甚至可以說是完全的南轅北轍。因為這些十八世紀的哲人，除了盧梭之外，幾乎每個人都對一般民眾抱著懷疑或輕視的態度。㉖依伏爾泰和達藍柏（d'Alembert）自己的意見，傳播啟蒙思想的策略應該由上流社會的沙龍、學院，向下漸漸滲透到小鎮的貴族和鄉間的士紳——但就到此為止，他們從沒有打算進一步再向下發展。㉗不過 Robert Darnton 的研究卻指出：最能代表啟蒙運動整個思想面貌的〈百科全書〉（the Encyclopédie），其傳播範圍實較一般人想像的要廣。不僅上層社會的貴族士紳會購買這套書，小城鎮的知識階層，包括律師、行政官員以及地方的文武官員、醫生、僧侶也常常是忠實的讀者。在某些地區，甚至會擴及到中產階級的下緣。不過整個講起來，百科全書並未滲透到社會的基層；它們在上層社會廣泛流傳，在社會中流慢慢散佈，卻與農民、工匠等一般人絕緣。㉘至於盧梭，因為1781年發行的〈懺悔錄〉，而一下子聲名大噪，成為法國大革命前十年間整個歐洲最受崇拜的作家。在法國大革命期間，「盧梭崇拜」變得越來越政治化，他的民主理論成為革命的指針，很多人甚至尊他為新法國和法國憲法之父。不過即使如此，我們也懷疑他的思想曾經普

㉕　Alan Bullock, The Humanist Tradition in the West, (New York, Norton & Company, 1985), 頁 81。

㉖　同前。

㉗　Robert Darnton, The Business of Enlightenment: A Publishing History of the Encyclopédie, 1775-1800, (Harvard University Press, 1979), 頁 526。

㉘　同前，頁 524-526。

及到下層社會。㉙

　　雖然啟蒙運動的領導者是以上層社會或中上階級作爲宣導的對象，卻並不妨礙我們用「啟蒙運動」這個辭彙或「啟蒙」這個觀念來指稱發生在清末的文化、思想和社會運動。這一方面是因爲「開蒙」「訓蒙」或「蒙求」的觀念和推行，從先秦以來就是中國傳統的一部分，雖然其重點是以識字爲主，但「開啟蒙昧」的基本意思卻是相同的。更重要的是許多蒙書的目的並不在教人識字，而是要灌輸一套道德、價值觀念，或是介紹某些具體、專門的知識。㉚

　　另一方面，「啟蒙」這個觀念在1900年代初期依然爲開民智者所沿用，例如興建「蒙學堂」在當時就是非常普遍的作法。㉛更重要的是「啟蒙」這個詞，也常常爲當時人使用。申報在1901年的一則報導提到商務印書館根據泰西訓蒙之本而編纂文學初階一書，評論者認爲商務主人的作法是「啟蒙有術」，並特別刊載這則消息「以爲有志啟蒙者告」。㉜1908年，一個叫陳潤夫的人爲了賑濟五省水災，特別發行彩票，未中彩者，可以到南洋官書局領取〈國民必讀〉和〈啟蒙課本〉各一本。㉝以創辦京話日報而轟傳一時的彭翼仲，在辦京話日報之前，先在1902年辦了一份以童蒙爲對象的啟蒙畫報。㉞這些例子都說明當時人已經在使用「啟蒙」這個辭彙，並且有了對一般民眾進行「啟蒙」的觀念。所以卽使不借用十八世紀的歐洲啟蒙運動，我們仍

㉙　James Miller, Rousseau: Dreamer of Democracy, (Yale University Press, 1984), 頁 132-164，特別是 136, 139。

㉚　有關傳統啟蒙教育的梗概和蒙書的類別，可參考張志公，傳統語文教育初探，（上海，1962）。

㉛　參見申報，1901, 12, 8，頁 605; 1902, 3, 2，頁 323; 1905, 2, 13，頁 255; 1905, 3, 13，頁 464。

㉜　申報，1901, 10, 4，頁 200。

㉝　申報，1908, 8, 4，頁 479。

㉞　見第二章。

然可以用「啟蒙」兩個字來說明1900年代在中國發生的這個運動。而我之所以提到十八世紀的啟蒙運動，主要是因為這個運動的一些基本訴求和論旨，都和清末的下層社會啟蒙運動有重大的相似之處。在釐清了兩者間明顯的差異後，我相信一個經過詳細研究，有一定指涉的歐洲「啟蒙運動」的概念，應該對我們掌握清末啟蒙運動的風貌，有所助益。

　　至於所謂「下層社會」，當時人多半是用「下流社會」或「下等社會」等辭彙來表示，由於後者多少有一些輕蔑的意涵，所以這裏用比較中性的「下層社會」來代替。對於這個用法，當時人並沒有非常精確的定義，所指的多半是不識字的人，不過也不盡然，在下文中我們還會進一步討論。

　　這個運動之所以會出現的最直接原因，是當時知識分子日趨強烈的危機意識。李澤厚曾經用「啟蒙」與「救亡」這兩個主題來解釋五四運動及其後中國思想史的發展，[35] 我認為這個解釋同樣適用於清末的許多發展。從 1860 年代的洋務運動到 1890 年代的變法運動，[36] 目的當然在於救亡。問題是在1890年代，就已經有人覺得光是技術、制度的改變已經不夠，還要進一步在思想、人心上加以改革。甲午戰爭慘敗的震憾顯然是這個轉變的轉振點。康有為在光緒二十一年四月（1895）寫的「上清帝第二書」中說「嘗考泰西之所富強，不在砲械軍器，而在窮理勸學」，[37] 就明顯的透露出箇中訊息。而這個「學」在當

---

[35] 李澤厚，「啟蒙與救亡的雙重變奏」，收於中國現代思想史論，(北京，1987)，頁 7-49。

[36] 小野川秀美認為在光緒十年代 (1884-1893) 的前半期，已經出現政教比機器更受重視的傾向。在光緒初年，有志之士就已經產生了西洋政教值得仿效的想法，不過議會制度之成為課題，主要是在光緒十年代後半期以後。見小野川秀美著，林明德、黃福慶譯，晚清政治思想研究，(臺北，時報文化出版社，1982)，頁 49-50。

[37] 康有為，「上清帝第二書」，收在戊戌變法，II（中國近代史資料叢刊，第八種，上海，1953），頁 148。

時領導輿論的知識分子心中，已經漸漸由傳統學問變成「西學」。「西學」之所以能夠成為當時知識界的新「論域」（discourse），根據研究，主要是因為新型報紙、學堂和學會的大量出現。[38] 我認為中國現代史上的啟蒙運動，事實上從這個時候就已經開始。

值得重視的是，這個由救亡逼出來的啟蒙運動，並不僅限於知識階層。幾乎就在同一個時候，少數幾個走在時代前端的思想家就已經注意到開啟一般人民智識的重要性。康有為在上引的「上清帝第二書」中，就強調泰西富強之由，是因為「各國讀書識字者，百人中率有七十人」，民智因之大開。所以他主張「厚籌經費，廣加勸募，令鄉落咸設學塾，小民童子，人人皆得入學」，以厚植人才。[39] 比此稍前，嚴復在光緒二十一年二月在天津直報上發表著名的「原強」一文，利用斯賓塞（Herbert Spencer）「社會有機體」（social organism）的理論，重新審視中國的問題。在這個新理論中，社會的構造和運作，被拿來和人生理的構造和運作相比。在人體的有機構造中，任何一部分的發展、功能都和整體的運作息息相關；同樣的，由個人組成的社會的整體成就也有賴於個人的素質。所以嚴復強調要徹底解決中國的問題，不僅要在「收大權，練軍實」等治標的策略上用力，還要講求治本之道；而所謂治本之道，就是要在民智、民力和民德三方面加以考究。因為事實證明中國自海禁大開以來，已經引進了不少西法，這些西法都是「西洋至美之制，以富以強之機」，但到了中國卻都「遷地弗良，若亡若存」。為什麼呢？那就是因為「民智既不足以與之，而民力民德又弗足以舉其事故也。」同樣的意思，嚴復又在

---

[38]　張灝，「晚清思想發展試論──幾個基本論點的提出與檢討」，中央研究院近代史研究所集刊，第七期，（臺北，1978），頁 480-482。

[39]　戊戌變法，Ⅱ，頁 148-149。

「原強修訂稿」中加以引申,正式標舉出「鼓民力」、「開民智」、「新民德」三個鮮明的口號。[40]

所以就思想的根源來說,對下層社會進行啟蒙工作的必要性,在甲午戰爭之後已經可以窺見端倪。我認為「開民智」的主張之所以會在這個時候被提出來,和甲午之後知識分子普遍體認到思想改革的迫切性有很大的關係。換句話說,「開民智」的論調是在一個一般性的思想啟蒙運動的背景下出現的。1895年之後,隨著新式報紙、學堂和學會的大量出現,知識階層的啟蒙運動已經從理論層次落實到實際行動;下層社會的啟蒙運動則還只停留在少數幾個人的議論的階段。但在短短五、六年間,由於義和團之亂和八國聯軍造成的前所未有的危局,[41] 使得「開民智」的主張一下子變成知識分子的新論域,「開民智」三個字也一下子變成清末十年間最流行的口頭禪,其普遍的程度絕不下於五四時代的「德先生」與「賽先生」。一般「有識之士」或所謂的「志士」,深感於「無知愚民」幾乎招致亡國的慘劇,紛紛籌謀對策,並且劍及履及,開辦白話報;創立閱報社、宣講所、演說會;發起戲曲改良運動;推廣識字運動和普及教育,[42] 展開了一場史

---

[40] 斯賓塞及達爾文主義對嚴復的影響,見 Benjamin Schwartz, In Search of Wealth and Power——Yen Fu and the West, (Harvard University Press, 1964),第三章,特別是頁56-59。「原強」及「原強修訂稿」二文俱收於王栻主編的嚴復集,第一冊,詩文(上),(北京,中華書局,1986),頁5-32,特別是頁 13-15 及 27。引文分見頁14,15。

[41] 當代的議論和傳統的史學著作都對拳民的無知誤國痛加批判。中共的史學論著則一向對拳民持同情的態度,但他們的看法多半粗疏、教條化。Joseph W. Esherick 則從社會、經濟結構、庶民文化和帝國主義等角度對這個問題提出了耳目一新的詮釋。見 The Origins of the Boxer Uprising, (University of California Press, 1987)。我曾對這本書加以評介,見新史學,第一卷第三期,(臺北,1990年,9月),頁 151-160。

[42] 清末的知識份子、官紳、志士為了推廣識字運動,除了有各種漢字改良方案外,還大量建立了半日學堂、半夜學堂、字母學堂、簡易識字學堂等。不過因為這些學堂基本上以識字為主,並未進一步向人民傳遞各種具體的啟蒙訊息,所以雖然他們的努力本身可以看成啟蒙運動的一部份,但與本書所討論者,在性質上略有差異。因此,我將另外為文討論清末這一段時期的識字運動,此處暫存而不論。

無前例的大規模民眾啟蒙運動。少數思想家的言論頃刻間轉化成一場
如火如荼的社會運動，也爲中國現代史上的民粹運動㊸寫下動人的第
一章。

㊸　這裏所討論的清末的民粹運動（populist movement），和一般所指稱，發生在
　　十九世紀下半葉俄國的運動，有不少歧異之處，我在結論部分會詳加討論。

第二章　白話報刊與宣傳品

　　甲午之戰以後，新式報刊大量出現，但這些報刊的對象顯然是受過教育的知識份子，所以文字與溝通的問題就不必有什麼特別的考慮。但到義和團之亂以後，為了開啟一般無知「愚夫愚婦」的智慧，白話報紙大量出現。另一方面，官府和民間為了將訊息更有效的傳達給一般人，也開始大量刊發白話告示和傳單。在這樣一個開民智的前提下，白話文因此有了長足的發展。

第一節　白話報刊

　　從現有的資料來看，我們知道早在 1897 年，就出現了兩份白話報。到1900年以後，數量開始急遽增加。根據統計，從1900到1911年間，共出版了 111 種白話報。① 事實上，這份統計資料還不完全，我就在一些報紙的記載中另外輯出二十份在這個時期內出版的白話報。② 我們如果繼續在各地的資料中爬梳，這個數字一定還會增加。

　　可以想像的，這些報紙的壽命多半都不長，很多出了幾期之後，就因為經費不足而關門大吉。黃培林於1908年 8 月15日在北京分別出版醒羣白話報和醒羣畫報，但很快就停刊，③ 可以說是一個相當典型

① 蔡樂蘇，「清末民初的一百七十餘種白話報刊」，收於辛亥革命時期期刊介紹，V，頁 493-538。
② 詳見拙著，「胡適與白話文運動的再評估」，頁 3。
③ 順天時報，1908, 8, 12; 8, 15。

的例子。但更值得重視的無寧是那些長年附刊白話的大報和一些有影響力的純白話報。日報中附設白話一門，以天津大公報首開其例，自1902年創刊以後就經常性的附有白話論說一欄。1905年8月21日定期出版白話附張，延用《敝帚千金》之名，免費隨報附送，另外也單張出售。④不久之後，這些白話附張又以同樣的名字結集出版，到1906年3月就已經出了十本。⑤到1908年初已出到三十冊。⑥這個時候，大公報認為風氣已開，北方的白話報紙日見增多，不需要再「踵事增華」、「每日曉曉陳言」，⑦所以停掉每天的白話附張，改為不定期地刊登白話專欄。剛開始，有時七、八天甚至十幾天才出一次，但不久後，又恢復經常性出刊。

自從大公報附設官話一門後，「因為其說理平淺，最易開下等人之知識，故各報從而效之者日眾」。⑧1903年，北京的一位「志士」韓某人打算和一家「公慎書局」辦一份京話報館，以開婦孺智慧。在他們訂定的章程中，我們可以清楚看出時代風氣的影響：「咱們中國的風氣是漸漸的開了，推其緣故，全是報館的力量。這麼看起來，這報館在社會上是最有益處的了。可惜各報館所出的報，全是深文奧義，惟通文的人可以看。若是文理粗通的以及婦人小孩兒，就不能懂得了。本報打算開一所白話報館，凡一切論說新聞，全部演成白話，一則便於婦人小孩，二則外省人一看此報，也就懂得北京官話了。」⑨北方另一份主要的日報順天時報也就在這種風氣的引使下，從1905年6月29日起出版白話附張，7月14日起開始經常性見報，有很長一

④ 大公報，1905,8,20。大公報在1904年4月已將一部份的白話論說結集出版，稱為《敝帚千金》，見1904,4,22、25、27等日的廣告。
⑤ 大公報，1906,3,14。
⑥ 同上，1908,2,7。
⑦ 同上。
⑧ 同上，1905,8,20。
⑨ 同上，1903,2,26。

段時間，每天都有白話論說或記事。在南方，1900 年創刊的革命黨
第一份機關報──中國日報──也有白話專欄。更值得注意的是用白
話或廣東方言寫的各種戲曲，如粵謳、龍舟歌、南音、班本、雜曲
等。這種刊載戲曲文字的作法明顯反映出清末改良戲曲以開通民智的
思潮，只不過革命黨進一步用來宣傳革命思想。革命黨的另一份機關
報民立報（創刊於1910），也闢有雜錄部，每天刊載白話小說故事。
民立報在清末的影響相當大，巔峰時期的銷售量高達兩萬份。⑩毛澤
東讀的第一份報紙就是民立報，讀後據說激動不已。⑪

　　就純白話報而言，影響最大的首推京話日報。這份報紙在 1904
年 8 月創刊於北京，1906年 9 月因創辦人繫獄而被迫停刊。創辦人彭
翼仲出身官宦世家，自己也做過小官。八國聯軍侵佔北京期間，他一
度衣食無著，「被迫流落在社會底層」，所以對下層社會的生活有格
外深刻的了解。⑫庚子以後，他開始辦報。首先在兒女親家梁濟的資
助下，於1902年出版了一份以童蒙為對象的啟蒙畫報，以白話配合圖
片。根據梁漱溟的記載，梁濟之所以資助彭翼仲辦報，是因為「經拳
匪之禍，公深痛國人之愚昧無知，決然以開民智為急」。⑬這段典型
的記述明確指出拳亂與清末開民智運動的關係。彭為了達到開發民智
的目的，在1904年進一步辦京話日報。這份報紙出刊後，大受歡迎，
不僅流佈北方各省，而且東到奉黑，西及陝甘；「凡言維新愛國者莫
不響應傳播，而都下商家百姓於京話日報則尤人手一紙，家有其書，

---

⑩　戈公振，中國報學史，（臺北，1976），頁 213。

⑪　Edgar Snow, Red Star Over China (New York, Grove Press, 1977),
　　頁 139-140。

⑫　京話日報原報未見，對該報比較詳細的介紹可以看方漢奇，「京話日報」，收於
　　辛亥革命時期期刊介紹，V，頁 57-69。此處的敍述見方文，頁 57-58。

⑬　梁煥鼎、梁煥鼐，桂林梁先生遺著，（臺北，華文，中華文史叢書第四輯之37），
　　頁 37。

雖婦孺無不知有彭先生」。⑭ 銷售量最高的時候達到一萬多份，成爲
北京第一個銷售量超過一萬份的報紙，也是當時北京銷路最大、影響
最廣、聲譽最隆的報紙。⑮ 大公報發行人英斂之對該報也讚譽有加，
說「北京報界之享大名者，要推京話日報爲第一」。⑯ 1906年，該報
因得罪當道停刊後，到1910年爲止，北京出的白話報至少有十幾種；
這些報紙不論是在篇幅、格式或編排上，全都模仿京話日報，「不敢
稍有更張」。⑰ 可以想見京話日報的魅力和影響力。

　　另外特別值得一提的白話報是安徽俗話報和競業旬報。安徽俗話
報發行於1904年，是半月刊，共出了二十二期，到1905年停刊。⑱ 這
種維持一兩年後停刊的情形，和杭州白話報、中國白話報、蘇州白話
報、寧波白話報、紹興白話報等當時通行的白話小報差不多。⑲ 陳獨
秀是俗話報的主編，也是主要的撰稿人。⑳ 競業旬報於1906年10月在
上海創刊，以後陸陸續續發行，直到 1909 年 6 月出到第四十一期爲
止。㉑ 胡適在第一期就以「期自勝生」的筆名，發表了一篇通俗的
「地理學」，這個時候他還不滿十五歲。從第二十四期開始，胡適負
起旬報的編輯工作，一直到第三十八期。這個時期他寫了不少文章，
有時候全期的文字，從論說到時聞，差不多都是他做的。㉒ 照胡適自
己的說法，這幾十期的競業旬報，「不但給了我一個發表思想和整理

⑭　同上，頁 42。
⑮　方漢奇，前引文，頁 68, 57。
⑯　大公報，1907, 11, 26。
⑰　同上，1907, 11, 27; 1910, 10, 12。
⑱　見安徽俗話報影印者說明，影印者爲人民出版社，1983。
⑲　沈寂，「安徽俗話報」，收於辛亥革命時期期刊介紹 II，（北京社會科學院，
　　1982），頁 167。
⑳　同上，頁 163-164。
㉑　耿雲志，「競業旬報」，辛亥革命時期期刊介紹 III，（北京社科院，1983），
　　頁 272。
㉒　胡適，四十自述，（臺北，1954），頁 62-63。

思想的機會，還給了我一年多做白話文的訓練。」「我不知道我那幾十篇文字在當時有什麼影響，但我知道這一年多的訓練給了我自己絕大的好處。白話文從此成了我的一種工具。」㉓從陳獨秀和胡適與清末白話報刊的關係，我們已經多少可以看出1900年代的啟蒙運動與1910年代啟蒙運動間的關係。

　　白話報的出現既然和啟蒙救亡的思潮有密切關係，它們的對象自然應該以下層社會為主體，這點在理念層次上可以說毫無疑問。上舉大公報官話一門「最易開下等人之知識」，是一顯例。順天時報在1905年添設白話欄，目的也在「開發下等社會」。㉔參與編撰1901年出版的杭州白話報，自號「白話道人」的林獬（又名少泉，後改名白水），1903年在上海創辦中國白話報。在發刊辭裏，他激切地說道：「現在中國的讀書人沒有什麼可望了，可望的都在我們幾位種田的、做手藝的、做買賣的、當兵的以及那十幾歲小孩子阿哥、姑娘們。」問題是這些希望所寄的人既沒有錢讀書，又看不懂「那種奇離古怪的字眼。」林和朋友商量之後，決定為這些人辦白話報。㉕1905年在北京出版的工藝白話選報，也同樣要為下流社會說法。㉖此外，前述京話日報停刊之後，在北京出現的十幾種仿京話日報的白話報，根據記載，目的也在開通下等社會。㉗又如廣東順德一個何某人，在1904年招集股本，打算辦一份粵聲報，用俗話戲曲來開發下流社會。㉘而在一篇論說國語統一方法的文章中，一位作者提到當時的志士，

㉓　同上，頁 67, 68。
㉔　見大公報 1905, 6, 4 的報導。
㉕　原報未見，此處引文俱見蔡樂蘇，「中國白話報」，辛亥革命時期期刊介紹，I，（北京人民出版社，1982），頁 442-443。
㉖　大公報，1905, 7, 31。
㉗　大公報，1910, 10, 12。
㉘　警鐘日報，1904, 8, 21。

「皆以中國文字太深，汲汲謀編輯白話書報以開通下流社會」。㉙凡此都可以看出當時的風向所趨。

　　但值得注意的是所謂「下流社會」或「下等社會」，並不一定是不識字的人，他們很可能是粗通文字的「種田的、做手藝的、做買賣的、當兵的」以及十幾歲的小孩子、姑娘們或林琴南說的「都下引車賣漿之徒」。㉚（當然，這些人很可能都不會花錢，或花不起錢買報紙來看，這裏要強調的只是這些人也可能識字）。一篇在 1902 年發表，講述開民智之法的論說裏，就主張多設白話報館，「俾粗識字者皆得從此而知政要，庶不致再如睡夢矣。」㉛北京志士所辦的京津白話報，就是爲了便利粗識文字的人。㉜安徽俗話報在發刊詞裏對這一點說的更清楚：「現在各種日報旬報，雖然出得不少，卻都是深文奧義，滿紙的之乎也者矣焉哉字眼，沒有多讀書的人，哪裏能够看得懂呢？……所以各省做好事的人，可憐他們同鄉不能够多多識字讀書的，難以學點學問，通些時事，就做出俗話報，給他們的同鄉親戚看看。」㉝大公報在兩千號的紀念徵文中，有一個題目是「論推行強迫教育之法」，其中一篇得獎之作就主張多設白話報社，將國家政治要聞，地方的疾苦利弊，工藝商業之發明及社會學問的進步，編爲白話列入報紙，以使粗識文字的人得以了解世界狀況，並增長其知識。㉞

　　當時人所謂的「下流社會」或「下等社會」是一種約定俗成的說法，並沒有十分嚴格的界定。不過從上面舉的例子，我們大概可以知

㉙　大公報，1904, 10, 30。
㉚　林紓，「致蔡鶴卿太史書」，收於畏廬三集，（臺北，文海，近代中國史料叢刊，九三九之二），頁 672。
㉛　津門清醒居士，「開民智法」，大公報，1902, 7, 21。
㉜　大公報，1905, 6, 7。
㉝　安徽俗話報，第一期，頁 1-2。
㉞　仲玉，「強迫教育先從天津試辦之方法」，大公報，1908, 2, 10。

道他們包括哪些人。基本上，這個階層的人當然包括絕大多數不識字的人㉟，和那些粗通文字的人。而白話報所針對的下流社會，大體上指的還是粗通文字的人。這一方面固然是因爲這個階層的人數量相當可觀，亟待開發，也比較容易用白話開發；一方面也是因爲白話再容易，對不識字的人來說，還是起不了什麼作用。關於前者，近人的一項研究也許有助於我們的了解。根據 Rawski 的估計，在十八、十九世紀時，中國人粗通文字 (functional literacy 或 basic literacy)者，男性大約有百分之三十到四十五，女性則約當百分之二到十。㊱至於後者，當時多數從事啟蒙運動的知識份子對各種啟蒙形式的對象都有相當清楚的了解。他們對文字的局限深有所知，所以提倡戲曲；重視演說、宣講；試行字母、簡字；創設簡字學堂、字母報紙，針對的都是不識字的人。白話報對不識字者的作用，則主要是透過講報等口述的形式表現出來，這點我們在後面還會討論。

　　有趣的問題是：下層社會的人到底看不看白話報呢？從既有的資料來看，答案顯然是肯定的。以轟動一時的京話日報爲例，在北京的勞動界就相當受歡迎，「擔夫走卒居然有坐階石讀報者」。㊲京話日報常常登載讀者的來稿，根據分析，投稿者除了職員、蒙師、書辦、

㉟　這裏必須強調的是，識字與否並不是決定一個人社會地位的唯一因素，譬如官宦之家的婦女就可能不識字。David Johnson 認爲個人在社會上統治力的位階 (the hierarchy of dominance) （例如有人有優越的地位，有人自給自足，有人則必須仰人鼻息），是另外一個要考慮的因素。參見 David Johnson, "Communication, Class and Consciousness in Late Imperial China," 收於 David Johnson, Andrew J., Nathan 及 Evelyn S., Rawski 等人編的 Popular Culture in Late Imperial China, (University of California Press, 1985)，頁 55-57。

㊱　Evelyn Sakakida Rawski, Education and Popular Literacy in Ch'ing China, (Ann Arbor, University of Michigan Press, 1979)，頁140

㊲　警鐘日報，1904, 11, 17。

學生外，還包括識字不多的小業主、小商販、小店員、手工業工人、
家奴、差役、士兵、家庭婦女、優伶以及一部分墮落風塵的妓女。這
份報紙無疑地和中下層社會有相當密切的關係。[38] 大公報的白話欄及
敝帚千金，在當時有不小的影響，不但其他報紙紛紛仿行，還被人用
作講本。它的讀者羣中應該包括了一些沒有受過太多教育的人。有一
則記載就說看到粗識字的人，專挑大公報的白話附件來讀，並且高聲
朗誦，眉宇間還露出得意之態。[39] 林獬辦的中國白話報雖然目的在開
通下層社會，但根據他們自己做的廣告，購買的人多半是學生。不過
值得注意的是，很多學生買報的目的是為了家鄉的「婦孺盲塞」，像
湖南的學生就曾集資每月買幾百份報紙分送鄉親。[40]

　　這裏特別要說明的是，絕大多數白話報創辦的目的，雖然是為
了使沒有受過太多教育的人，能夠有一個比較容易的管道去接觸新知
識、新思想，但它們所設定的對象，很多都並不僅局限於下層社會，
而實際的閱讀者，範圍也很廣。[41] 就這一點來說，1900年代啟蒙運動
的對象和影響，不僅在下層社會，還包括了其他階層。這個認識，對
我們重新審視二十世紀啟蒙運動的發展，是相當有意義的。

　　至於白話報的內容，則以破除迷信、勸戒纏足、勸戒鴉片為主，
另外還包括了一些勸善懲惡、攻擊傳統習俗、制度的文字和很多介紹
新知的作品。以敝帚千金為例，第一本裏面的文章，照編者自己的分
類，共有五種：開智、闢邪、合羣、勸戒纏足和寓言。[42] 雖然不少白
話報刊的作品，特別是那些勸善懲惡的道德文字，在內容、思想上，

---

[38]　方漢奇，前引文，頁 67。
[39]　大公報，1902, 7, 21。
[40]　警鐘日報，1904, 4, 22。
[41]　參見拙著，「胡適與白話文運動的再評估」，頁 12-13。
[42]　大公報，1904, 4, 27。

和傳統善書之類的刊物沒有什麼差別，㊸但形式的變化不可避免地會影響到所載的道；時代的需求，更使得知識份子傳達的訊息有了很大的更張。順天時報在 1906 年刊載的一篇有關傳奇女子惠興的白話報導，是一個很好的例子。

　　惠興出身官宦之家，父親做過杭州參領。她雖是一介女流，卻少懷大志。對美國女權領袖批茶(Harriet Beecher Stowe)㊹的事蹟深爲歆羡，打算在中國婦女界中也轟轟烈烈的做一番事業。惠興時常向人說，開辦學堂是強國的第一義，而女學又是學堂中最緊要的。所以她就和一些女同志商量，「苦口哀勸，湊集公積銀數百圓，創立了一所女學堂，名叫貞文女學校。貞字取貞潔的主義，文字有文明的希望。」但是惠興顯然和秋瑾一樣，有著悲劇女英雄的情結。秋瑾可以逃避清兵的圍捕，卻選擇了殉死一路，用鮮血爲革命寫下戲劇性的一頁。㊺惠興雖也是爲啓蒙獻身的志士，但她做的是和殺人造反的勾當完全相反的建設性事業，理論上須要的是更多的耐心和一步一步的努力。可是惠興也選擇了和秋瑾一樣激烈的方式，來成就自己的生命。學校開學那天：

> 女傑登壇演說，痛陳教育的關係，非興學不能自強。忽然間，拔出刀來，在膀子上割落一塊肉下來，鮮血直流，滴個不住。

㊸　包天笑就提到，和他一同辦蘇州白話報的表兄尤子青，本來打算把報紙向善書一樣的免費送人。釧影樓回憶錄，（臺北，近代中國史料叢刊續輯，四十八之一）頁 169。

㊹　批茶可以說是清末前進婦女的偶像。她爲黑人爭取平等、權益所作的奮鬥，正好可以被清末的婦女領袖，當成中國婦女求取解放的好榜樣。心青寫的〈女界文明燈彈詞〉，就拿批茶當引子，來描述幾個激進女青年與舊勢力的抗爭。這篇彈詞收在阿英編的晚清文學叢鈔：說唱文學卷，頁 173-201。

㊺　魯迅認爲秋瑾被留日學生捧在掌心，過度的偶像化，最後她爲了成全自己這個形象，而在眾人的掌聲中走向死亡，引自 Jonathan D. Spence, The Gate of Heavenly Peace: The Chinese and Their Revolution, 1895-1980, (Penguin Books, 1981)，頁 94。

　　　　眾人大駭，女傑卻面不改色，向眾宣言道：「這塊臂肉，作
　　　　爲開學的紀念。這貞文女學校倘從此日推日廣，我臂肉還能重
　　　　生；倘若這女學半途停廢，我必定要把這身子，來殉這學校
　　　　的。」

沒有多久，不幸的事情果然發生：

　　　　開學後，沒有多時，漸漸的經費不夠開銷。女傑支持不住，知
　　　　道卽使勸捐，未必有人應允；卽使應允，零星少數，也不是長
　　　　久之計，於是又想出一偉大舉動。親手寫了一封上某當道的
　　　　書，痛陳女學興衰關係的厲害，代本校請常年經費。卻暗暗的
　　　　生吞洋煙一杯，並寫了遺書百餘言。願將一死動當道，請的
　　　　款，興女學，圖自強等話。寫畢就死，年紀只有三十五歲。一
　　　　時轟動杭州城，各報喧傳，都說是中國六千年來十（？）界第
　　　　一偉人。[46]

惠興以死明志，固然顯示出新政受到的阻礙；但她先是在開學典禮上
拔刀割肉，接著吞煙自盡，種種激烈而戲劇化的舉動，除了說明她剛
強的個性外，也未嘗不能讓我們看出這個時代激盪、理想和迥異尋常
的特質。

　　這個旣聳動又富教化色彩的故事，除了被敷演成白話，廣爲傳播
外，很快就被編成劇本，多次在舞臺上演出（見第五章）。演出的盛
況也由白話報導詳細記載。[47]這種用白話來介紹具有啟蒙意義的故事
或戲曲曲文的作法，是清末白話文的一大特色。像梁濟寫的〈桑露戰
記〉和〈女子愛國〉除了由名伶演出外，報紙上也幫著宣傳。前者
寫的是日俄戰爭的經過，[48]後者則是說一個時代英豪，「自稱愛國女

　　46　順天時報，1906, 2, 8，白話欄。
　　47　見順天時報，1906, 5, 27，白話欄。
　　48　順天時報，1906, 6, 15，白話欄。

子，要辦一閨範學堂，經費不足，合同志女士數人，苦心組織。也有捐助銀兩的，也有捐助房屋的。並有知縣官的太太，把首飾衣服等件，變賣了一千五百金，也捐入學堂。因此學堂便辦成功，即日開學。愛國女子，登臺演說，並宣講地圓地動的理，和日大地小、八星環繞的理。對著滿園聽戲的多數人演說，眞是開通風氣的第一善法。」根據報導，這所閨範學堂也是眞有其事，設在湖北蘄水縣，而不全是梁濟憑空構想。⑭ 演說和戲曲的關係，我們會在後面詳細討論，這裏只要指出，同樣作爲啟蒙的工具，白話和戲曲也常常相輔相成，互爲呼應。

　　1910年，文明戲突然在北京也流行起來。開風氣之先的王鐘聲一下成爲北京戲壇的新寵：「這幾天，北京社會忽然間盛稱『鐘聲』、『鐘聲』、『聽鐘聲』。九城裏外，舉國若狂，接連幾晚上，不論商界、學界、政界、女界、守舊界、維新界中人，凡知道鐘聲消息的，都要破點兒工夫，犧牲數時間，到大樂園去聽鐘聲。須知鐘聲登舞臺必在夜晚十時以後，去聽鐘聲的人，卻在六點以前便爭先早到，須等候四個鐘點，才能够聽見鐘聲。」⑤ 這樣的盛況，說明了在一切求新求變的 1900 年代，卽使在舊劇殿堂的京師，聽眾也渴望聽到一些「新聲」。王鐘聲打著「改良新戲」的招牌，果然一鳴驚人，唱出（更正確的講，是「說」出）時代的心聲。⑤ 由於鐘聲新戲的轟動萬方，再加上「改良」的堂皇冠冕，一向重視戲曲消息的順天時報，自然不放過機會，除了大事宣傳外，還詳細連載了各劇的內容。⑤

　　此外，對戲園、舞臺的改良，各地「電光夜戲」、「文明新戲」

---

⑭　順天時報，1906, 5, 23，白話欄。

⑤　順天時報，1910, 1, 29，瑣事雜誌。

⑤　關於王鐘聲的革命與演戲生涯，可以參考梅蘭芳，「戲劇界參加辛亥革命的幾件事」，收於辛亥革命回憶錄㈠，（北京，文史資料出版社，1981），頁355-360。

⑤　見順天時報，1910, 1, 26; 1, 29; 1, 30, 2, 2; 2, 3; 2, 4 等日的記載。

的演出，以及各種新奇的舞臺嘗試，順天時報也常常以白話加以鼓吹和報導。㊾這些例子都說明了白話報在取材上的新趨向。

多數白話報固然是站在上對下的地位，對不識之無的愚夫愚婦施以教化，但也有像彭翼仲這樣深知民間疾苦，秉持正義的原則，站在人民的立場，對濫用權勢者痛加抨擊的作法。譬如對王府活埋侍妾的事件，除了零星的報導外，共寫了五篇有系統的論述。其他類似這種揭露官府黑暗面的報導也不少。㊿這種作風使京話日報在某些方面表現出反既存秩序的激烈傾向。該報三番兩次的聲明：「我們這京話日報是一個膽大妄言，不知忌諱，毫無依傍，一定要作完全國民的報」「凡八旗衙門的弊病，明說暗說，毫不容情」「應該爭論的，刀放在脖子上還要說」。㊼在傳統政權下，這樣公開激烈的表白是非常突出的。這種激烈化的傾向固然和時代環境有關，採用白話的表達形式應該也是因素之一。雖然採用白話不一定就表示和人民認同，但因為使用了一般人的語言而進一步站在它們的立場說話，在情理上是完全說得通的。

這種激烈化的傾向不僅表現在對權貴的攻擊上，從對傳統習俗、制度的批判上也可以明顯看出。其中陳獨秀和胡適的言論是典型的代表。陳獨秀曾在安徽俗話報上連載了好幾期的「惡俗篇」，對傳統婚姻制度痛加箴砭。對陳來說，傳統婚姻制度的最大問題是「不合情理」。他特別對女性在這種制度下所受到的迫害，大發不平之鳴。他還舉了安徽「等兒媳」的風俗來說明。在這個習俗下，沒有兒子的人家常常先娶了媳婦，等兒子出生。如果不幸這戶人家一直沒有子嗣，先娶過門的媳婦也要等到二十多歲才可以另外擇配。即使這戶人家有了兒

㊾　例如順天時報，1906, 3, 15; 1907, 8, 28; 8, 29; 9, 11 各日的報導。
㊿　參見方漢奇，前引文，頁 63-65。
㊼　引見同前，頁 63。

子，也總是「十八歲大姐周歲郎」，「那媳婦也少不得守十幾年青春活寡，才能够成親婚配」。「你道這是天地間何等不合情理的慘事哩！」⑯陳獨秀這種質疑的口氣和態勢，已經頗有五四時期魯迅所謂「吃人的禮教」的味道。陳在討論了其他一些不合情理的婚姻習俗後，對男女平等之意再三闡述，並提出女性應該有自由離婚的權利，有不守節改嫁的權利。⑰他還對女子爲了取悅男人而裝扮自己的作法冷嘲熱諷，認爲像是對囚犯的刑罰，女子的種種飾物就像是腳鐐、手銬、枷鎖一樣。他因此要婦女們反省：「受了這許多苦處裝扮得似蝴蝶兒一般，到底是要給他人看呢？還是給自己看呢？」分析到最後，婦女努力裝扮自己的現象背後所透露的訊息不過是「混帳的男人，拏女子當做玩弄的器具。」⑱這句話和胡適後來介紹易卜生主義，大力推銷娜拉時，說娜拉的先生最大的錯處，「在他把娜拉當作『玩意兒』看待」，⑲幾乎如出一轍。陳獨秀要女人自省，不要作男人的奴隸，雖然不像1910年代的娜拉爲了對自己的責任，爲了發展個人的自由意志而離家出走⑳那麼戲劇化，也沒有像胡適那樣全面而深入的點出個人主義的論旨，但在本質上已經強烈顯現出五四的啟蒙批判精神。他對西洋自由婚姻的制度也表現出無比的羨慕，㉑並立刻引起讀者共鳴。在他主編的安徽俗話報上，不久就出現明白了當的主張婚姻自由的議論。㉒這種基於人文精神和平等原則，爲女性申張權益的作法，和前

---

⑯ 安徽俗話報，第三期，頁 1-4，引文見頁 3-4。

⑰ 同上，第六期，頁 1-4。

⑱ 同上，第十二期，頁 1-4。

⑲ 「易卜生主義」，胡適文存，第一集，（臺北，遠東，1983），頁 644。

⑳ 同上，頁 643-644。

㉑ 安徽俗話報，第三期，頁 1-4。

㉒ 雪聰，「再論婚姻」，安徽俗話報，第十六期，頁 1。蔡元培對陳獨秀在安徽戮力辦白話報的經過留下相當深刻的印象。1917年，蔡聘陳出任北大文科學長，這是原因之一。見蔡元培，「我在北京大學的經歷」，收於蔡元培自述，（臺北，傳記文學叢書之 22, 1967），頁10-11。

述歐洲十八世紀啟蒙運動的哲人，提倡自由、寬容，對不合理的現象進行攻擊，並因而導致婦女地位的提高，和婚姻自主趨勢的出現，可以說是前後呼應。雖然時代有別，關心的課題也不盡相同，但兩者所體現的啟蒙精神卻沒有什麼差異。

胡適在這個時期對傳統的批判，則可以從下面幾個例子中看出。1906年，他在競業旬報第三期開始連載一部長篇章回小說〈眞如島〉，目的在「破除迷信，開通民智」。寫到第八回時，胡適借主角孫述武之口，大談起因果問題來：「譬如窗外這一樹花兒，枝枝朵朵都是一樣，何曾有什麼好歹善惡的分別？不多一會，起了一陣狂風，把一樹花吹一個『花落花飛飛滿天』，那許多花朵，有的吹上簾櫳，落在茵席之上；有的吹出牆外，落在糞溷之中。這落花的好歹不同，難道好說是這幾枝花的善惡報應不成？」[63]這大概是范縝「神滅論」第一次被人用這麼淺近的白話翻譯出來。用范縝反駁因果關係的思想來宣揚無神的觀念，並攻擊宗教信仰中的種種迷信，在不到十七歲的胡適思想中已經牢牢生根，並成爲他一生的基本信念。胡適用范縝的思想來點破神鬼之說的虛妄，固然有獨特的識見，但他對迷信加以批判本身，卻只是反映了當時啟蒙思潮最重要最常見的一個題旨。

胡適的「無後主義」，在五四時期反孔非孝的辯論中掀起過漫天波瀾，但究其淵源，在1900年代的白話著作中已經可以明白看出。在1908年於上海發刊的安徽白話報的創刊號上，胡適寫了一篇「論繼承之不近人情」（這篇文章後來轉載在競業旬報第二十九期）。在文章中，他用激烈的口氣批評「把兄弟的兒子承繼做兒子」的習俗，認爲是一件「最傷天害理，最背倫理豈有此理的風俗」，「是一種剝奪

---

[63] 胡適，四十自述，（臺北，1954），頁 63-64。

人權的野蠻制度」。[64]他由此更進一步，不但反對承繼兒子，並且根本疑問為什麼一定要兒子。在這篇文章的最後，他提出了一套嶄新的看法：「我如今要推薦一個極孝順的兒子給我們中國四萬萬同胞。這個兒子是誰呢？便是『社會』」。這番議論，後來因為留美期間讀了培根的論文，得到進一步發揮，成了胡適有名的「無後主義」。[65]

　　由胡適和陳獨秀的例子，我們一方面可以看出清末啟蒙運動和五四啟蒙運動間的關係，[66]一方面也可以看出清末的白話文已經有著很強的批判色彩，這和歐洲啟蒙運動最根本的質素──批判精神──，在本質上並沒有什麼區別。不同的是：十八世紀的啟蒙運動，在理念層次上是要對一切事物加以批判；清末知識份子的省思則沒有如此全面性。一直要到胡適等人主導的五四那一代，一個「重新估定一切價值」[67]的運動才全面展開。

　　至於革命報刊如中國日報所登載的白話方言戲曲，則多半用時事來大作文章。譬如南音「裴景福拜月」，是根據廣東某知縣畏罪潛逃的真人真事改編，對裴的逢迎、貪腐、潛逃、就捕有非常生動的描寫。[68]班本「何化龍嘆監」，講的是廣西生員何化龍，原為康有為的弟子，後來熱心功名，改變志節，作「駁革命軍」一書，為某清貴室賞識，夤緣直上，後來卻因招搖撞騙而繫獄。[69]還有一些粵謳等歌謠，則對武備學堂冷嘲熱諷。[70]另外一篇用白話寫的「種界」，則明

[64]　這段引文轉引自陳匡時，「安徽白話報」，辛亥革命時期期刊介紹，III，頁 499。
[65]　四十自述，頁 66-67。
[66]　我在「胡適與白話文運動的再評估」一文中有比較詳細的分析。
[67]　語見胡適，「新思潮的意義」，胡適文存，第一集，頁 728。
[68]　中國日報，1904,4,4; 4,5。對裴景福一案的報導則見4,18、19、20。
[69]　中國日報，1904,4,23。對何化龍事件的實際報導，則見該報 4,21。
[70]　如雜曲「武備學生謠」，粵謳「一百零五日」、「笑」，分見中國日報，1904，4,1; 4,5; 4,8。

白了當地攻擊滿淸，提倡種族主義。[71]

　　革命黨人的宣傳策略顯然非常活潑。有一則記載說嘉興一地，有幾個人每天固定舉辦猜謎遊戲，謎題多半帶有反滿意味。如「以滿人爲薪」，打藥名，謎底是「柴胡」。又一題謂「漢四百兆受制四百萬之下」，打時令一，答案是「小滿」。答對的人就送「童子世界白話報」。報導這則新聞的人，顯然對這種作法頗表贊許，認爲是「開民智之一端」。[72]

　　革命黨的目的既然是要推翻現存體制，爲了吸收與黨，擴大宣傳效果，用白話、方言乃至富有地方風味的戲曲歌謠等形式，對淸廷或保皇黨進行攻擊，無寧是非常自然的。關於革命黨用戲曲歌謠等形式從事宣傳活動的作法，在下面討論戲曲部分還會詳述。這裏只是要舉例說明白話和方言，如何以不同的形式，被用來傳遞一套新的價值標準。雖然革命黨意圖傳達的是一些政治意味和立場都十分鮮明的訊息，但我認爲這並不妨礙我們把革命宣傳放在「啟蒙」這個概念或框架下去考量。因爲第一，革命也是救亡的手段之一，也同樣是從救亡這個前提下發展出來。第二，革命黨對淸廷的攻擊儘管有許多誇大不實之處，但我們卻不能否認，透過這些激烈的言詞，淸廷許多不合公義原則的措施、制度被徹底暴露出來；帝室、權貴、官僚種種貪腐不合法理的作爲也受到前所未有的抨擊。在強烈的批判砲火之下，政治權威的合法性受到嚴重的挑戰與質疑。第三，革命黨的宣傳無疑有助於人民政治意識的覺醒與提高，而這正是開啟蒙昧的目的之一。

---

[71]　同上，1904, 4, 4; 12-15。
[72]　警鐘日報，1904, 8, 14。

第二節　其他類型的白話文

1900年以後，為了達到開民智的目的，白話報刊如雨後春筍般的出現；各級政府出示、印行的白話文告、傳單，私人寫的宣傳、告誡性文字，也大量出籠。

講到當時的白話文告，第一個該提到的就是岑春煊。岑在 1903年做四川總督的時候，出了一份白話告示。[73]此後很多人就以此為榜樣。岑氏這張告示主要是為了響應1902年 2 月 1 日（光緒二十七年十二月二十三日）勸戒纏足的諭旨而發。根據當時人的看法，「諭旨者僅可及於上流社會，若下流社會則不能普及」，岑則是第一個將諭旨的意思寫為白話以為下流社會說法者。因為這是第一篇由官府寫的白話勸戒纏足文字，而岑氏的議論也充分反映出當時人的各項看法，所以在此詳加摘引。根據他的意見，纏足有三種和國家、眾人有關的弊病，有一種和個人有關的弊病：

> 第一樣關係國家眾人的弊病，沒得別的，皆因女子纏足，一國男子的身體都會慢慢軟弱起來，國家也就會慢慢積弱起來。這個緣故，又沒別的，皆因人生體子強弱，全看父母體子如何。中國當父親的，接親太早，體氣先就不足；當母親的，又因少時纏足之故。方纏足時業已受過許多痛苦，你們曉得的。那個女孩把足纏好，不弄得面黃皮瘦？既纏之後，因為行步艱難，所以中國女人害癆病的最多。就不害病，身子強壯的也少。所以養的兒子，在胎裏已先受單弱之氣，生下地自然個個單弱。祖

---

[73]　大公報，1903, 4, 2–5。

傳父，父傳子，子傳孫，傳一層單弱一層。傳到今日，雖然中
國丁口有四萬萬之多，無論士庶工商，舉目一看，十之八九，
都是弱薄可憐不堪的樣子。推求這個緣故，……都由纏足。因
爲我的百姓個個單弱，所以人家敢來欺負。……所以如今要想
把中國強起，必先把百姓強起來；要想把將來的百姓強起來，
必先把養將來百姓的母親，現在的女兒強起來。

女人的一雙腳，在這樣的邏輯推論下，最後變成中國富強的根基。個
人小小的一雙腳竟然肩負著 國家興衰的重責大任 ， 這可以說 是嚴復
「社會有機體論」的最佳演繹。岑接著分析第二層道理：

皆因女子纏足，天下男子的聰明，慢慢就會閉塞起來，德行慢
慢就會喪壞起來，國家慢慢也就閉塞喪壞起來。這又沒得別的
緣故，凡人的聰明德行，全靠小的時候慢慢的教導指點。……
十歲以前，當父親的多半有事在外，全靠母親在家，遇事教導
指點。所以人的第二期教育，是學堂裏先生的責任，第一期教
育，全是當母親的責任。如今的女子，七八歲以前，還有讀書
的；十歲以後，因爲纏了足，行動不便，就不好上書房了。從
此天天關在屋裏，世界上的事，一點也不明白，聰明就會一天
一天閉塞起來。……等到嫁與人家，養了兒子，母親先是沒聰
明沒德性的，拿什麼來教導兒子？指點兒子？小的時候聽的沒
見識的話，看的沒道理的事，既已弄慣脾氣，大來如何會有聰
明？如何會有德性？

……一層傳一層，傳到如今，舉眼一看，十之八九，論身體既
是薄弱可憐了，論知識也都是糊塗，論德行也都是荒唐。我們
既已糊塗荒唐，外人自然看我們不起，要欺負我們。還有一
樣，不是別的，因爲一人纏足，就少一人用處；少一人用處，

就少一人力量，天下就會弱起來。……如今人人羨慕中國有四
萬萬人，卻不曉得裏頭有一半是女子。這二萬萬女人中，鄉下
窮苦大腳的，尚可以做下等勞動的事；至於仕宦城市的，個個
小腳，個個一站就要人扶，一走就要人牽，吃飯張口，穿衣伸
手。……可見得女人是無用了。

　女人沒用已經够糟了，問題是他們還反過來要男人照顧她們，結
果男子也受到拖累，喪失了遠大的志向。這樣的議論當然過於牽強，
但我們也可由此看出，岑氏如何爲了突顯纏足的弊害而絞盡腦汁。接
下來，他則對天下父母狠心殘害自己的親身骨肉，讓她們受盡痛苦感
到不解。他呼籲父母們改變觀念，把纏足以取悅男人、丈夫的作法，
看成娼優一般下賤的行爲；把喜好小腳的男人看成輕薄無行之人。在
文章的最後，岑表示就是因爲這些原因，他才不厭其煩的，「敬把上
諭裏頭的意思，纏足的弊病，詳細一一講與你們聽聽」「願你們先字
字按著想，再按著行……如有不認得字的，就希望你們認得字的，
說與他聽。」這兩段文字清楚地顯示，岑是用說書的心理寫（講）這
篇文字，對白話文字可以透過口耳相傳的方式，對不識字的人發生影
響，也深有所知。⑭

　由於這份白話告示在公佈以後流傳的非常廣，所以四川人停止纏
足的也比其他省多。論者因此主張各官府應該仿效岑春煊的作法。⑮
另外一則報導則對岑所出告示的效力，有更具體的描寫。根據這個報

---

⑭　引文出處同上。事實上，反纏足的理論和主張，在甲午戰後，就已經在知識階層
　　形成一種共識。梁啟超、譚嗣同、黃遵憲、唐才常等人皆有精闢的論述。這一
　　點，可以參考王爾敏教授的「清季知識份子的自覺」一文，收於中國近代思想史
　　論，（臺北，華世，1977），頁 120-128。不過這些論述都出之以文言，其對象
　　顯然也不是一般「不識之無」的普通人。岑氏這篇文告的意義，則在於它的對象
　　非常清楚的是下層社會，文字也淺白易解。
⑮　大公報，1903, 7, 29。

導，在岑氏的勸導下，成都婦女放腳的人數突然增多。不僅「紳宦之家，識字婦女」爲然，「卽貧賤之家，亦多能脫棄舊俗」，甚至比富貴人家還來得多 。 原因在於「一經解放 ， 便可放步坦行」，便於操作。[76] 還有一位作者也主張仿照岑出白話告示的例子，並且除了把告示貼在通衢大道外，還應該貼在茶社等人煙稠密之處，以達到實際效果。[77] 在一篇比較廣泛的討論開民智之道的文章裏，作者主張把小學教科書和官府對下等社會和中等社會的告示，全部改用白話。[78] 另外一位京官則認爲官府出的告示常常過於深奧，一般人不但不懂，反而經常誤解其義；所以他上了一個條陳給某京堂，建議以後大小衙門的告示都用白話。[79]

　　類似這樣的看法，可能對官府產生了相當的影響。以纏足爲例，浙江宣平縣令在 1903 年出淺白韻示 ，告誡婦女。[80] 山東青州太守在 1904年出過白話的告示。[81] 兩江總督周馥在山東巡撫任內曾出過不纏足的淺說 ， 移節江南後也如法泡製 。 [82] 順天府房山縣縣令畢承緗在 1905年出了一份白話告示，勸戒纏足，他還特地命令把這些告示裱糊在木板上 ， 懸掛在避雨的地方 ， 以期長久保存。[83] 民政部也共襄盛舉，示諭一般民眾改良風俗。[84] 1909年，兩江總督端方也出過六言的白話告示，勸戒纏足，以爲中下流社會說法。[85] 吉林省當道和川督趙

---

[76]　警鐘日報，1904, 4, 22。
[77]　大公報，1903, 12, 1。
[78]　「開通民智的三要策」，大公報，1904, 3, 26; 27; 28。
[79]　同上，1905, 6, 11。
[80]　同上，1903, 7, 24。
[81]　同上，1904, 10, 18。
[82]　同上，1905, 1, 16; 3, 17。
[83]　同上，1905, 6, 12; 13。
[84]　順天時報，1907, 5, 1。
[85]　大公報，1909, 1, 9; 3, 4; 6, 6。

爾巽則都爲禁煙出過告示。⑧北京警局等衙門爲了禁鴉片和煙照，也採用同樣的辦法。⑧

官府告示的內容相當廣，不限於禁煙和戒纏足。除了一般的內政，爲了推廣新政或解決新政帶來的問題，各級政府都覺得有必要用白話周告眾知。1904年，川督出了一張告示給「精強力壯」的男子和年輕婦女，要他們不要仰仗粥廠、煖廠等政府慈善機構的救濟，而應該自食其力。男子可以進勸工局，婦女可以進女工廠，以期學得一技之長。⑧湖北常備軍統領撰文對所屬諄諄告誡，要他們遵守營規，不要私自外出，作出不法的勾當。他還命令各營營官和哨官，常常將這些懸掛在營門的規條唸給兵士聽。⑧河北青苑縣縣令爲了防止軍隊行軍操演時與一般民眾發生衝突，特地出告示曉諭百姓。⑨

興辦新式學堂是當時厲行的新政之一。爲了招募學生，天津的官立學堂出過這樣的告示：「眾位呀！現時又快到年底了，河北老鐵橋、東藥王廟兩等官小學堂，又招考學生了。眾位家裏子弟，有願意上學堂的，或八九歲、或十三四歲，唸過幾年書的，全都可以到我們學堂裏報名⋯⋯。眾位呀！快來報名罷！快來報名罷！別太晚了才好呢？」⑨內務府也將學堂的招生廣告寫成白話，遍貼各處。⑨吉林巡撫爲了改良警政和私塾，特別寫了白話告示，分發各處張貼。⑨

河北密雲縣則凡是曉諭百姓的事，在正式告示後都會附加演說一

---

⑧ 大公報，1909, 3, 30; 1908, 4, 30。順天時報，1909, 1, 27。
⑧ 大公報，1907, 1, 7; 1908, 10, 7。
⑧ 同上，1904, 4, 8。
⑧ 同上，1904, 4, 9。
⑨ 同上，1905, 8, 15。
⑨ 同上，1906, 1, 7。
⑨ 同上，1907, 3, 2。
⑨ 同上，1908, 6, 16; 26。

段白話，所以「街上俗人」都樂於傳述。有人曾經從店中伙計處抄到勸導種樹的白話一張，⑭可以想見這類白話大概傳佈的相當廣。另一則報導則說從古北口到密雲縣一百餘里的大道兩旁，栽滿了楊柳。⑮白話告示的傳播顯然對落實這項政令，起過推波助瀾的功用。

巡警局由於和一般人民的生活息息相關，再加上新政的推行，所以特別多白話告示。從我們現在收集到的資料，天津和北京在這一方面表現得格外突出。不過其他大城市像上海等很可能也有類似的情況。北京外城巡警局的告示還規定從 1906 年起一律改成白話。⑯（北京工巡局的告示則已在前一年全部改爲白話⑰）這種把部分政府衙門的告示全部改爲白話的作法，實在是值得重視的發展。（當時也有輿論呼籲政府把所有的告示都改用白話發佈⑱）至於告示的內容則從禁止買賣春藥，到失火時巡警應如何應變，無所不包。⑲茲舉數例如下。1905 年 10 月，天津巡警總局公佈了一張勸諭，對人民的迷信加以批評，並對燒紙這項「陋俗」在公共安全上造成的危害，深表不滿：

> 我們中國的陋俗，非常之多，相沿已久，牢不可破。卽如頂神、看香、念咒、畫符等事，一經說破，毫無道理。現在天津明達的士紳，巨富的商家，知道民智不開，不能立在文明世界，激發熱心，廣立學堂。津郡的風氣，居然比從前大開，眞是可喜可賀。無奈人情狃於積習，不容易更改，還有許多陋俗，照舊的奉行。別的先不用說，就說焚燒紙帛這件事罷，究

---

⑭ 同上，1904, 5, 12。
⑮ 同上，1904, 5, 13。
⑯ 同上，1906, 2, 3。
⑰ 同上，1905, 12, 16。
⑱ 順天時報，1905, 9, 3。
⑲ 順天時報，1905, 10, 25。大公報，1905, 5, 13。

竟是何所取義？在當初遺傳下這件事的本義，不過是教人別忘
了祖先的意思。哪裏知道後來大家全當作真事辦起來，用紙紮
做各樣物件，用火焚燒，說是可以被冥間應用。近些年竟有用
綾緞紮成各物焚燒的，不但暴殄天物，並且也大愚不靈。……
一經焚燒，火焰上沖，遠看就像失了火似的。我們消防隊誤報
火警好幾次，全是這個原故。

　　巡警局因此呼籲民眾戒掉這項習俗，以保地方安全。如果真的戒
不掉，也應該在焚燒前通知警方。⑩⑩

　　另外一張告示則表示，河間一帶不久要實施新兵操演，並且請了
各國官員前往觀閱，不料「愚民無知」，一傳十，十傳百，到最後居
然傳出六國要跟中國開戰，不少人聽到這個謠傳後，大為恐慌而打算
搬家逃難。巡警局為了安定人心，特出告示，並希望各地士紳四處演
講，把實情告訴民眾。⑩① 天津在 1906 年已經通行電車，對一般人來
說，這還是相當新鮮的事，常常有大人、小孩跟著車子跑，險象環
生。巡警局為此不只一次的出白話文告，除了對上述行為嚴加禁止
外，還要求家裏的父兄對自己的孩子多加管教；同時對乘客也加以約
束，禁止在車子停妥前跳車。又由於拉洋車的很容易和電車相撞，還
對車夫作了一些限制。⑩② 北京的警部則對各地警兵出告諭，要求他們
改正違背警章的行為。⑩③ 有時對一些芝麻綠豆的小事，像各店舖的門
燈高低不齊，形式互異，他們也不忘「明白曉諭」一番。⑩④ 除此之

⑩⑩　順天時報，1905, 10, 14。
⑩①　大公報，1905, 10, 16。
⑩②　同上，1906, 2, 21; 10, 15。
⑩③　同上，1906, 4, 15。
⑩④　同上，1906, 8, 5。

外，由警局出的白話告示還包括：規定養狗的人家在晚上十二點以後，要把狗關在家裏，以免成羣嚷鬧，擾人清夢，也可以防止路人和巡警被咬傷；[105]賣水和飲水的人都必須講求衛生，以防制惡疾，[106]禁止燒香、盂蘭盆會等迷信；[107]禁止赤身裸體；[108]要求民眾清掃街道，維護公共衛生以防止瘟疫，[109]以及如何防止火災，如何保持健康等。[110]

由官廳發佈的白話，也有很多不是以單張的告示形式出現。像1903年，四川的警察局就刊刻了一種教學用白話課訣，共印了五萬本之多。[111]同一年，江西的警察總辦又因為警察兵日漸腐敗，而刊行訓誡一本，編成白話，發給每個警兵。[112]1904年，四川鹽亭縣的一位縣令刊刻了一本淺白的廣蠶桑說，散發給鄉農，讓他們知道選種改良的方法。[113]直隸學務處則曾公開徵求用淺白文字寫的教科書，供小學堂學生使用。[114]這次徵求的結果如何，我們不得而知，但直隸學務處的作法卻絕非特例。御史杜彤就曾經奏請學部，把中國歷史及各種時務演成通俗白話，頒發各省蒙小學堂作為教科書。[115]也有大臣建議學部編纂立憲白話講義，令各地宣講。[116]學部本身為了推廣通俗教育，在 1908 年頒布的宣講用書章程中，也鼓勵用白話和小說體裁編寫講

[105] 同上，1907, 5, 29。
[106] 同上，1907, 6, 6。
[107] 同上，1908, 5, 12; 8, 10; 1907, 8, 19; 1909, 2, 1。
[108] 同上，1907, 7, 20。
[109] 同上，1905, 9, 6。
[110] 同上，1903, 5, 4。
[111] 同上，1903, 5, 4。
[112] 同上，1903, 11, 24。
[113] 同上，1904, 11, 9。
[114] 同上，1905, 4, 30。
[115] 同上，1906, 3, 26。
[116] 同上，1906, 9, 11。

本。⑰此外,奉天將軍爲了改善邊地教育,開啟民智,也曾飭令學務處編撰白話講義,頒發各處,令地方官派員宣講。⑱北京練兵處爲了增加士兵的知識,讓他們熟悉軍律,打算把古今戰士效命疆場的事跡和各國的戰史,編成一本白話,名曰〈行軍要義〉,頒發給各營隊,每天演說給兵士聽。⑲湖北提學司則令人將〈咸同光三朝政要〉編成白話通俗講本,給各地宣講所講員作演說時的依據。⑳京師勸學局爲了推廣教育,特別編了一本〈勸諭父兄淺說〉,分送各學區廣爲傳佈。㉑北京的巡警總廳則爲了地方自治,在1910年編了一份〈選舉淺說〉,挨戶分送給選民。㉒這些例子的對象有別,但用意、精神卻是一樣的。

私人寫的傳單、講本之類的白話作品,在內容上也包羅甚廣,這裏只舉幾個代表性的例子。和官府告示一樣,戒纏足也是一個重要的議題。如上海的天足會爲了讓一般人深切了解纏足的弊害,特別製作圖說,在各處街道張貼。圖說上半部畫圖,下半部是說明。圍觀者有的把全篇撕去,有的撕上半截的圖說,有人則用鉛筆抄下半截的白話。㉓天津一個叫劉孟揚的寒士組了一個公益天足社,並且寫了一篇〈勸戒纏足說〉,印成傳單分送。劉還提供別人送他的一些勸戒纏足的文字,包括上述岑春煊的示諭、張之洞的〈戒纏足會章程敍文〉、袁世凱的〈勸不纏足文小冊〉,和一些不知作者的宣傳,像〈救弊良言〉、〈去惡俗說〉、〈纏腳兩說演義〉等,供人翻印。㉔四川成都

⑰　大公報,1908,3,12。
⑱　同上,1905,12,10。
⑲　同上,1906,3,15。
⑳　同上,1908,12,17。
㉑　同上,1909,10,23。
㉒　同上,1910,6,22。
㉓　同上,1903,5,10。
㉔　同上,1904,1,5;1905,5,31。

圖書局的傅樵村則作了一篇〈勸戒纏足歌〉，刊印分送。⑫

　　1905 年美國禁止華工的條約公開後，在中國各地引起了軒然大波，很多地方都發起抵制美貨運動。北京各學堂的學生在六月初印製了傳單，列舉美貨名稱，勸人拒買。⑫保定有三個志士寫了一篇「禁買美貨約」，上面橫寫了「快看」兩個大字，貼在各胡同口，圍觀的人非常多，還有不識字的要求別人講說。一批天津和山東的愛國商人，則寫了一篇「中國愛國的商民請看」，準備印一萬張送人。⑫北京商會曾把京話日報上抵制美禁華工的演說印了一萬份，分送給各商號。⑫天津東門外則有一個人挨家挨戶的分送傳單，標題是「敬勸同胞不買美貨」；東馬路上也貼著這份傳單，引起一大堆人圍觀。⑫廣東寧陽的幾位志士則公議把美約的要件印成白話，託搭乘輪渡的旅客四處散發。⑳

　　此外，一些突發事件，像 1907 年的江北大水災，也會帶來白話宣傳的高潮。北京中國婦人會的英淑仲就爲此印了幾萬張附有難民圖的啟事，到處散發。⑪地方上的銀行、善會、志士也紛紛印發傳單勸募。⑫1911年，北京爲了防止鼠疫，由勸學所印了十幾萬張傳單，四處散發。⑬而像國民捐的勸募；⑭民立學堂的招生廣告；⑮介紹地方

⑫　同上，1904, 5, 28。
⑫　同上，1905, 6, 7。
⑫　同上，1905, 6, 11。
⑫　同上，1905, 6, 19。
⑫　同上，1905, 6, 21。
⑳　同上，1905, 7, 9。
⑪　同上，1907, 3, 23。
⑫　同上，1907, 2, 8; 2, 20; 2, 23。
⑬　同上，1911, 2, 4。
⑭　同上，1905, 11, 22。
⑮　同上，1906, 1, 3。

自治，請求速開國會等憲政事宜，⑬也透過白話引起了更多人的注意。

　　綜而言之，我們可以看得出來，勸戒纏足和打擊迷信是這些白話傳單和小冊子中的重要主題。新式警察制度的建立，可能使得城市裏一般市民的生活受到更多規範。而使用白話來宣導瘟疫、火災等和公眾安危有關的事宜，效果應該更大。從這些告示中我們可以看出行政機構對這些事務的重視，不僅是基於安全衛生的考慮，同時也顯示出他們對公德的講求。這種意欲「新民德」的企圖，在管理狗叫、講求飲水衛生等方面可以明顯看出。對公共衛生的重視，同時也是一種「鼓民力」，強健個人體魄的表現。而像禁止赤身裸體等規定，則顯然是一種「文明」的產物，要求人民更注意禮節儀態。將民族歷史、現實局勢、各國興衰之由等演繹成白話以教育特定或一般對象的作法，則是典型的「開民智」工作。這和1905年美國禁止華工公約所掀起的宣傳高潮，在本質上並沒有什麼差別，都是要喚起一般人民的國家意識和愛國心。至於和立憲有關的各種宣傳，雖然和下層社會很難有什麼關涉（畢竟他們連最起碼的選舉權都沒有），但透過頻密的文字傳佈，在交通便利、訊息容易到達的地區，選舉這類新穎的事務及其背後所代表的意義，還是可能在人民生活中激起一些漣漪。⑬

---

⑬　同上，1910, 2, 3; 5, 16; 10, 2; 11, 15; 12, 29。

⑬　根據張朋園教授的研究，立憲派所組的「請願卽開國會同志會」在1910年第一次請願失敗之後，漸漸看出宣傳的重要，所以一面發起城市報紙支持，一面向四鄉張貼標語。而立憲派的喉舌「時報」，也曾撰文希望「士農工商各界羣起而請國會之速開」。見張朋園，立憲派與辛亥革命，（臺北，1969），頁65-66。但實際上，這些以士紳為中堅的立憲派領袖却並不能眞正認清與利用羣眾的力量，這是請願運動失敗的原因之一。不過請願運動雖然失敗，却能以「少數人喚起（了）多數人之政治意識。」見同書，頁 70-74。如果我們更進一步，不把立憲運動狹義的等同於國會、選舉，而把地方自治及相關的建設、事宜也包括在內，則其對下層社會的影響顯然還要來得更大。這在下面各章的討論中可以看出。

第三章　閱　報　社

　　上面提到清末白話報的發達。但這些報紙必須有人閱讀，才可能達到其所設定的目的。而在當時的環境下，一般人溫飽之不暇，又沒有養成閱讀的習慣，如何吸引他們，將之納入讀者羣中，就成爲一個必須重視的問題。閱報社的構想，就在這樣的考慮下出現。

　　閱報社的建立成爲一種風氣，大概是 1904 年以後的事。資料顯示，山東、河北、浙江、廣東、江蘇、福建、江西、湖北等地，①在這一年間，都陸陸續續設置了閱報社。以山東臨淸爲例，州牧張雲心對教育的普及，一向不遺餘力。特地在土城文昌宮內設立閱書報處一所，供人免費閱覽。張本人對下層社會的教育相當注意，曾經設立以貧民爲對象的半日小學堂。但這個閱報社的設立，很可能並不是以下層社會爲主體。②另外，一個叫陳君憲的留日學生也在切埠設立了一間閱報館，後來擴大，改稱昌平圖書社。③不管是從功能或對象來說，這顯然也是一個綜合性的設施。這說明山東在1904年左右，還沒有特別注意到閱報社對下層啟蒙所可能起的作用。不過這也很可能是當時多數閱報社共有的特色。很多地方都像山東泰安一樣，一般商民士庶皆不知報紙爲何物。④在這種情況下成立的閱報社，自然不可能只以下層社會爲唯一的對象。

①　可參見警鐘日報，1904, 7, 30；9, 20; 9, 25；11, 6；11, 18。
②　大公報，1904, 11, 9。
③　警鐘日報，1904, 10, 24。
④　大公報，1904, 5, 23。

　　不過值得注意的是，這些閱報社很多都設在寺廟等人來人往的公共場合，目的就在吸引更多的一般民眾。另外茶館也往往陳列各種報紙供人觀閱，或者就根本改成閱報處。天津勸善茶社是一個相當突出的例子。茶社內陳列了各種善書和「白話新報」供客人隨意取閱。⑤將白話報和善書並列，就正如我們在上一章內提到的：對很多人來說，兩者在功能、性質上並沒有什麼大差別，同樣是勸說一般人向上行善。而茶館和寺廟一樣，不分貧賤、階級，人人都可以進出，很容易達到普及的目的。在鄉村社會，茶館的地位更形重要，成爲人們社交生活的中心，也是他們交換情報，取得訊息的最主要場所。⑥浙江湖州南潯鎮人士在茶樓裏準備報紙，就是看清楚了茶樓的功能。根據報導，南潯鎮本來有一位張君獨力開了一家閱報社，到1904年春，因故停辦。幾位學界中人繼踵其志，合力備置了一些報紙，放在「一壺春」茶樓，免費供人閱覽。⑦

　　閱報社的大量出現是1905、1906年的事。這個時候，報紙與開發下層社會民智的關係已經格外受到關注，特別爲下層社會設想的閱報社也開始出現。大公報的一則報導說：「北京志士紛紛設立閱報處、講報處，誠於下等社會及寒士有大裨益。」⑧可以說是很有代表性的看法。至於閱報社的數量，根據統計，北京一地到1905年7月底前爲止，有十幾處；到1906年的2月就已經增加到二十幾所；到6月時共有二十六所。⑨梁漱溟兄弟所編的〈梁濟年譜〉，在光緒三十二年

---

⑤　同上，1904, 6, 22。

⑥　有關茶館在鄉下人生活中扮演的位置，楊懋春有生動詳實的敍述，見 Martin Yang, A Chinese Village: Taitou, Shantung Province, (New York, Columbia University Press, 1959)，頁 194, 196。

⑦　警鐘日報，1904, 8, 13。

⑧　大公報，1905, 6, 12。

⑨　大公報，1905, 7, 30; 1906, 2, 26; 6, 27。

（1906）條下也提到閱報處的勃興：

> 始都中無肯閱報者。由熱心人士一二輩多方倡導，張報紙於
> 牌，植立通衢，供眾閱覽。繼又進而有閱報所、講報處之設。
> 皆各出私財為之，遍於內外九城，不下數十處。今之署曰京師
> 公立閱書報處、通俗講演所者，多半由此蟬蛻而來。⑩

梁說閱報所設有數十處，雖然略嫌誇張，但他所謂「始都中無肯閱報
者」的說法，卻和上述山東的情形相同。而有關熱心人士多方設法，
誘導人民看報以至閱報社大量出現的描述，則精要的點出開民智運動
的推展。

閱報處的大量出現，除了有心人出錢出力，多方倡導外，輿論的
大力鼓吹也功不可沒。大公報一篇白話論說就鼓勵天津「熱血的人」、
「愛羣的人」，用北京做榜樣，多設閱報處：

> 我們中國的報紙，雖是不如外國多，到底也總算不少了。中國
> 頑固的人多，閱報的風氣不大開，你勸他花錢買報看，他勢不
> 肯的。就是買報看的，也不能買得許多。但靠著一兩種報考查
> 天下的事，究竟所知道的事有限。要打算多買，又買不起，惟
> 有設立閱報處最好。這閱報處，揀那極好的報買些種，任人觀
> 看，不但於明白人有益處，就連那頑固人，也可以漸漸的化過
> 來。……你們看北京城，不多的日子，立了許多閱報處，這個
> 方才創辦，那個聞風興起。大宛試館也已設立，開照相館的王
> 子貞也肯與辦，就連醫生卜廣海，也肯發熱心天天演說報章。
> 可見人之好善，誰不如我。只怕沒有開頭兒的，有了開頭兒
> 的，就有仿辦的了。……假如（再）有人仿照北京的辦法，多

---

⑩　梁煥鼐，梁煥鼎，桂林梁先生遺著，頁 42。

　　立閱報處，不但是入學堂的可以開通，學堂以外的人，也可以
　　得開智的益處。天津有志之士甚多，必不至於專讓北京人作這
　　個好事，我們今天給天津的志士們提個醒兒。⑪

從這段文字，我們可以看出在這個「雪恥圖強」的時代裏，新興事物
往往有著極強的感染性。新的共識一旦形成，知識份子或所謂的「有
志之士」就樂於把議論化爲實行。正因爲這種「託之空言，不如見諸
行事之深切著明」的作法，使得清末的啟蒙運動不至於只停留在思想
的層次，還進一步發展成一個全國性的社會運動。

　　在大公報這篇文章發表後沒有多久，順天時報也無獨有偶地登載
了一篇「奉勸諸君多立閱報處」的白話文章。⑫照這篇文章的說法，
北京第一間閱報處，是開在琉璃廠工藝商局的樓上。不過這個地方因
爲太高雅，下等社會的人都不敢進去。後來由於乏人問津，很快就關
閉。一直到1905年春天，西城閱報處成立後，才蔚爲一時風尚。爲了
要人來閱讀，這間閱報處不僅登報公告週知，還四處張貼傳單。傳單
上寫著「請看報」三個大字，下面註明在哪裏看。名號打出後，讀者
一天天增多。閱報處又進一步，四處張貼報紙，還請人來講報。種種
措施，可謂用心良苦。西城的作法，很快就有人回應。南城、北城、
東城以及崇文門外、東直門外也紛紛設立了閱報處所。⑬

　　最初設立閱報處的人，大多是感時憂國的知識份子，或所謂的「
志士」（志士是當時非常流行的用語，但並沒有精確的定義，指的應
該是沒有士紳身份，而思想、作爲前進的平民），乃至一般的商人，
甚至還包括了和尚、喇嘛等出家人。漸漸地，官府和士紳也加入行

---

⑪　「天津也當設立閱報處」，大公報，1905, 5, 30。
⑫　順天時報，1905, 7, 13。
⑬　同上。大公報，1905, 4, 27。

列。舉例來說，天津八旗高等學堂學生湍松高，聯合幾個人在安定門
內組織了「安定閱報社」。⑭北京第五高等小學教員常靜仁，則開了
一間「朝陽閱報社」，對北京東南一帶風氣的開通有不少貢獻。⑮位
處邊塞的山西歸綏，也在綏遠滿旗武備學堂好幾個畢業生的倡議下，
在1909年建立了第一間閱報社。⑯這些學堂的學生或教師都算得上是
典型的新時代的知識份子。

　　記載上清楚說明由「志士」辦理的閱報社有很多，下面可以舉幾
個例子。首先，在 1905 年，直隸省城有志士在西街楊公祠內設立了
一間「啟蒙閱報社」，⑰名字本身就直接點出其目的。志士王君則在
1906年，邀集同志，在北京德勝門外設立閱報處。⑱志士關君也在北
京開了一家閱報社。⑲有些報導雖然沒有直接使用「志士」一詞，但
從其平民身份及作爲，我們可以毫無疑問地判定這些人也屬於同一範
疇。像河北新河縣的高魁斗，家境小康。但有感於時局艱危，乃節衣
縮食，在城內設立了一間閱報社，請人代購報紙十餘種，供一般人閱
讀，以期開啟民智，可以說是典型的「志士」作風。⑳

　　閱報社的創立，雖然由民間社會首開其端，但維新改革既然已是
時代趨向，士紳和官府自不能一直置身事外。直隸房山縣縣令畢承紐
對開發民智的工作相當熱心，除了刊刻散布勸戒纏足的白話告示外，
在1905年8月，又聯合地方士紳，組織了一所「官紳合立閱報處」。

⑭　順天時報，1907, 9, 7。
⑮　大公報，1908, 3, 24。
⑯　大公報，1909, 11, 16。
⑰　順天時報，1905, 9, 30。
⑱　同上，1906, 8, 3。
⑲　同上，1907, 4, 6。
⑳　大公報，1906, 6, 9。

㉑1906年，河南官紳也合辦了一間「益智閱報社」。㉒天津深澤縣的紳士則和學生合作，創立閱報社，並受到官廳的嘉勉。㉓曾經做過湖北宜都縣令的王國鐸，在河北武清縣河西務河廳任內，曾經捐廉辦了一些慈善事業。後來有不少紳士加入，活動範圍也隨之增加，除了施棺、施米等賑濟工作，還開了藥局。不久他們也設立了河西務閱報所、宣講所、半日學堂等開民智的機構。㉔

隨著時代變化，一批有新視野、新理想的知識份子和（或）所謂的「志士」大量出現。他們能夠掌握社會的脈動和需求，也能形塑時代風貌，成為新的社會精英。但在這個轉形階段，舊有的士紳並未完全失去其功能和理想。河西務的例子清楚說明，他們能夠成功地把固有功能和新需求結合在一起。

純粹由官廳辦的閱報社也漸漸出現。天津的一名官員辦了一間「啟智閱報社」。㉕北京內城的官員和民政部也先後設立。㉖天津三河縣縣令因為推行新政，老是受到掣肘，推究原因在於風氣不開，所以捐廉設立宣講、閱報處一所。㉗山東學務處設了好幾間閱報處，流風所及，城裏城外不少地方也先後跟進。還有人願意將自己的房舍捐出來作閱報所，不收月租。㉘順天府則在1906年中，奉令在府署東邊設立閱報處一區，廣備報紙，供人觀覽。㉙河北井陘縣僻處偏遠，縣令為了開啟鄙陋的民情，稟報督憲，奉准設立閱報社一所。㉚湖北警

㉑　大公報，1905, 8, 14。
㉒　同上，1906, 2, 20。
㉓　同上，1906, 10, 29。
㉔　同上，1906, 2, 20。
㉕　同上，1906, 10, 29。
㉖　同上，1907, 3, 5; 10, 2。
㉗　同上，1911, 9, 11。
㉘　同上，1906, 7, 2。
㉙　同上，1906, 7, 15。

察局的一位官員，則請准在遊客聚集的鄂城名勝黃鶴樓內，附設閱報
社。㉚梁漱溟認為京師的閱報處最初都由私人創設，到1906年左右，
卻都變為公立，「私家設立者竟不復見」。㉜這種說法顯然與史實不
盡符合。事實上，私人設立的閱報處還是繼續存在或出現。不過梁的
記載至少讓我們知道，官營閱報處所是漸漸在增加。

　　由商人興辦者，上面引文中提到的照相館老板王子貞就是一個很
好的例子。先是王看到西斜街設立了一所閱報處，而生見賢思齊之
心，也打算為開通下等社會的工作盡一份義務。他於是邀集了另外兩
個商人魏華軒和陸大福，每人出銀二兩，在照相館對面租了兩間房
子，就地經營起來。㉝顯然這間閱報處的成效不錯，過不了幾個月，
就有一位涿州志士慕名而至，請王到涿州幫他設立「尚友閱報社」。㉞
河北獲鹿縣的石家莊，在1910年時，有一位巡警局的區官曾設立一間
官立閱報社，還附設戒煙分局。後來戒煙局因故裁撤，閱報社也因之
中止。當地商人有感於一般閱報社都設在通都大邑，市鎮有此設施者
寥寥無幾。現在好容易設立了一間，又因故停止，實在可惜。為了提
高人民的知識程度，這些商人乃聯合起來，設立「石家莊閱報社」。
㉟另一位東北的回教商人張子岐，除了在營口設立一間小學堂，還打
算再開一兩家閱報、講報處。特地乘著到北京料理商務的機會，約集
營口當地的一位紳士李翰臣，一起到北京取經，搜集了一些閱報社章
程，準備照章辦理。㊱北京當地一個叫和志陳的人，原來在果子市東

㉚　大公報，1911, 4, 16。
㉛　申報，1906, 11, 14，頁 393。
㉜　梁漱溟，桂林梁先生遺著，頁 42。
㉝　大公報，1905, 5, 17。
㉞　同上，1905, 8, 14。
㉟　同上，1911, 10, 2。
㊱　同上，1906, 8, 9。

大街開了一家「敬勝軒書茶館」，後來爲了開啟民智，約集同志，改成「省智閱報社」。㊲

　　僧人參與閱報處工作的例子有好幾個。1905年中（光緒三十一年四月），直隸蘆臺有幾個志同道合的人集資打算辦一間閱報處，但卻找不到合適的地方，幸好一個名叫昌巖的和尚願意提供自己蓋的白衣庵充作報社。昌巖還提供一切須要的設施、人工，免費供應茶水，並且協助經理一切庶務。這間「公益閱報社」因此門庭若市，讀者絡繹不絕。㊳北京一個叫覺先的和尚，則從頭到尾參與宣武門內「宣明閱報社」的籌畫、經營。社內陳列的除了報紙外，還有各國地圖及算學方面的書籍。㊴續成和尚也在北京朝陽門外，辦了一間「代立閱報社」。㊵德勝門外黑寺的一位喇嘛有感於當地居民盲蔽不開，會同地方紳董捐募鉅貲，在廟內設立閱報社。㊶另外還有一位喇嘛鮑蘊畛則開了一間「師愛閱報社」。㊷

　　迷信雖然是清末啟蒙運動抨擊不遺餘力的目標之一，但有趣的是宗教卻和新的啟蒙思潮有密切的關係。這不僅表現在僧侶參與閱報社的設置及講報活動上，更重要的是閱報社、講報處等，有不少都是設在寺廟裏。這裏可以舉一些具體的例子來說明。1905年，一位姓寶的志士結合同志在北京北城一帶建立了第一家閱報處——「日新閱報社」——，地點就在安定門內的博濟庵。㊸同一年，翰林院翰林吳蔭培等人在京師米市胡同的財神廟內設置閱報處，陳列幾十種報紙。

㊲　順天時報，1906, 10, 2。
㊳　大公報，1905, 8, 9。
㊴　同上，1906, 2, 4; 3, 23, ; 3, 27。
㊵　同上，1906, 6, 27。
㊶　順天時報，1906, 11, 25。
㊷　大公報，1906, 9, 8。
㊸　大公報，1905, 6, 12。

㊹直隸省城諸生則在天華牌樓的關帝廟內設立閱報處。㊺另外一位積極參與各項啟蒙活動的樂綬卿，則在城西北的寶禪寺設立了閱報處。㊻1906年，刑部堂主事崇芳等人在護國寺開了一間「開智閱報社」。㊼公藝局的閱報處則設在土地廟內。㊽京師的一位善人在黑橋村的廟裏設立閱報處。㊾東三省的錦州一地，有一個「富有鉅貲」的志士蔣宗周，則向財神廟借地開「啟新閱報社」。㊿安徽安慶城內，在1905年就已經有人設立了一間「皖江閱報社」。第二年，又有人特別借財神廟開了一家「集義閱報社」。(51)河北保定東關武備學堂有一個人，則借馬王廟的幾間房屋，擇吉開張。(52)河南學務公所到 1907 年以前共設立了四間閱報處，除了第一所設在公所大門外，其他三所分別設在城東的火神廟、相國寺前的栗大王廟和城西的馬神廟。(53)這種專挑寺廟的作法，顯然是基於寺廟人煙匯集的考慮。像開封的「醒豫閱報社」原來也是設在鴻影庵這所廟宇內，但因為地處偏僻，閱讀的人很少，最後決定搬到位於南北通衢要道上的三聖廟門口。(54)

前文曾提到1905年之前，就已經有人在寺廟和茶館內設閱報處，以廣招徠。上面舉的這些例子說明在1905年閱報社普遍出現後，寺廟依然扮演了重要角色。另一方面，茶館在整個啟蒙運動中的功能也不容輕忽。不過有趣的是，茶館多半被用作講報或一般性宣講的場所，

㊹ 順天時報，1905, 8, 18。
㊺ 順天時報，1905, 8, 22。
㊻ 大公報，1905, 8, 16。
㊼ 大公報，1906, 9, 19；順天時報，1906, 9, 14。
㊽ 大公報，1906, 6, 27。
㊾ 順天時報，1907, 2, 25。
㊿ 大公報，1906, 12, 29。
(51) 申報，1906, 2, 9，頁 261。
(52) 大公報，1905, 7, 25。
(53) 順天時報，1907, 3, 24。
(54) 順天時報，1908, 3, 21。

純粹用作閱報社的比較少，所以我們在下一章再詳細探討，這裏暫時略過。

　　上述的閱報社都設在室內。但或是因為缺乏經費，或是希望吸引更多的讀者，有不少供公眾閱報的設施是以閱報牌的形式出現。例如北京宣武門外教子胡同內麻刀胡同東口，有一個紳士馬君維，備置了一具木牌，上面貼京話日報，供民眾閱讀。後來因為木牌被人偷走，就乾脆把報紙貼在牆上。⑤天津義租界的居民一向很少看報，一個叫王文元的山東商人，為了開通風氣，出錢購買各種報紙，每天早上十點整懸掛在牆壁上，任人觀看。⑥煙臺白話報館則在各街巷口設立木牌，將每天出的報紙，遍貼在木牌上，方便行人閱覽。⑤天津河東陳家溝本來設置了兩處閱報牌，因為看的人多，擁擠不堪，當地的董事認為這樣會妨礙交通，乃議決在董事辦公處內添設一處閱報社，以方便更多讀報的民眾。⑤天津東門外爬頭街一個叫鄭萬青的紳士，對地方自治一向都很留意，又熱心公益。為了便利附近鄰里的行人，特別在自宅附近製作了一個閱報牌，每天黏貼各種報紙。⑤此外，住在河北大街的桐春和茶葉鋪的老板王維周，也在肉架胡同口設置了一個閱報牌，貼上各種報紙，供路人觀看。⑥住在天津河東小集的紳商宋君瑞先在 1910 年設立了一個閱報牌，由於效果不錯，到1911年 8 月，一位返鄉的紳士打算進一步擴大成閱報社。⑥在同一個月內，東馬路的「福升照像館」也不讓前述的王子貞專美於前，在店門口搭了一座

⑤　大公報，1905, 7, 6。
⑥　同上，1906, 11, 1。
⑤　同上，1907, 11, 11。
⑤　同上，1911, 2, 4。
⑤　同上，1911, 5, 21。
⑥　同上，1911, 6, 11。
⑥　同上，1911, 8, 9。

木架，貼上各種報紙，兼營起開民智的工作。[62]

　　閱報社的設置，在 1905、1906 年達到高峰。到1910年代末期，其功能和重要性，已經普遍受到認同。1910年，大公報一篇「推廣閱報社之益」的論說中說道：「大抵開通民智之難，莫難於使之自願。故強迫不可也，勸導無效也。使之自願之道，殊無過於廣設閱報社。閱報社之設置甚易，只須擇公有地方數處，略備椅桌，購置各種日報而已。」由於閱報社的重要和簡易，這位作者認為：「閱報社一事，非惟城邑所不可少，鄉鎮之間亦宜同時舉辦。」[63]另一位評論者也認為要增進國民程度，必須先啟發其知識，而啟發知識的方法有兩種，一是宣講所，一是閱報社。[64]而事實上，類似的看法已經不僅是泛泛之論，隨著憲政的推行，閱報社、宣講所（或講報處）等設施已經明確地登載在地方自治的章程中，成為各級地方政府都應該推行的要政。

　　1910年初，北京右城警廳第一區為了提倡地方自治，在西長安街設立了一個地方自治研究所，裏面附設閱報、宣講所各一，[65]可以說是開時代的先聲。過了沒多久，「京師地方自治章程」正式公佈，其中第一章第三節自治範圍項下的第五條，列明京師地方自治事宜應該包括的項目有：中小學堂、蒙養院、教育會、勸學所、圖書館、宣講所和閱報社。[66]閱報社的設置因此納入正式的規制中。

　　毫無疑問的，閱報社的對象包括了一般民眾，而不僅是粗識文字的「下層社會」。但我們也同樣可以確定，下層社會是閱報社的開化對象之一，乃至主要的對象。這不僅可以從一般輿論，和閱報社明白

---

[62]　同上，1911, 8, 21。

[63]　無妄，「推廣閱報社之益」，大公報，1910, 4, 2。

[64]　大公報，1909, 6, 20。

[65]　同上，1910, 1, 27。

[66]　同上，1910, 2, 16。

揭櫫的目的中看出，也可以從報社中陳列的報刊上窺得究竟。北京民政部在部內設立的閱報社，陳列的報紙旣有文言，也有白話，其訴求對象顯然分屬不同的讀者羣（當然這種劃分只是理念上的，以當時白話風行的程度看，懂文言的人當然很可能也同時讀白話報；不過機關內的下層雇員很可能就只閱讀白話報）。上面提到，在1905年成立的北京西城閱報社，是此後大量出現的閱報社眞正的濫觴。這間閱報處成立之初的報刊有：中國白話報十六冊，福建白話報三冊，廣雅報一冊，廣雅俗報四冊，湖南俗話報、安徽白話報、新白話、童子世界、啟蒙畫報以及京津等處各報。⑰這麼多白話報，很明顯地反映出閱報處所設定的對象。天津海河鄧善沽鎭的士紳籌畫組織閱報社，並在附近大小各村遍貼白話報，⑱更清楚地說明了他們的意圖。

　　雖然閱報社的設置比學校容易的多，但對很多志願經營的私人來說，固定的支出仍然是一個負擔。憂國之心、經世之志的熱情不難掀起，但要把熱情轉化爲長期的行動，卻不是每個人都可以做到。根據一項報導，「京師閱報社自開辦以來，社會風俗頗有影響；惟籌款之難，大同小異。」在1907年3月間，北京就有同人、正俗、愛國、樂羣等四家閱報社先後因爲缺乏經費而停辦。但也有朝陽、樂眾東分社兩家準備開張。⑲從這些例子，我們可以看出閱報社的開開停停大概是很普遍的事。不過也有一些組織完善、經費充裕而能長期維持的。像北京的「日新閱報社」就在1906年7月爲成立一周年而廣邀各界演說誌慶，⑳並且還設了分社。㉑天津東馬路的「啟文閱報社」，本來叫

---

⑰　同上，1905, 5, 5。
⑱　同上，1910, 2, 25。
⑲　同上，1907, 3, 4。
⑳　同上，1906, 7, 8。
㉑　同上，1905, 6, 30; 7, 10。

「啟明閱報處」，成立於1905年，[72] 成立後改名爲「啟文閱報社」。
這家閱報社的籌畫相當周密，從開辦的簡章中可以看出。開放的時間
從早上八點到十二點，下午一點到六點。閱報室內備有桌椅供人休
憩，其中一張桌子特別供人喝茶抽煙，另外還備有紙筆以便讀者抄
錄。[73] 由於財力不虞，再加上用心經營，這間閱報社顯然受到歡迎。
到第二年就有人提供房舍，在城隍廟後開了分社。[74] 直到 1909 年，
因爲經費支絀，實在辦不下去了，乃要求天津議事會協助。[75] 天津議
事會議請天津董事會承辦。董事會乃將三間閱報處接管。[76]

像啟文這樣肯爲讀者設想的閱報社，顯然並非特例。北京順天府
設立的閱報處就很受到稱揚。不僅章程完善，雇用的人員也能發揮服
務精神，毫無官署衙門一般牙役的傲慢之習。同時順天府署又不時派
人稽查，所以「逐日閱報者接踵而來，無不交口稱讚」。[77] 當然，也
有經營不善，乏人問津者。北京東四牌樓南半日學堂附設的閱報社就
是一個典型的例子。這間閱報社的章程不能說是不完善，但是管理鬆
懈，服務人員尤其惡劣，對索報閱讀者往往輕慢以待，「以致下流
社會人畏其聲威，竟有徘徊門外，不敢妄入者。」[78] 另外像保定在
1909 年共有四間閱報處，其中三間分別設在楊公祠、貢院街和厚福
營，讀者「絡繹不絕」；但另外一間設在大慈閣的卻門庭冷落，車馬
稀疏，原因也是管報的人（管役）態度野蠻，又對閱報人橫加種種限

---

⑫ 同上，1905, 7, 15。
⑬ 同上，1905, 7, 21。
⑭ 同上，1906, 4, 15。
⑮ 同上，1903, 6, 15。
⑯ 我們無法確定另外一間是否也是啟文閱報社的分社，不過其經理人則是同一人。大
　公報，1910, 3, 27。
⑰ 大公報，1907, 2, 20。
⑱ 同上。

制。⑦

　　除了經費、管理外，閱報處所的成功與否，和地點也有很大的關係。上述的天津「啟文閱報社」設在一品茶樓左近。⑧北京北新橋西天壽軒茶社陳列報紙之後，每天中午前往飲茶的人倍增。⑧茶樓固然因爲報紙而招來更多顧客，報紙也未嘗不因爲放在茶樓，而吸引到更多的讀者。設在東四牌樓的閱報社也因地處要衝，「每日閱報者，相聚如雲」。⑧天津「日新閱報社」的房間由奧國領事捐助，正好在「天仙戲園」旁邊，每天去看報的人多達兩、三百人。⑧而像直隸山海關所設的閱報處，因地處偏僻，每天固定去看報的人寥寥可數，最後只好搬到城鎭南街人煙稠密繁盛之處，重新開張。⑧

　　前面一再提到白話報刊和閱報社因爲啟蒙救亡的需要而大量出現，二者針對的階層雖然都相當廣泛，但下層社會無疑是其中重要的一環（就理念層次而言，甚至是最重要的一環）。問題是，下層社會的民眾，卽使有不少粗識文字者，不識之無者的數目卻更多。白話寫的再口語，閱報社設立的再普及，對這些可能高達百分之八十的文盲人口，依然起不了任何作用。清末的啟蒙者對此深有所知。許多閱報處兼充宣講所、講報處，或是附設半日學堂，教人識字，就是針對這個難題而發。從這一點，我們更可以明確的看出閱報處的設置和下層啟蒙運動的關係。看報的人，不一定都來自下層，但爲了吸引更多潛在、有待開發的對象，二十世紀初的啟蒙者，多方設法，務期用盡所有可能用得到的方式，把高遠的理想落實到滿目瘡痍的廣闊土地上。

---

⑦　同上，1909, 9, 30。
⑧　同上，1905, 7, 15。
⑧　同上，1905, 12, 31。
⑧　同上，1906, 11, 24。
⑧　同上，1910, 9, 5。
⑧　同上，1910, 4, 1。

人民看不懂艱難晦玄的符號，他們可以換一套表現方式，用下里巴人的村言俚語寫出他們的救世良言。再不懂，他們可以把書寫的文字換成口說的語言。如果口說的也不能引人入勝，無法喚起民眾的回應、共鳴，他們乾脆就把人生、世事都幻化作舞臺，粉墨裝點地訴說出心中無限的衷曲。白話報刊和閱報社的目的在用文字傳達訊息，下面一章我們則要看看他們怎麼樣用語言，用「講」的方式，將一般民眾帶入這個風雲變幻的時代。

第四章　宣講、講報與演說

對一般大眾宣講，在傳統中國有長久的歷史。明太祖起自民間，對如何教化百姓，有效地控制人民思想，格外關切，也設計了一些別具創意的制度。洪武二十七年（1394），他設立「里老人」制；三十一年，頒布「教民榜文」，整個制度算是完全建立。在「教民榜文」第十九條內，他這麼規定：「每鄉每里，各置木鐸一個，於本里內選年老殘疾，不能理事之人，或瞽目者，令小兒牽引，持鐸循行本里。俱令直言叫喚，使眾聞知，勸其為善，毋犯刑憲。其詞曰：『孝順父母，尊敬長上，和睦鄉里，教訓子孫，各安生理，毋作非為』。如此者每月六次。」① 「孝順父母」這六句話就是一般通稱的「聖諭六言」或「六諭」。而令老人每月六次，敲木頭，叫喚「孝順父母」等六句話的作法，則可算是一種「游走的宣講」。

世宗嘉靖八年（1529），正式建立「鄉約」制度，並與既有的保甲制度結合，以期對人民作更緊密的控制。各地約官宣講時的主要依據，一是宋朝呂大臨兄弟的「呂氏鄉約」，另一個就是太祖的「六諭」。② 清人以異族入主中國，對思想控制的工作更是不敢放鬆。在

---

① 教民榜文，見張鹵編，皇明制書，（臺北，成文，1969）卷九。有關「里人制」的討論，可以參考 George Jerlang Chang, Local Control in the Early Ming, 1368-1398, (University of Minnesota, 1978，未刊博士論文)，頁 175-182。

② 有關明代鄉約的各項討論，可參考和田清，「明の太祖の教育敕語に就いて」，收於白鳥博士還曆紀念東洋論叢，（東京，1925）；清水盛光，中國鄉村社會論（上），（東京，1951）頁 338；酒井忠夫，中國善書の研究，（東京，1973），頁 40,44。

這一方面，他們完全師法明代的鄉約和宣講制度。先是世祖福臨在順治元年（1652）頒行〈六諭臥碑文〉，接著在十六年正式成立鄉約，每月朔望兩次講解六諭。康熙九年又另外頒布了十六條的〈康熙聖諭〉，取代〈六諭臥碑文〉。雍正二年，世宗更親自撰寫了〈聖諭廣訓〉，對康熙的十六條聖諭詳加闡釋，成為有清一代鄉約的主要依據。③而為了使聖諭的意旨能真正為一般人所了解，從明中葉以降，各種註解聖諭的通俗、白話版本就不斷出現，以供宣講人員使用。④

　　二十世紀的宣講，雖然多半在內容上和以前大不相同，本質上卻有一貫之處。教化的目的在灌輸倫常觀念，造就馴良的帝國子民；啟蒙的目的則在培育新時代的人民，以保種強國。但兩者的基本精神都是要把上層的思想、信念轉化為一般人生活中的「常識」，建立上下一體的共識。對某些人來說，演說是宣講的發展和變形。但更多人卻賦予演說全新的意義和功能。所以清末的「口語」（以別於「文字」）啟蒙，其方式除了內容經過擴大的宣講外，演說也值得特別重視。下面就分別加以探討。

第一節　宣講與講報

(1)言論倡導

---

③ 清水盛光，前引書，頁 377-385。

④ 有關明代對聖諭的白話通俗演繹，可參見酒井忠夫，前引書，頁 45-47；清代的情形，則可見 Victor Mair, "Language and Ideology in the Written Popularization of the Sacred Edict", 收於 David Johnson, Andrew J., Nathan, Evelyn S. Rawski 編的 Popular Culture in Late Imperial China, 頁 325-359。我曾經對鄉約發展的梗概及其效用，作過簡略的探討，見「從中國傳統士庶文化的關係看二十世紀的新動向」，中央研究院，近代史研究所集刊，第十九期（1990, 6），頁 324-327。

　　五四運動爆發時擔任教育總長，並且因為主張對學生採取溫和立場而辭職的傅增湘⑤，在1910年代的啟蒙運動中就已經表現出開明的態度。在為大公報發行的〈敝帚千金〉第二集寫的序文裏，他對白話在開發民智上的貢獻深表贊許。但另一方面，他也對白話的限制深有所知，因而提出補救之道：

　　　　因為我中國教化不講，識字者十人中只好得一人，此書（指〈
　　　　敝帚千金）縱然淺顯，也要識得字，才念得過。若只一人能
　　　　看，那九人豈不向隅。我曾聽人說，外國有一種演說會，每日
　　　　夜晚或禮拜日，趁各處放工，眾人閒空時候，揀那好報紙，與
　　　　一切新聞，向眾演說。所以外國雖是下等之人，於國家事情，
　　　　普通道理，沒有不曉得的，故爾人人有愛國之心。中國演說的
　　　　事，也時常有之，即如我家四川地方，此風尤盛。但所說者，
　　　　如〈感應篇〉、〈陰騭文〉、〈帝君寶訓〉、〈玉歷鈔傳〉之
　　　　類，雖是勸人為善，然虛誕的話太多，或反轉添出許多迷惑狂
　　　　謬的思想。至於那鼓兒詞、說平書等事，北方也多，更是毫無
　　　　意味。我今奉勸諸君，如喜看這種白話，有錢人家，可以請人
　　　　按時演說。那啟發人的心思，感動人的力量，比善書更快十
　　　　倍，功德也大十倍。若居家無事之人，花前月下，可揀那趣味
　　　　新鮮的，說與孩子們聽，不比鼓兒詞、說平書更好嗎？⑥

　　傅氏這篇文章有幾個值得注意的地方。第一，和當時許多人一樣，他已經注意到媒體的性質與對象的問題。就像前面提到的，白話再白，對不識字的人仍然起不了任何作用。傅氏因此特別舉了外國講

---

⑤　有關傅氏對學生運動的態度和辭職的經過，見 Chow Tse-tsung, The May
　　4th Movement: Intellectual Revolution in Modern China, (Harvard
　　University Press, 1960)，頁 118-119, 137, 139。

⑥　大公報，1904, 5, 25。

報的例子，並指出這是下等人也能有「公民」素養的原因。第二，
傅氏把講報和中國固有的說唱傳統連在一起，白話則類同於善書和其
他的通俗文學。不同的是，傳統的講唱和通俗文學有許多荒誕不經之
談，遠不像白話一樣能滿足時代的需求。傳統和現代如何接筍的問
題，在這裏很有意思的透露出來。這個時代的知識份子基本上都肯定
小傳統的文藝形式在教化上的功能，但同時他們又對這些民間文藝裏
所蘊涵的思想深表不滿。新式白話報的出現正好塡補了這個空隙。傅
增湘勸有錢有閒的人，或是請人演說，或是當故事一樣把白話講給小
孩聽，正是舊瓶裝新酒，用固有的民間文藝形式，來傳播知識份子的
新福音。

　　同樣的舊瓶，裝的酒卻可以不一樣。有人主張講白話，有人則建
議講小說。一篇題爲「移風易俗議」的文章除了主張多立白話報外，
還認爲應該改良演說：「各處說平書的，日以說書餬口，感人最易。
不如招此項人，限一個月，教以新小說，令其各處隨便演說。……這
等人，最有口才，比立一座師範學堂的關係，不相上下。」[7]

　　新式演說和傳統說書間的差異，有時實在難以截然劃分。上面兩
個例子中的「演說」一辭，其意涵顯然和我們今天所用的有很大的差
別，但在這段轉型期，類似的用法其實非常普遍。對很多人來說，演
說就是說書、宣講，唯一的差別只在內容。下面的議論，就是這種看
法的最佳說明：

　　　　如今最於開通風氣有力量的，就是演說。因爲演說一道，對著
　　　　眾人發明眞理，聽的入在耳朵裏，印在腦子上，可以永久不
　　　　忘。日子長了，可以把人的心思見解變化過來。你們看那常在
　　　　說書廠兒聽書的人，聽慣了三國演義的，張口就是曹操如何奸

───────────
　⑦　竹園，「移風易俗議」，九續前稿，大公報，1904, 1, 2。

詐，關公如何忠義；聽慣了封神演義和西遊記的，張口就是天
兵天將，妖魔鬼怪。你們不信，要是有幾個平常人坐在一處，
細聽他們議論的，總不外乎說書廠兒的一套典兒，幾乎成了平
常人的普通常識。可見說書的於社會人心有極大的關係了。怎
麼有那麼大的關係呢？因爲他純是演說的作用，故此感人最
深。可惜他們所演說的，多半是閉塞民智的道理，最有害處。
從前天津東門外立了一個宣講所，這宣講二字，也就是演說的
別名兒。這宣講所主講的諸公，擔著一個開民智的極大的責
任，講的要是好，國民的思想，可以由黑暗進入光明；講的稍
有個宗旨不正，好者弄成一個從前初一、十五宣講聖諭的具
文，壞者結成一個尋常說書廠兒的惡果。這層理，也是主講諸
公所都知道的。故此不明眞理的不可宣講，不通時局的不可宣
講。演說雖然有益，要是演說的跟新智識相反對，反倒有害，
不可不愼重阿！⑧

作者接下來列舉了幾個演說裏應該著意發揮的題材：一方面要極力破
除因果報應、吉凶禍福的說法；一方面則要積極說明興辦學校的目
的，以破除阻力，讓一般人了解學校講求尙武精神的用意。至於勸戒
婦女戒除纏足的惡習，也是題中應有之意。⑨

　　申報在1907年刊登的一篇論說文字「預備立憲公會致各處教育會
論各地方亟宜遍設宣講所書」，是另外一個例子。作者提議設立的機
構名稱雖然是宣講所，但講演的內容「立憲國民之責任與智識，及地
方自治之制度，選舉議員之方式」，⑩卻體現出時代精神。

---

⑧　「敬告宣講所主講的諸公」，大公報，1905, 8, 16。
⑨　同上，1905, 8, 16-17。
⑩　申報，1907, 10, 27，頁 681-682。

(2)實　行

對這樣的見解，有人訴之文字，有人則付諸實行。上海第一商學會的會員，在一次聚會中演說小說「癡迷漢」，藉著寓言爲國民痛下針砭，以「喚醒一切迷夢，指示一切方向」。⑪浙江湖洲埭溪的蔡綠農，對開啟民智的工作一向積極不落人後。他曾經辦了一間「擺渡船閱書社」（又名「普渡書社」），購買各種白話報和小說，供人免費借閱，甚至還在報紙上登廣告，希望那些因爲經濟困窘，或地處偏遠而沒有辦法購置書報的人，向他函借。可惜他的一片苦心並沒有得到預期的回應，每天來借的人只有七、八個。爲了進一步警醒「頑固之婦孺」，蔡綠農又添設了一間講演小說所，每逢五、逢十的夜晚，就借用「發蒙學堂」的女生教室，登壇講演，「凡有緊要處，間以手畫指點，備極形容」，顯然非常賣力。1904年11月11日（光緒三十年十月五日）開始講「玫瑰花」，我們雖然不知道這部小說的內容，但根據報導，聽的人總算有了一些反應，不枉蔡氏不折不撓的努力。⑫

浙江嘉桐的另一位熱心人士，則拿著各種報紙到茶寮演說。除此之外，他還用〈聖諭廣訓〉和善惡果報的故事來啟迪「農工人等」。⑬這位「志士」向下等人說因果的作法，雖然正是上文所引的一些議論中對說唱形式的主要批評所在，但它也同時說明了在啟蒙初期，必然無可避免的新與舊，傳統與現代雜然並陳的現象。北京某宣講所的宣講員演講起來，像是在說評書，內容又夾雜了許多五行生剋的理論。⑭天津東門外的「天齊廟宣講所」，是另外一個好例子。這個宣講所

---

⑪　警鐘日報，1904, 10, 31。
⑫　同上，1904, 11, 21；10, 22。
⑬　大公報，1905, 8, 12。
⑭　同上，1907, 11, 26。

辦的相當成功，每天晚上都吸引了大批聽眾。細究其所用的講材，則包括了〈聖諭廣訓〉、〈朱子格言〉、〈庭訓格言〉、〈訓俗遺規〉、〈聖武記〉和〈國民必讀〉以及大公報、京話日報、天津日日新聞等。⑮這個宣講所到 1909 年還繼續存在，而且盛況不減，其中有三位主講的士紳李頌臣、李世臣、李子鶴，講得特別好，人稱「三李」，並拿來和京劇名角譚鑫培、孫菊仙和汪桂芬三人相比，可見受歡迎的程度。⑯論者以爲像〈訓俗遺規〉等書，含有一些不合時宜的思想、見解，和國民應該有的新智識相矛盾。⑰但既要說服下等人，就免不了要用他們熟悉的語言、形式和素材。事實上，這種「以子之矛，攻子之盾」的作法，是上層社會「改造」下層社會時，常用的權宜之計。中國傳統「神道設教」的作法是一個例子。歐洲中古時代，基督教爲了使正統的基督教義深入充滿異端色彩的民間社會，自教皇以下的教會高級僧侶及學者，也常常採用許多源自民間、光怪陸離的傳說、神話和故事，寫成淺顯易解的教材，供地方教區神職人員在講道時使用。⑱清末啓蒙運動，雖然以反宗教迷信爲要務之一，但因爲施教對象的考慮，神道設教的現象仍然存在。

　　另外要特別注意的是：「開民智」雖然是一個全國性的運動，基本訴求也很明顯，但這卻不意謂每一個參加「開民智」運動的知識份子或志士都有一套相同的、全面的新價值標準或世界觀。有的人也許對纏足、鴉片的毒害，深惡痛絕，卻不一定反對舊的道德綱目；有人也許對外侮造成的危機有切膚之感，但卻不一定反對現有的政治體

⑮　同上，1905, 8, 15。
⑯　同上，1909, 2, 27。
⑰　同上，1905, 8, 15。
⑱　參見 Aron Gurevich, Medieval Popular Culture: Problems of Belief and Perception, tr., by János M. Bak & Paul A. Hollingsworth, (Cambridge University Press, 1988).

制。我們雖然可以爲啟蒙運動勾勒出大概的輪廓，卻並不意謂每個啟蒙者都發出一定的聲音。衝突乃至互相矛盾的意見，並不妨礙時代洪流的走向。

不過從我們掌握到的資料來看，既講因果報應又講白話報的新舊雜陳的作法，顯然並不是「口語啟蒙」的常態。比較常見的宣講方式是講報，或針對與「開民智」有關的事項做專題演講。

a、講報

前面提到，閱報處的大量設置是1905、1906年的事。講報處也從這個時期陸續出現。大公報1905年的一篇讀者投書，建議多立宣講白話處，每天中午開始，每次兩個小時，請學校的老師或老學究講白話報給「工藝人等」聽，希望他們聽了以後，在茶餘飯後當爲閒談之資，眾口相傳。[19] 這些意見大致點出了講報的精神和命意。同樣的建議，在這個時候不斷被人提出。一位京官和商部的一位顧問打算在京城內外寺院和會館等處，廣設講報處，以開通下等社會。[20] 一位志士則請北京的工巡總局統計內外城的說書場，然後令說書者每天增講報章數段。[21]

在第一批開設的講報處中，上面提到的照相館老板王子貞（或作王子眞）毫不意外的列名在內。他在閱報處設立後不到一個月，爲了進一步「啟發不識字之人」，請了一位名叫鳳竹安的親戚，在公餘之暇到閱報社講聖諭和時事新聞。此外，每個星期日還固定有一次擴大宣講，由幾個人輪流講一天。供閱覽、宣講的報紙除了彭翼仲捐的啟蒙畫報外，還有其他二十多種。[22] 有一個叫卜廣海的醫生，在北京東

⑲　大公報，1905,6,6。
⑳　同上，1905,6,23。
㉑　同上，1905,7,3。
㉒　同上，1905,6,21。

四牌樓六條胡同口的會友堂藥舖行醫多年，藥舖旁有一間房子，本來一直租給人開茶館說書。有一天，這位卜醫師走在街上，看到牆上貼著京話日報，一時心有所感，認爲說書遠不如說報有益，於是決定把茶館改爲講報處。而茶館的主人也被他的熱心公益感動，以裝訂好的京話日報一册相送，以便逐日講說。㉓卜廣海改茶館爲講報處的作法馬上就有人響應。兩個叫做李星五、陳樂園的人，在東直門外，借了一家「申家茶館」，改爲講報處。㉔蘇州也從1905年起設置講報處，到 1906 年底，已設置了六處，「按期將各報宣講，於勞動社會頗有影響」。㉕

在這個「啟蒙救亡」的風潮感染下，一些名不見經傳，沒沒無聞的小人物，往往出於摯誠，傾其所有，爲苦難的家園，動盪的時代，盡一己之力。天津河東一帶的窮教書匠杜學義是一個很好的例子。杜氏本來在「育英學館」教書，聊以餬口。爲了訂閱報紙，獲取新知，不惜典當自己的衣物。因爲對講報的好處深有體認，有一天忽然心血來潮，買了一個玻璃燈，在學館門外開起講報處來。講的主要是白話報和〈儆帶千金〉。剛開始，聽眾只有十幾個，都是來自附近的居民。不到十天，聽的人就增加到四、五十個，還有遠道而來的。杜學義照顧不來，特別找了四、五個志同道合的人來幫忙。㉖另外一位天津私塾的蒙師看到杜學義的例子，生出思齊之心。他除了自己固定到文昌宮聽講外，還投書報紙，廣邀同志協助他講報。講的幾份報紙是大公報、直隸白話報、青龍報、京話日報和啟蒙畫報。㉗北京另一

㉓ 同上，1905, 5, 15。
㉔ 同上，1905, 6, 2。
㉕ 申報，1906, 11, 16，頁 411。
㉖ 大公報，1905, 7, 13。
㉗ 大公報，1905, 7, 21。

位叫佟宣的女志士則在路口設置了一間女講報處，對象完全是女性同胞。㉘

不只醫師、志士、教師講報，也有看似狂狷的有心人當街開講。北京護國寺有一個自稱醉翁的人在衣服前後各嵌上一塊圓形白布，前面寫的「講報人醉郭」，後面寫的「不是（？）報愛國保種」。根據報導，他專對人演講愛國道理。㉙從這個人的裝扮和當時人的記敍，這個郭姓醉漢的講報，似乎不是酒意突發的一時狂舉，而是有計畫的行動。

個人當街演講，有點像閱報牌，經濟、活動性大。比較固定的講報則和卜廣海、王子貞的作法一樣，多半在茶樓或閱報處進行。像北京的栗子巷茶館就在1905年增添了講書和講報的項目，每天下午從一點講到六點。㉚觀音寺昇平樓茶園的主人穆子光，則從1906年起，每天晚上在茶樓上宣講報章，以「開商人之智」。㉛

天津一位叫林墨卿的學董則邀請同志友人，在天津的各個茶樓講說書報。他們講的報紙包括敝帚千金、京話日報、啟蒙畫報，各種新聞報和各種白話報。演講的地點則有東新街萬來軒、石橋胡同口義興茶園、東南城角的立興茶園、侯家后東來軒和北馬路天聚茶樓等十幾處。㉜

除了茶樓外，由閱報社增設宣講，是比較普通的作法。北京一個叫劉瀛東的在驟馬市大街設立了一間講報說書處，還附帶教一般人識

㉘　順天時報，1906, 12, 6。
㉙　大公報，1905, 8, 14。
㉚　同上，1905, 8, 17。
㉛　同上，1906, 7, 12。
㉜　同上，1905, 12, 16；1906, 1, 9。

字。㉝天津的「啟文閱報社」也在每天晚上講解一、兩段有益民智的報文。而在講報文之前，先挑出一些特別或難懂的字解釋一遍。㉞直隸省城的諸生，則合力在天華牌樓關帝廟內設立閱報處，並派人宣講，「以便不識字人環聽，易啟心思。」㉟覺先和尚在北京宣武門內開辦的「宣明閱報社」每天下午一點到四點，聘請專人講解報章。其中一個講員，是一位名叫斌小村的志士。他從報社開辦以來，天天到社演講，講的內容除了報紙外，還有國民捐和勸戒纏足等。由於口齒清晰，內容也吸引人，所以每天都能吸引一些聽眾，有的時候有二三十人，更多的時候有四五十人。㊱另外，前文提到由一個喇嘛在德勝門外黑寺設的閱報社，也請人宣講各種報紙。㊲武連升則以一介平民的身份，在旃檀寺後設立了「警夢講報社」。㊳

北京「進化閱報社」的作法，則更引人側目。他們在每天晚上講演報章時事，特別配合自己製作的幻燈片，痛陳印度、高麗等國滅亡的因由，以加深聽眾的印象。這種用幻燈配合演講的作法，引起很大的回響，前往聽講的人「日以千百計」。㊴申報在 1906 年刊載了一篇論說「論閱報者今昔程度之比較」，其中提到與過去相比，工商界閱報的人數增加，而農民以前完全不知道什麼是報紙，現在也漸漸知道，甚至「聞講報社之講演，則鼓掌歡呼，惟恐其詞之畢，而恨己之不能讀者」。㊵這樣的說法雖然有些誇張，但由上面這些例子，我們不難看出當時閱報及講報漸趨普及的事實。

㉝　同上，1905, 12, 27；1906, 6, 27。
㉞　同上，1905, 7, 23。
㉟　順天時報，1905, 8, 22。
㊱　大公報，1906, 4, 25；順天時報，1906, 5, 3。
㊲　順天時報，1906, 11, 25。
㊳　順天時報，1906, 9, 13。
㊴　大公報，1906, 5, 4。
㊵　申報，1906, 2, 5，頁 225。

　　由於閱報社附設宣講的作法畢竟不同於傳統的說書或鄉約的講解
聖諭，隨著講報的日趨普及，缺乏講員的問題就慢慢出現。為此，京
師各個閱報社特地在1906年 8 月集會討論因應之道，最後決定設立一
個研究會，每星期天定期集會，討論講演的方法，以造就更多講員。
④而早在這一年的二月，在一項名爲「北京閱報社規則」的文件中，就
已經對講報處講員應該注意的事項有所規定。從其中「不得說革命」、
「不得諷刺朝政」、「除去滿漢界限」等禁例判斷，⑫這個規則很可
能是清政府有鑒於講報處的講演所可能產生的影響，而採取的預防措
施。白話報刊往往登載一些攻擊權威，否定既存秩序的文章，而講報
的主要素材又是白話。所以它雖然是開啟民智的利器，清政府卻不能
不對這項設施成爲「民間社會」反「霸權」⑬的可能性預加防範。

b、宣講所

　　除了由閱報社附帶講報外，更普遍的 「口語啟蒙」 方式是宣講
所。宣講所有的隨閱報社一起設置，其功能與講報相仿佛，只不過名
稱不同，宣講的內容也比較廣，不限於報紙。但更多的宣講所是單獨
設立，除了私人資助經營外，政府也積極參與其事。這些宣講所在名
稱上，很顯然是由以前的宣講聖諭而來。但到這個時候，名稱雖然依
舊，內容卻已大不相同。像享有盛名的天津「天齊廟宣講所」，雖然
因爲還使用一些傳統的講材而爲識者所不滿，但它受重視的原因，無
疑是因爲講員採用了許多具有現實意義的題材。像 1906 年 6 月 1 日
和 3 日的四個講題分別是「拳匪記略」、「國民讀本」、「黑奴籲天

---

⑪　大公報，1906, 8, 8。
⑫　大公報，1906, 2, 10。
⑬　這兩個辭彙的意義，詳見第六章結論部份的討論。

錄」和「聖武記」。㊽ 講說拳亂的用意,不言可喻。而像「聖武記」,
雖然是比較傳統的作品,但其中透露出的尚武精神,正是梁啟超理想
中的「新民」必備的質素之一。從這幾個例子,我們多少可以看出「
天齊廟宣講所」的基本走向。更有意思的是,「天齊廟宣講所」勇於
創新。每個禮拜一到禮拜三晚上都有樂隊配合「演出」,每次宣講完
的休息時間,樂隊就鐘鼓齊鳴,以振奮人心。每個星期六晚上,則添
演幻燈(比前述「北京進化閱報社」幾乎早一年使用)。這樣旗鼓大
張,難怪常常吸引上千名的聽眾,㊺ 也難怪一再受到媒體的重視。

西馬路的宣講所,講題之一是印度滅亡史。㊻ 河東廣育學會幾位
熱心教育的人士,借用天津某宣講所大談戒煙之道。㊼ 吉林省巡撫則
在 1908 年下令省城的各宣講所,將與吉林相關的時事新聞編成小說
體裁,逐日宣講,以革除過去空疏不切實際的作法。㊽ 湖北學政也設
立了一所宣講所,除了帝王恩德聖賢事蹟外,還用白話編寫時事,令
人宣講。除此之外,他們講說的題材還包括各國戰史、風俗美術、都
會介紹 ,以及中國各省的風俗形勢 。㊾ 即使像京師勸學所這麼官方
的機構,在 1907 年頒佈的章程中, 也必須賦予宣講新的功能。 雖
然像前面說的 ,清政府對宣講所可能起的「顛覆」作用深有所知,
而在章程中特別強調宣講「不得涉及政治演說 、 一切偏激之談」,
同時宣講的項目應包括〈聖諭廣訓〉,但他們也不得不把「國民教育
修身、歷史 、 地理 、 格致等淺近事理」,乃至「白話新聞」包括在

㊽ 大公報,1906, 6, 1; 6, 3。浙江常州的「武揚宣講所」在 1908 年成立,講的內容
　　除了〈聖諭廣訓〉外,也包括了〈黑奴籲天錄〉及破除迷信等富有時代意義的題
　　材。見申報,1908, 7, 4,頁 49。
㊺ 大公報,1905, 7, 26。
㊻ 同上,1906, 6, 6。
㊼ 同上,1906, 10, 9。
㊽ 同上,1908, 12, 20。
㊾ 順天時報,1908, 5, 12。

內。⑩

川督趙爾巽在1909年寫了一首「勸民醒迷歌」，令人到處張貼，並令宣講生及識字熱心者，「無論茶坊酒肆、城市村莊，隨地演說」，「務使窮鄉僻壤婦孺皆知，愚頑盡曉」。從他下令，讓一向「業盲詞說書之人」把這首歌編寫爲唱本等作法來看，⑪趙爾巽顯然還把宣講看成傳統的說書。但更重要的是全文所透露出的緊迫感、強烈的反迷信題旨，以及對義和團的抨擊，在在都使得這篇文字具有「啟蒙救亡」的現代意涵：

> 哀哉吾民何其愚，愚哉吾民眞可哀，義和團與紅燈教，早已屍骨化成灰。無論南省與北省，都恨妖人惹禍災，如何四川愚百姓，還當新鮮鬧起來。鬧起事來送性命，白送自命一可哀；鬧起事來累父母，父母哭啼二可哀；……一刀兩斷十可哀。皆因你等不識書，自家心內亂騰騰；皆因你等不看報，現在時勢全不明。……義和團與紅燈教，現形現眼在北京，起初說能避鎗砲，又說上體有神靈，聯軍一到天津地，鎗砲打來活不成。直隸山東多少（？），都被官兵一掃空。那有定砲能不響？那有扇子能生風？那有吞符能使鬼？那有打仗靠唸經？那有紙人與紙馬？那有神將與神兵？那能放火又止火？那能隱身又藏形？陰神童子害得苦，觀音女子死得兌。只可當作戰法看，那有一點眞事情，殺不盡的四下跑，跑到四川換姓名。小者賺你出衣食，大者害你跳火坑。……要知小小邪法術，一遇正氣不算數，古今邪教知多少，那有正神肯相助？起初說是保身家，身破家亡將你誤。鎗砲利害鐵能穿，那有肉身擋得住。任你畫符

---

⑩　「京師勸學所試辦章程」，大公報，1907, 1, 14。

⑪　大公報，1909, 9, 1。

與唸咒，任你拜神與吃素，靂靂撲通一陣打，如同太陽掃煙霧。回頭再看安分人，家家安穩度朝暮。獨有你們學拳人，禍到頭來才醒悟，可哀可哀眞可哀，勸你從今莫發呆，愚哉愚哉何其愚，勸你從今莫糊塗，勸你多聽好演說。……我今做此醒迷歌，眼淚都要流成河，同是四川好子民，豈忍看你火燒身。識字之人細講明，不識字人細心聽。更編鼓詞去唱演，喚醒愚人睜睡眼。一傳十來十傳百，百傳千萬到處說。⑤

採用宣講來禁絕 纏足和吸食鴉片等 惡習顯然受 到各地政府 的重視。北京的一位侍郎在1908年上條陳給張之洞，請張轉飭督學局下令各宣講所，每天演說禁煙要義。張之洞非常同意這個建議，立刻下令各地遵行。⑤順直團民禁煙會的努力，是另外一個突出的例子。在他們通過的禁煙辦法中，除了四處散發白話傳單外，對口語的傳播尤其重視。他們派人到各戲園茶館演說，到城廂內外各熱鬧處所演說，還打算派人「持旗鳴鑼，游行各街巷演說」，而宣講所的宣講更是重點之一。⑤他們除了利用天津東、西宣講所等地的原有人力外，還邀請南開中學校長張伯苓，白話文專家丁子良以及當時有名的演說家李子鶴等人，就禁煙問題大發議論。⑤

除此之外，各項新政也是宣講的主要內容。大公報二千五百號紀念徵文的一篇得獎作品，就建議在各地宣講所或酒館、茶樓內宣講新

---

⑤ 大公報，1909, 9, 2。直隸肅寧縣的縣令也採用類似的作法。他將吸食鴉片的惡果用淺近易曉的詞句，編成歌曲，印刷了四千多張，給巡行宣講員和各村正副村正在宣講時使用。見大公報，1910, 3, 3。

⑤ 順天時報，1908, 5, 6。

⑤ 大公報，1910, 12, 29。

⑤ 同上，1910, 11, 18。

政。㊱而事實上，早在此之前，天津府在 1906 年公佈的「自治局章程」中，已經有類似的構想。在章程第六條「宣講」條下，有這樣的記載：「本局選派員紳在天津府屬已設宣講處講演自治法規及利益等事。此外，四鄉暫就巡警分區講演，月編白話講義一本，由淺入深，務期家喻戶曉。」㊲湖廣總督趙爾巽則指令自治局將地方自治事宜編成白話，並多設宣講所，由講員照這些白話講本宣講。㊳江蘇巡撫陳夔龍在1906年，令蘇州仕紳設立了四處宣講所，專講憲法、地方自治制度及一切有關公益的事務。㊴1909年由憲政編查館審核通過的「自治研究所章程」中，首先說明自治研究所的目的在講習自治章程，以造就自治職員，然後規定各省省城及各府廳州縣都應各設一所。這類研究所的設置，顯然是要在各階層訓練出一批懂得地方自治理論的幹部，然後靠他們在各地推行地方自治。自治研究所另一個功能，則是將城鎮鄉村應該興辦的各種地方自治事務用白話刊佈，並向人民宣講。㊵另外，北京外城的一位官員為了使一般人了解什麼是地方自治，也奏請民政部在內外城設立宣講所，宣講「自治事宜」。㊶事實上，由各地地方自治會所一類的組織籌設宣講所的規定，並非具文。像上海大東門火神廟的東南城地方自治會，就在1911年由會員王志公組織了一個宣講處，講解與地方自治有關的事宜。「聽者甚眾，大抵中下社會及婦女小兒為多」。㊷蘇州滸關鎮的一位區董也在鎮上開辦

㊱　伯泉，「直隸諮議局本年應行提出之議案」，大公報，1909, 7, 10。
㊲　大公報，1906, 9, 2。
㊳　申報，1908, 1, 1，頁6。
㊴　申報，1906, 11, 25，頁 489；11, 27，頁 505；1906, 12, 6，頁 585。
㊵　大公報，1909, 5, 11。
㊶　順天時報，1908, 7, 28。
㊷　申報，1911, 2, 14，頁 622。

了一處自治宣講所，每逢二七日及星期天開講。[63]

　　上述的宣講內容，是比較寬泛的地方自治。有的則針對特定的項目。如1908年，清廷下令各省每州縣都應設派勸導宣講員，每天宣講正在進行的「改良新政」和舉辦印花稅的因由、目的。[64]北京警察廳則要求勸學所轉令內外城各學區的宣講所，對有關煙照的問題和調查戶口的相關事宜，詳細講說，以消除人民的疑慮。[65]像這種用宣講的舊形式來傳遞新訊息的例子還有很多，例如北京督學局爲了配合政策，特地派人在廣德樓茶園講說立憲之旨。對於現代的工商、科學知識，也趁機加以介紹。[66]前面提到新的警察制度成立後，對與人民生活有關的措施，無不盡力宣導。爲了使一般人對各項規定有所認識，民政部在1906年透過學部，命令宣講所在每天晚上宣講時，花一個小時講解警章。[67]顯然清廷對讓一般人了解與他們日常生活有關的各項法規這點非常重視，到1908年，我們還看到京師總勸學所下令各學區的宣講所，每天花三十分鐘講解新訂的警律。[68]

　　直隸東安的學界士紳，看到當時各地提倡籌還國債的舉動，深有所感，特地在城裏的自治預備會裏組織宣講所，向民眾募集捐款。[69]事實上，藉宣講所來激發人民的愛國思想，並勸募金錢的作法並不始於此。早在光緒三十一年底（1905），鼎鼎大名的「天齊廟宣講所」

---

[63]　申報，1910，9，4，頁54。一項對清末地方自治的研究，也指出在天津府設有宣講處，輪日宣講地方自治的法理及其利益，並向四鄉推廣。直隸的某些縣都有宣講處所的設置。此外，唐桂則在山西崞縣首次實驗中國的鄉鎮縣自治，收到一定的成效。見沈懷玉，「清末地方自治之萌芽：1898-1908」，中央研究院近代史研究所集刊，第九期（1980，7），頁 294-296, 305-310。

[64]　大公報，1908，10，4。

[65]　同上。

[66]　順天時報，1906，10，24。

[67]　大公報，1906，11，15。

[68]　順天時報，1908，6，9。

[69]　大公報，1910，1，10。

就已經附設了一個專門機構，向人民勸募國民捐，一直到光緒三十三年底，因爲捐錢的人愈來愈少才停辦。⑩ 根據報導，國民捐的提倡，「始自天津宣講所」。⑪ 我們雖然不確定是否就是天齊廟首開其端，但宣講所與激勵民眾愛國思想的關係，卻可由此略見一般。

不只在輦轂之下 的京師或風化普及 的關內城鎮 ，有宣講所的設置，即使在僻遠的黑龍江，我們也看到宣講所帶來的戲劇性效果。從1907年的一則報導，我們知道黑龍江本來設有兩間閱報處，但開辦了一年，對「下等社會之不識字者」仍然不能開通其智識。高等學堂的監督等人有感於此，稟准設立一處宣講會，每天邀集同志，分講新政、新學及立憲事宜。有一天，一位林姓官員到宣講會場向眾人講黑龍江的鄉土歷史，以及「愛琿庚子之難」的經過。根據這個官員的說法，在這次事件中，「江北旗屯五十餘所，男女七千餘人，盡爲俄人驅而投諸黑龍江」。講到傷心處 ，臺下的聽眾「莫不嗚咽垂涕 ，擊胸頓足。」我們不知道這則報導是否有誇大之處，但這種以鄉土切身的歷史來灌輸愛國思想、民族意識的作法顯然收到了一定成效，所以報導者特別評論道：「足可見演說時事，足以感動社會之國家思想。」⑫

和閱報社一樣，1910年代宣講所的設置，先由私人開其端，政府接著跟進，並試圖將其制度化。我們先舉幾個民間設置的例子。天津除了東門外的「天齊廟宣講所」，一鳴驚人外；在1905年，又在西馬路添設一處，與其他城市相比，可以說是領先羣倫。難怪大公報要驕傲地說：「開通民智之事，本埠當首屈一指。」⑬

⑩ 同上，1908, 1, 5。
⑪ 同上，1906, 3, 4。
⑫ 順天時報，1907, 3, 13。
⑬ 大公報，1905, 11, 25。

　　1906年之後，私人開設宣講所的作法漸趨普遍。設在天津河東的「地藏菴宣講所」，對象是一般的商人、民眾，爲招徠聽眾，他們還四處黏貼廣告。⑭一個叫鐵珊的志士，認爲宣講的目的在補正規教育之不足，應該逐漸推廣，以速收成效。所以聯合了一些同志，在北京西城設立了一處宣講所。⑮另一位熱心啟蒙的志士樂綏卿在北京東牌樓大街設立了第五學區宣講所。有一次他上臺大聲疾呼，向聽眾細述韓國滅亡的歷史，「語言激勵，慷慨動人」，聽的人則「肅然而敬，竦然而畏」。⑯山東濟南府的一位車夫李鳳林因爲捐資設立學堂而名動天下，而李鳳林在設立學校之後，接著又開辦了一處宣講所，定期宣講。⑰

　　前面提到閱報社附帶講報的作法。事實上，很多閱報社不僅講報，還把範圍擴大，從事各種宣講。閱報社和宣講所不僅是地方自治中規定必須設置的機構，在實際的例子中，閱報社附設宣講所，或兩者同時同地設立的情形也非常普遍。前面提到的武清縣河西務，除了經營各種慈善事業外，也設立了「河西務閱報宣講所」。⑱1907年，在保定的一間寺廟大慈閣內，有人設立了一處宣講閱報所。⑲這個宣講所爲推廣農務還配合放演與農業有關的電影（很可能就是幻燈片），由於人太多，連桌椅都被擠壞。⑳北京八旗高等學堂的學生湍松高，則聯合其他學生在安定門內組織「安定閱報社」，附設宣講所。另外

⑭　同上，1906, 1, 4。
⑮　同上，1906, 10, 25。
⑯　順天時報，1907, 3, 27；大公報，1907, 7, 27。北京其他宣講所的設置可參考順天時報，1907, 7, 2; 1908, 3, 2。
⑰　申報，1910, 9, 21，頁 326。
⑱　大公報，1906, 2, 20。
⑲　同上，1907, 5, 21。
⑳　同上，1907, 6, 27。

一個叫博啟圖的人則在自設的「大觀閱報社」內，附設宣講，每晚舉行。[81]北京第五高等小學的教員常靜仁，聯合同志創立了「朝陽閱報社」兼宣講所，「開辦以來，成效昭著，東南一隅風氣開通，胥賴此舉。」[82]位在燈市內的「集成閱報社宣講所」，除了定期宣講外，還曾邀請過積極參與清末各種社會改革運動的美籍傳教士丁義華，在宣講所演說各種改良事宜和中國的自強之道。[83]

在天津，由幾個學界中人合組的「啟文閱報社」，也附設宣講所，每星期一、三、五晚上向民眾開講。[84]另外，像山西歸綏，由於地處邊隅，各種啟蒙的設施一向付之闕如。1909年，綏遠滿旗武備學堂的許多畢業生，集資在綏遠城創辦了一所閱報社，兼帶宣講。由於這是邊城少見的新設施，綏遠將軍相當支持，特別撥助經費，共襄盛舉。[85]

從這些例子中，我們可以發現新式學堂的學生常常在啟蒙工作的推動上，扮演積極的角色。天津南開中學（這時稱為南開私立第一中學堂）雖然不自己經營閱報、宣講等設施，卻定期在各宣講所舉行通俗演說。例如1909年11月，他們舉辦第二次通俗演說會，地點和第一次一樣，都在「西馬路宣講所」。演講從晚上七點開始，講的人除了宣講所的兩名宣講員，還有學堂監督張伯苓，學堂學生和來賓。講題包括「勸國民人人自治」、「焚化紙錢之迷信」、「兄弟和睦」、「人當立志」等。最後則放一些歐美、日本名勝風物的幻燈片，由張伯苓親自加以解說。結束時已經是晚上十一點，聽講的大約有一千人。

[81]　同上，1907, 9, 7。
[82]　同上，1908, 3, 24。
[83]　同上，1910, 5, 6。
[84]　同上，1909, 11, 4。
[85]　同上，1909, 11, 16。

⑱第二年多天，他們又舉辦了同樣的活動。⑰這種由知名學堂以學校名義，積極主動參與社會啟蒙運動的作法，在當時來說，是相當突出的案例。可以說是五四時期，學生從事啟蒙運動的先聲。

由於宣講的重要，政府也開始大量設置。政府創立的宣講所最初多半與警務有關，但很快就由勸學局、督學局等與學務有關的機構負責其事，並試圖將之制度化。而各級政府或是迫於命令，或是基於自己的信念，也陸續開始辦理。

與警務有關的宣講，有的是以巡警為對象，有的則針對人民而發。前文曾提到，巡警多目不識丁，但在改革的風潮下，與一般人生活息息相關的新事物、新觀念孳然而生。警察既然站在與人民日常生活接觸的第一線，不管願不願意，常常成為推行新事物、新措施的尖兵，所以本身就需要被啟蒙或再教育。而在變革步調加快，社會脈動益趨頻密之際，如何維持安定與秩序，也成為一個迫切的課題。天津巡警探訪局在1906年初開辦宣講，就是一個典型的例子。講的內容除了編成白話的時事新聞外，還包括了偵探妙訣，各種偵探小說以及有助偵探之道的報紙文章。警局並下令所有的弁目差役都必須赴堂聽講。⑱

北京內城工巡東局也在1906年，特地為警察增設演講課程，請人

---

⑯　同上，1909, 11, 16。

⑰　同上，1910, 11, 26。

⑱　同上，1906, 4, 17。天津海下鄧善沽海河的一個巡警區長穆漢章，到職一年多後，對該處鄉俗的「鄙陋文化」耿耿於懷，乃將局內舊有的三間破屋刱修改為宣講所。他一方面邀請各學堂的教員和附近駐防的營員幕友，以及各村的紳董賢達，每星期集會一次，研究新政；一方面則進行宣講。每逢三八日，就在局門口懸掛牌示，向人民演說國民義務，並代收國民捐。其他的日子則調集各村巡警，向他們講說警政。見大公報，1906, 4, 29。

講說警察要義，並令巡長、兵弁一齊聽講。⑧外城南廳第三區的區官則因為巡警多半沒有受過教育，所以規定每天除了堂課、體操外，從八點到九點，巡捕必須輪班上堂看報；不識字的人，則由區官或巡官書記為之宣講。⑨山東巡警道因為違警律目即將實行，招請了八名宣講員講解巡警章程，「俾行旅挑販及目不識丁之人，均能明白洞曉。」⑨

　　京師督學局設立的第一處宣講所，是1906年10月在大柵欄廣德茶園開講的南城第一宣講所。除了婦女外，每個人都可以進入，時間則從每天晚上七點到十點。⑨沒有幾天，學部也下令，要各省多設宣講所。⑨接下來，京師督學局就籌劃在內外城設立九處宣講所，選派師範學堂的畢業生當講員。⑨1907年，督學局進一步，在昇平茶樓也設立了一處宣講所。昇平茶樓位於北京前門外的觀音寺街，是南城最主要的喝茶處所。茶樓外有新舖的馬路，「車馬往來，風馳電掣」。樓內的主廳有十八張茶桌，每桌可以坐八個人，再加上沿窗的欄杆和兩間特別的茶座，加起來一次最多可容納兩百多人。平常日子還不是很擁擠，但一到星期六和星期日，人來人往，「上上下下，如同織布似的，又如同螞蟻那麼多似的。」茶樓翻新後，還裝上電燈，可以說是當時北京最「文明」的茶樓。裏面陳列了各種報紙和許多「文明傳單」。茶樓從早上九點營業到晚上十點。每天晚上，督學局都派人宣講，顧客可以一邊喝茶，一邊看報紙或是聽講。還有幾位熱心的「志

⑧　同上，1906, 5, 31。
⑨　順天時報，1906, 8, 21。
⑨　大公報，1909, 6, 25。
⑨　大公報，1906, 10, 20；順天時報，1906, 10, 19。
⑨　順天時報，1906, 11, 5。
⑨　順天時報，1906, 12, 31；大公報，1907, 1, 3。

士」，準備捐錢在牆上懸掛最新的地圖以及八星圖、人體解剖圖和日俄戰爭圖。據當時人描述，「北京上等社會人，向來沒有喝茶的舉動，九城所有的茶館，去喝茶的，都是下等社會中人。」但經過整修的昇平茶樓，慢慢開始吸引了上層社會的注意力。[95]不過更值得注意的是，這個例子讓我們更清楚地了解茶樓與下層社會人民生活的密切關係。本來是座傳統的茶園，一旦加以裝點，披上現代文明的新衣，作起啟蒙的事業，日積月累下來，其效果是可以想見的。熙來攘往的昇平茶樓，讓我們在看似衰頹的「舊王朝」下，發現了新生的種苗、新的希望和新的可能。

在天津方面，剛開始似乎推行得很不順利。到1910年底，在勸學所的建議下設立的宣講所只有兩處，一在西城育德庵，一在宮北官立小學堂內。而且因為經費不足，每星期每處僅講兩次。另外兩處則在籌備。[96]不過情況到第二年就趨好轉，我們雖然不知道到底成立了幾所，但每處卻添設了兩名預備宣講員，宣講的天數也增加為六天。[97]另外像通州及河南武陟縣等也都有同樣的組織。[98]湖北省也因為為貧苦不識字者設立的半日學堂，收到很好的成效，所以學司下令各城市村鎮一律設立半日學堂和宣講所，以期普及教育。[99]

有些宣講所是官立的，卻不是由督學局、勸學所設置。像順天府於1909年下令各州縣迅速設立宣講所，每處至少四所。[100]不過因為風氣不開，聽講的人寥寥可數。[101]張之洞和袁世凱則認為軍機擬議的各

[95]　順天時報，1907, 5, 21；1907, 6, 11。
[96]　大公報，1910, 11, 25。
[97]　同上，1911, 5, 19。
[98]　順天時報，1907, 1, 11；1907, 5, 18。
[99]　大公報，1909, 4, 8。
[100]　同上，1909, 1, 26。
[101]　同上，1909, 1, 31。

項新官制之所以窒礙難行，原因在於「民智不開」，所以下令各州縣設立宣講所，並特別電咨直隸首先開辦。⑩直隸三河縣的一位縣令，因為推展各項新政往往受到阻礙，所以將自己的養廉銀捐出來，設立一處宣講閱報社，以開通民智。⑩

　　宣講所之所以漸漸成為制度化的機構，除了各級官府的命令外，最主要的原因在於它變成地方自治中必需包涵的項目。前述天津自治章程是一個例子。北京在1910年頒佈的「京師地方自治章程」也有同樣的規定。⑩而事實上，在這個章程頒佈之前，有些宣講所就已經以地方自治之名成立。像內城右廳第一區，為了提倡自治，在 1910 年初在長安街設立了自治研究所、閱報社和宣講所。⑩江南自治局則在1908年考取六名法政學館的學生為宣講員，並設立八處宣講所，其中有四處設在寺廟裏（大福庵、福德祠、城隍行宮、王文成公祠），一所設在閱報社（江南閱書報社）。⑩

　　前文提到清政府對講報抱著既愛又怕的態度，對宣講也是一樣。一方面積極提倡，以宣導政令；一方面又害怕它所蘊涵的顛覆力量。所以清廷三令五申，禁止任意宣講、演說。例如1907年，北京督學局認為內外城宣講所在宣講時，往往「自執一說」，而有與「宗旨不合之處」，所以下令講員不得任意發揮。⑩沒多久，總勸學所又奉旨禁止聚眾演說。兩廣總督周馥在南洋大臣和粵督任內，也分別制定演說

---

⑩　順天時報，1908, 5, 22。
⑬　大公報，1911, 9, 11。
⑭　同上，1910, 2, 16。
⑮　同上，1910, 1, 27。
⑯　同上，1908, 3, 17。
⑰　同上，1907, 9, 9。

例，凡聽眾超過一定人數，就要報知巡警局，以便官府控制。⑱各處公立宣講所因爲負有開民智的任務，自然不能廢止，卻必需加以規範，統一口徑。⑲學部接著就編訂了一套宣講用書的名目，咨飭各省提學使劃一遵辦。根據學部頒定的簡章，凡是學部審定的宣講用書，各宣講所都必須購置。這類書籍的體裁應以白話、小說爲主，但宗旨不純正的雜記小說卻不准使用。各省如果有新出的宣講用書，也應該送交學部，以備採擇。⑩我們雖不清楚部定宣講範本倒底是那些，卻可以確定清廷對宣講內容的控制非常重視，而審定用書也確實存在。北京督學局在 1908 年發給總勸學所的通告，就說的非常明白：「此後各區聘定宣講各員，務須按照章程，在審定書內認定某種，按日宣講，每月報告。卽將聘員所講開列清單，送局報部呈堂。至義務助講員所講，可另紙開送過局，由局隨時考查酌報部呈堂。」⑪

除了消極的控制外，爲了吸引更多聽眾，還要進一步講求招徠之道。前面提到許多宣講所配合幻燈演說，成效良好，公立的宣講所也如法泡製。像北京內城第二學區的勸學員就在該區宣講所組織幻燈演說會，以推廣學務。聽眾果然非常踴躍。

除此之外，更重要的問題是如何提高宣講員的程度，訓練他們的宣講技巧。宣講練習所因此一個一個出現。1907年，北京督學局在總勸學所內設立了一個宣講練習處，令分駐各所的師範傳習生練習宣講。⑫到這一年底，督學局又因爲缺少講員，下令各學區儘快組織宣講練習所，令各區師範傳習生實地練習。⑬1908 年，北京第一學區

⑱　申報，1907, 2, 27，頁 505。
⑲　大公報，1907, 12, 31。
⑩　同上，1908, 3, 12；3, 16。
⑪　同上，1908, 3, 4。
⑫　同上，1907, 5, 15。
⑬　同上，1907, 12, 17。

的勸學員富厚臣也組織了宣講練習所，對象是私塾教習。這些教師必
須定期赴宣講練習所練習，「俾登臺宣講及教授生徒兩有裨益。」[114]
第三學區的勸學員樂綏卿也不落人後，在該學區內組織了宣講練習所
，訓練對象是夜班師範生。[115]到1909年，勸學所又公開招生，在各區
宣講練習所加以訓練。[116]安徽安慶府也在1909年開辦宣講傳習所，第
一批結業的講員在年底派往各地宣演。[117]

　　我們知道傳統的鄉約宣講之所以收效不宏，除了內容枯燥單調，
道德訓誡意味太濃外，和宣講員的教養、素質及技巧也有很大關係。
有的講者使用聽眾完全不懂的方言，有的則口齒不清或是無聊乏味。
還有一些人根本是濫竽充數，毫不受尊重。[118]清末啟蒙運動下的宣
講，顯然在盡力避免這些弊端。除了在內容上多方講求，希望引起一
般人民的興趣，鼓動他們的血脈、情緒外，對技巧問題也相當重視。
在講員培訓上，對私塾教師施以再教育，或對新制度下訓練出的師範
人材善加利用，既可立刻解決人員缺乏的問題，也能避免過去講員不
受重視，甚且受人嘲笑的現象。

第二節　演　說

　　演說和宣講有時難以判然劃分。我們常常看到宣講、演說一起使
用或交換使用的例子。另一方面，演說一辭有時也有非常傳統的意

---

[114] 大公報，1908, 4, 6；順天時報，1908, 4, 11。
[115] 大公報，1908, 3, 6。
[116] 同上，1907, 7, 14。
[117] 申報，1909, 10, 3，頁 486。
[118] 見 Hsiao Kung-chuan, Rural China，頁 194-201；黃六鴻，福惠全書，
　　（臺北，九思，1978），卷24，頁23；李孝悌，「從中國傳統士庶文化的關係看
　　二十世紀的新動向」，頁 327。

涵，譬如在這個時期的白話文字上，我們時常看到「給各位演說一段
白話文字看看」之類的句子。寫這些白話文的人，顯然是把白話和傳
統說書之類的通俗文字一體看待。白話文就好像說書演唱者的底本或
唱本，可以用做表演講說的底稿。

　　但值得重視的是，演說在這段時期已被慢慢賦予新的意義、新的
功能。這從對演說技巧、遣詞用字的講究，乃至「演說學」之類的專
著的出現，可以明顯看出。有些人也刻意強調宣講與演說的區別。例
如廣東順德縣的濟生善社原來設有宣講一席，後來將宣講改爲演說，
講者稱爲演說員。講者每日登壇，專以「痛陳時局、激勵國民爲主
義」，「到聽者日凡四、五百人，開辦月餘，來者日眾，比舊時宣
講不啻多至數倍。」⑩另外，1907 年底，北京勸學所遵照清廷的意
旨，禁止聚眾演說，「各處公立宣講所雖以開通民智爲宗旨，然亦宜
妥訂章程以端軌範，現擬訂定一切演說條例，不准講員任意發揮。」
⑳從這裏，我們也可以看出演說和宣講有所差別。演說是一個更寬泛
的用法，所以要訂定「一切演說」條例；宣講則有比載明確的指稱。

　　下文中討論的演說，除了那些具有明顯新意涵的例子外，凡是在
宣講所舉行，不由宣講員主講，而明白標舉出「演說」兩字者，均劃
入「演說」的範疇。宣講與演說兩者的區分，雖然有時並不明顯，但
基本上，宣講是一套傳統的制度，在清末漸漸有所調適，在內容和人
員上有所改變。而演說，卻很快地變爲新時代的新作風，成爲「口語
宣傳」的重要形式。所以兩者雖有雷同、交疊之處，還是有必要分成
不同的範疇，各別討論。從宣講到演說，我們一方面可以看出時代蛻
變的痕跡，一方面也可以看出新生事物、現象的根苗。

⑪　警鐘日報，1904, 10, 17。
⑳　大公報，1907, 12, 31。

(1)演說的倡導

早在1902年，大公報一篇「說演說」的論說，就指出演說在開啟民智上的重要性：「天下有甚急之事，而其勢若緩；有甚重之物，而其繫若輕。惟先覺之士能見之而流俗不暇察也，則演說一事是已！今夫吾國士無智愚賢不肖，莫不以開瀹民智爲最亟之物矣！……乃今欲奮其自力而爲開瀹之事，則三物尙焉：曰譯書、曰刊報、曰演說。」但譯書、刊報都有種種限制和困難，而且文字本身的影響力也有很大的侷限，所以作者說：「須知古今天下國民，從未有純由書册報篇能使一律曉然於所當之危險，所短之知能，所可乘之事機與其所應享之權利者。今欲作其上下之氣，皋其通國之魂，則死文字斷不及生語言感通之爲最捷。此後起愛國之賢不可不講演說之術，且必有一律通行語言以爲演說之器用也。」[22] 作者能在這麼早就指出演說在開民智運動中的重要性，可以說別具隻眼；對一個能通行各地的一統性口語的強調，也切中問題的核心。而死文字、活語言的意像，更讓我們馬上想到十幾年後胡適逼上梁山後的種種激烈說辭。

這一年年底（光緒二十八年十月二十八日），山西巡撫趙爾巽上了一個通籌本計奏摺。其中第一條談的就是廣行教化以開民智。趙氏以爲「學堂之效，必在十年以後，不如白話演講之力，敷陳甚淺，收效彌多」。政務處大體同意趙的說法，認爲「講解淺說以導愚頑，亦足輔學校之不及」，並提到在這一年的四月間，就已經有官員上奏，請在各地設置宣諭化導使，除了講解〈聖諭廣訓〉外，還應該將近來諭旨中「有關於民教者」，切實向人民開導。政務處將這些看法加以演繹，並認爲京話報、白話報等「意在勸善」的文字，也可以加以利

---

[22]　大公報，1902, 11, 5；11, 6。

用。㉒

　　1904年，河北保定的官紳谷鍾秀、劉寶慈等人援引日本通俗演說之例，奉准直隸學務處，設立茶話所，以推廣通俗教育。照谷、劉等人的意見，要推廣通俗教育，本當從戲曲開始，但「說部曲本，欲議改良不易猝辦」，所以他們想到用通俗演說的形式，「以淺顯之詞，闡文明之化。或用俚言，或加趣語，感人最易，入人最深。開智牖明，此爲至便。」他們因爲看到日本學校的教員，常常用通俗的語言演說各種切要學問，見賢思齊，借用省城四川會館官立小學堂辦茶話會。每星期天下午演說各種議題，對象則是士農工商，無所不包。㉓

　　1905年，美國禁止華工的續約傳開後，在中國境內掀起了一片抵制美約，不用美貨的聲潮。爲了使這個運動能更有效的推廣到下層社會，一個叫高公一的人寫了一封信給天津商務總會，對天津商務總會打算將抵制美貨的辦法及相關利害向苦力演說一事，深表贊同。他認爲了解這次事件、運動的人，「多在於上等社會及中等社會之人；所最難開導者，惟此下等社會之人。試以此事叩下等社會之人，彼必茫然。及曉以此義，彼亦必視爲於己無涉。此無他，蓋其時局一無所知而報章亦不常閱如此輩，欲望其力行，不亦難乎？不如廣立演說會，或多出勸示，漸爲開導，務使下等社會人等深悉此義，自爲警勉。」㉔作者這裏雖然是針對特定事件而發，但卻明白標示出演說與下等社會的關係。

　　前文提到，在清末的改革中，警察和人民的日常生活息息相關，

㉒　申報，1903, 4, 2，頁 533。
㉓　大公報，1904, 12, 31。
㉔　大公報，1905, 6, 17。

為了使一般人更明白新的措施、制度、事物，各地巡警不斷刊貼白話
告示。但有人認為白話告示還不夠，還必須有白話演說，並提出一套
訓練講員的辦法。作者舉周朝訓方之官及日本保安警察的例子，說明
為了使人民不致誤犯禁令，胡作非為，有必要在事前豫為告誡。所以
他主張在京師及地方設置「訓方講習所」，選擇口齒清晰、文理明通
的生童加以訓練。在一年的訓練期間，這些生童必須修習法律綱要、
地理略述、教案彙說及生計要聞等四類課程。訓練完畢後，歸警部指
揮，稱作「訓方員」。他們的責任是「分巡各府州縣，用白話演說，
以豫誡鄉邑之人民。」為了開啟人民的智識，警部已經出過許多白話
告示，但「吾國愚民，並此不識」，而有種種違警行為。作者因此點
出白話演說的迫切與必要。[125]

　　1907 年，天津自治研究所的一名修業生朱鳳章，則認為民智不
開，地方自治就必定受到阻礙而無法推展，所以上書自治局，請求推
廣演說：

> 地方自治原為立憲之始基，選舉議員以備自治之代表。倘選舉
> 人之程度不高，則被選之人自必不當，於地方自治難收實效。
> 現在辦理分區選舉議員事宜，挨戶分送格式，居民多有誤會，
> 驚疑異常，議論紛紛，率多不敢據實填寫。民智之不開，於茲
> 概見。城廂如此，則四鄉可知。……今日之議事會，即為異日
> 議院之起點。事屬創舉，必使人人預先了解於心，方克有濟於
> 事，否則疑謗交乘，阻力自出，不但後效難圖，即前功亦為之
> 盡棄。且恐延誤事機，空貽頑固之口實。生身居斯土，地方之
> 利害，實有密切之關係。再四思維，惟有推廣演說之一道，最

能開導下等社會之知識，卽能破除反對之阻力。組織團體，莫
善於斯。查前各宣講所，雖亦添講地方自治，然限於時，又限
於地，恐愚民未及周知。嗣後凡舉辦一事，必先宣佈於前。仍
可白晝間在各宣講所特開演說會，並於城廂內外衝要各處，或
擇公地，或假會所，分派長於演說之各課員講演切於地方自治
之各種書報及憲法淺說，俾人人皆曉地方自治利益，則風氣自
易開通，於將來實行憲政，自然收效矣！[126]

　　朱氏以切身的經驗，具體說明改革之不易和新政推展之初碰到的
問題。這個例子也讓我們進一步看清二十世紀初期啟蒙運動的自發
性。對清政府來說，推行新政，實施立憲，多少是迫於時勢。或是爲
了一家一姓的存亡榮枯，或是爲了一己的仕途私利，不得不順應輿情
民意，作些表面文章。這當然不是說清末所有的改革或所有在位當權
者，都缺乏識見和誠意，但我們卻不得不承認，從上而下的舉措，有
不少勉強、敷衍的成份。但就此處探討的啟蒙運動而論，除了官僚機
構的倡導，更大的原動力卻是來自民間。前面各章的討論已經說明，
許多具體的設施最初根本就是來自民間社會。在全國的許多角落，都
有一批一批的知識份子或名不見經傳的熱血志士，對這個古老帝國垂
危的命運有著切膚的憂傷和痛楚，對再生的可能，則殷切熱烈地訥
論、探索。對他們來說，救亡圖存是發自內心的眞誠吶喊和信念，不
需要任何外來的指令和驅迫。朱鳳章的議論固然是當時啟蒙者共有的
看法，卻是他從地方經驗中推演出來的眞誠的切身之見，而不是泛泛
的空疏之論。由這種內化的信念驅動的自發性行爲，正是下層社會啟
蒙運動一波一波向前推展的最大動力。

---

[126]　大公報，1907, 4, 21。

另外一篇題爲「論中國宜徧設白話演說所」[22]的論說，則對推廣
演說的重要、推展過程的頓挫、推廣的辦法及成果有痛切精要的論
述，值得詳引：

> 隘矣哉中國之學校，緩矣哉中國之教育。夫以中國方里之大，
> 人民之眾，甲於世界各國。芸芸穰穰，泄泄沓沓，聚族而居，
> 閉關而處。各限其地，各成其俗。其目之所見，耳之所聞，心
> 之所思，皆本於舊社會種種之習慣。自少而壯，壯而老，老而
> 死，復傳之子，傳之孫。其齷齪之規模，生生世世不能改也。
> ……人格益低，頭腦亦錮，世風益壞，習俗益媮。雖間有一二
> 開明之士，已成鳳毛麟角，不能以數數覯矣。朝廷下詔興學，
> 於今五年，各省府廳州縣，尚未聞徧設也。而國民之入學者，
> 以人數計之，不過千中之一也。如是而欲教育之普及，不亦難
> 乎？或曰：近者各省設立官報，以開通風氣，足以補學堂之所
> 不備。而不知鄉僻之民，識字者恆少，除都府繁盛之地，閱報
> 者仍屬寥寥，如以人數計之，又不過千中之一也。然則中國教
> 育，竟無普及之一日乎？執筆人再四籌之，則非白話演說不爲
> 功，尤非徧設白話演說不爲功。
>
> 以演說代教授，期其人人能聽解。無論商販、農夫、梓人、匠
> 石、白叟、黃婦、女子，下逮輿臺走卒之倫，皆莫不心領而神
> 會，聞言而感發。由府廳州縣以至於一鄉、一村，徧爲化導，
> 其舉事也不費，其收效也甚速。此誠今日至美至善之舉，而不
> 容緩辦者也。

---

[22] 順天時報，1905, 8, 25。申報在 1907 年刊登的一篇論說，則主張一方面在各府州
縣廣開演說會，派熱心才辯之士，親赴各村各鎭向人民講說世界之風潮、立身之
大義及習俗改良之道；另一方面，則應編白話報，隨處分散。「說教育普及」，
申報，1907, 3, 9，頁 85。

接下來，作者說明過去的演說如何因內容激烈而爲當道所忌以及
因應改進之道：

> 近者京師報界，爭以白話記淺近之事，遂成爲一種之風潮。至
> 各衙門告示，亦往往以白話演之，足見風尚之流行。以其感動
> 社會爲最易最捷者也。而天津學界中人，如嚴修氏，素熱心於
> 教育，近且邀集士紳，創設講演所，以爲開通風氣起見。雖未
> 悉其章程若何，亦足見白話演說之易於流行也。然既行於天
> 津，而他省又獨不可以行之乎？前者海內志士，倡爲演說，以
> 開民智，啟民識者，原不乏人。然措詞每涉於激烈，動挾自由
> 平等之說，以勸告不明道德、不解法律、素無智識之人民，宜
> 乎其悖道而馳也！於是大吏嚴禁之，而頑固之地方官，常以此
> 爲藉口，演說一事，遂爲政界所詬病。然以今日之時勢言之，
> 學堂則隘甚，教育則緩甚，又安能因噎而廢食，舉前以例後
> 也？是在主持其事者，先設講演研究所，以造就演說之人才；
> 明訂所講學科，以爲演說之資料。如所謂修身倫理、中外時
> 政、現行法律以及各種實業，以白話演之。凡未經入學校者，
> 聽其演說，即無異入學校也；未曾閱報章者，聽其演說，即無
> 異閱報章也。是補學校之所未備，報章之所未及，其莫要於白
> 話演說乎！

這裏提到報章競用白話，衙門告示也往往使用白話，而至成爲一
種流行的風尚，正印證了我們在前文所說白話文在清末的蓬勃發展。
而從學校到報紙到白話再到演說，更顯示啟蒙者爲了更有效地達到「
開啟民智」的目的，懇切而不敷衍的面對問題，並在當時局勢和技術
條件許可的範圍內，提出各種可能的最佳答案。在文章的最後，作者
特別舉出日本的例子，說明演說的效果：

白話乎演說乎，可以爲籌造國民之原料，開發人羣之先鋒矣。
世界文明強國，其國民皆具有普通知識，而演說會之設，則比
比皆然。我東鄰之日本，在今日已躋於一等強國之地位。當維
新之始，其國之偉人，若木戶孝允、大久保利通，皆提倡演說
以喚醒國民。我國而欲自強也，則須開人羣之智識；欲開人羣
之智識，則須教育之普興；欲教育之普興，則以白話演說爲基
礎也可。

從這裏和前面幾篇文章，我們可以看出日本經驗，實在是清末啟蒙者
心思、議論的重要泉源。

除了日本外，歐美的例子也被論者援引來加強論證。在一篇「論
開民智以演說爲最要」的論說中，作者認爲「爲演說一事，能將新思
想、新學問輸入人羣，於上中下等社會皆可對病發藥，……其感動之
能力，較之書報、戲劇尤爲神速也！」接下來，作者舉了拿破崙和華
盛頓的例子來說明演說的功效：「昔拿破崙兵敗回都，聚國人而演
說，人人皆同仇敵愾，兵勢復振，而成戰勝之功。華盛頓苦英虐政，
以演說歆動眾人，逐叩自由鐘而成獨立之國。演說之有功於家國，其
明效大驗也！」對這名作者來說，傳統的宣講鄉約，徒具虛文，已
經沒有現實的意義；而新興的演說則可以用來喚醒國人「禦外侮以救
祖國」，是自強圖存的利器。⑫ 在這裡，宣講和演說代表截然不同的
意義。演說可以切應時代的新需求，肩負起開民智、救危亡的使命。

另外一篇文章，則對演說在舊中國發揮的效力，及二十世紀文明
社會，演說所具有的新功能，有詳細的闡說：

（且）徵之於舊時代，有談福善禍淫大道不爽者，則人有歆羨

---

⑫ 申報，1905, 4, 21，頁 797。

之心。有談神仙風鑑上界飛昇者，則人有歆羨之心。若談忠臣烈士捐軀殉國之事，俾聞者均振發志氣而有報國之心。若談英雄俠客仗義復仇之事，俾聞者均森豎毛髮，而有死難之心。演說之於社會，在舊時代已足驗其最大之效力，況當此文明發育二十世紀之新時代乎？歐美各國，均有著名之演說家，凡至一地，縉紳士庶，無不備致歡迎。有演說一事，而世界輿論為之一變，全國視聽為之一傾，政府政策為之更動者。是非具有旋乾轉坤排山倒海之動力，烏能若是也？故關於政治界，則國會有演說，地方議會有演說，各政黨有演說。關於教育界，則文部有演說，教育研究會有演說，各種學會有演說。關於實業界，則商會有演說，工商俱樂部有演說。以外又專立演說會，其宗旨所在，無非開發社會之文明，敦促國家之進步。是以各強國之民族，人人有國家思想，有政法思想，有權利義務思想，其收效於演說者良多。而演說之關係於國家人民，非淺鮮也！⑳

對這位作者來說，演說在舊社會和新時代都有極大的影響力。但不論從舉辦演說的團體或演說的目的而言，這個舊的形式已被賦予全新的意義。演說無所不在，無往不利。二十世紀簡直就是演說造成的時代。

(2)演講者的訓練與培育

為了有效地宣揚新訊息，各種練習演說會不斷出現。早在 1901 年，蔡元培就開風氣之先，在南洋公學提倡演說。他認為「今後學人，領導社會，開發羣眾，須長於言語」，所以特別設立小組會，練

⑳　「論中國宜普興演說會」，順天時報，1906, 6, 8。

習演說、辯論。他並提供日文演說學著作數種，供學生參考。同時又考慮到一般人不了解各地方言，所以要求學生練習國語。⑬此後，在各地陸續出現類似的組織。1902年8月初，一批蘇州的同志在元妙觀的方丈靜室設「學習演說會」，目的在「爲同人學習演說（而設），志在交換知識，練成雄辯之人才」。演說的宗旨則在「昌明政治之原理或敷陳列國之現勢」。⑬這個演說會每周日下午固定集會，在第四次集會時，有許多小學堂的學生登臺主講。他們年紀雖然多半都只有十三、四歲，卻都能放言高論。其中一位十二歲的陸姓少年，不論在儀態和辭令方面，都表現突出，受人激賞。⑬蘇州似乎對小孩子的演說特別重視。另外一則報導說蘇州有些志士打算重辦童子會考。在他們所訂的章程中，不論男女學童都可以參加，考試後繼之以演說。凡是十六歲以下的孩子能演說的，一律給予特別獎賞；而女孩子中有能演說的，則獎賞加倍。⑬我們不清楚這次會考的眞正性質和用意，但對有演說能力的學童特別鼓勵，則很可能是想從小培養學生的演講能力。

　　浙江紹興嵊邑一帶，自庚子之亂後，陸陸續續出現了十幾處城鄉學堂。到1904年，有宋學村、馬積雄兩個人出來組織同志十人，設立了第一處練習演說會。預定每隔一天集會一次，以引起一般人對演說的重視。他們還打算進一步在各地推廣演說，希望藉此「喚起國民思想，開通下流社會」。⑬

　　廣東的農工商會閱報處，本來就有固定的演說，後來發現演說員

⑬　陶英惠，蔡元培年譜（上），（臺北，中央研究院近代史研究所專刊36，1976），頁 88。
⑬　大公報，1902, 8, 21。
⑬　同上，1902, 9, 25。
⑬　同上，1902, 7, 28。
⑬　警鐘日報，1904, 11, 9。

難找，爲了持久之計，會員韓善甫聯合了幾十位同志，創立演說學會。學會成立後，由會員就農工商業中各自擇定專門的範圍，「日夕研究」，以做將來演說的準備。有不善言辭而仍願參與者，可以向演說員請益，將來可以做後備演說員。等會員人數達到足夠的數量，就可以派到各鄉演說。[135]

由於演說日漸受到重視，甚至還有演說專書的出現。譬如警鐘日報就登載了〈演說學〉一書的販售廣告。這本書的作者是一個叫岡野英太郎的日本人，由鍾觀誥譯爲中文。書中還附有插畫，可能是針對演說時的手勢、儀態等技術性問題而作。[136]對當時有志於演說的人來說，不僅可以參加各種練習會，還可以自己購買專書來參考。類似書籍的出現，不僅說明演說已經愈來愈具有現代的風格，而與傳統的說書、宣講愈離愈遠；也讓我們更進一步看出演說在當時所受的重視。

就和當時許多觀念、事物一樣，演說的日趨普及多少也和日本有些關連。日文演說學譯本的出現，是一個例子。留日學生的鼓吹則是另一個例子。像 1904 年，一批留日學生就在東京中國留學生會館內組織了一個演說練習會。在簡章的第一條中，就特別標明這個會的性質是供會員用來「練習」演說的。在練習時最注意的兩件事：一是修辭，一是儀容。而爲了改進演說的技巧，練習會特別選擇一些演說學的專著供會員研究。同時這些留學生也深知中國方言眾多造成的困擾，所以特別附設了一個「普通語研究會」，並且推舉專人教授普通話。爲了讓練習者有取借之資，練習會還定期延請著名的演說家到會演說，供眾人觀摩。[137]雖然這則報導並沒有直接提到演說會的最終目

---

[135] 警鐘日報，1904, 9, 24。

[136] 同上，1904, 4, 22。

[137] 同上，1904, 9, 11。

的，但章程中特別提到中國各地方言的差異，並因此附設普通話（官話）研究會，顯然是為日後返國，能將演說的功能盡力發揮所作的準備。

對技巧的強調，是新式演說的特色。這種特色與舊式宣講或公開演講一對照就可以看出。1905年，學務大臣張百熙到天津視學，考察完畢後，做了一場演講。大公報認為這段演說詞中還有一些可取之處，所以特予刊載。但在演說詞後，他們卻附了一段評論，對代替張百熙演說的人表示不滿：「按中國人於演說一道，素未講求，故每於登臺演說時，非格格不吐，即氣斷聲嘶。或名言精理，不能表示於大眾之前；或滿口酸文，使人聞之不能盡解。即如此次學務大臣張尚書之視學，代張公演說者，不特聲音微小，而口音且不清楚。彼時聽者，即相隔丈餘，亦未能暢聆其高論⋯⋯望此後演說家力除以上各弊為幸！」⑱大公報這番議論，正好和演說練習會及演說學專書的出現，互相呼應，說明了新時代的演說對技巧的重視。

1905、1906年之後，隨著閱報社的大量出現，以及在閱報社講報、演講的普及，演說員的缺乏也成為一個問題。為此，北京各閱報社在1906年8月在「愛國閱報社」討論解決之道。最後決定設立一個演說研究會，每星期天集會，研究演說之道，以造就更多的講員。⑲「同人閱報社」的高子江也另外約集了同志，在閱報社內創立「第一演說會」，期望藉此培植演說人材。⑭⓪

差不多在這個時候，北京當局也以實際行動表現出對演說的重視。先是，北京外城巡警西分廳在1906年7月公開招考演說員，報名

---

⑱ 大公報，1905, 8, 7。
⑲ 同上，1906, 8, 8。
⑭⓪ 同上，1906, 9, 19。

參加的人有六十幾個，考試題目是「京師宜設公立幼稚園說」和「禁止刨挖墳墓事」。參加者先要用白話作一篇四百字的文章，然後登臺演說。[141] 過不了幾天，巡警總廳也出示告諭，招考十幾名演說官，以備日後講說巡警章程及各報登載的開民智事宜。[142] 除了向外招募，北京也開始儲備自己的演說人員。八旗師範學堂就受命增設演說課程，令學堂學生練習。[143]

(3)演說的場合與地點

　　演說的地點與方式有很多種，這裏打算特別舉戲園和茶館演說來說明。戲園和茶館都是眾人出入的公共場合，選在這種地點演說，其用心非常明顯。就戲園演說而言，又可分為兩種：有的是利用演戲的中途或演完戲後開講，有的則只是純粹利用戲園的設施，而不涉戲曲演出。之所以要做這樣的區分，是因為我認為前者很可能對「文明新戲」（文明戲）的發展，有所影響。我們都知道中國新戲的發源地在上海。1899年，上海聖約翰書院的中國學生所編排的「時事新戲」，大概是「文明新戲」的濫觴。所謂「新戲」和「舊戲」最大的不同，在新戲不用鑼鼓、不用唱腔、穿著時裝。換言之，他們是以說講為主要的表演方式，已經略具後日「話劇」的態式，但還稱不上真正的話劇。[144] 1910年，文明戲的名演員任天知組織了一個「進化團」。這個戲團除了搬演與時政有關的劇目，為革命作宣傳外，還常常演一些以家

---

[141]　大公報，1906, 7, 19。
[142]　順天時報，1906, 7, 21。
[143]　大公報，1906, 8, 16。
[144]　見陳白塵、董健主編，中國現代戲劇史稿，(北京，1989)，頁35-40；歐陽予倩，「談文明戲」，收於歐陽予倩戲劇論文集，（上海，1984），頁 176-177。

庭故事爲主的時代戲。他們演出的形式大體上受話劇影響，但又不完全一樣。常常演著演著，就開始借題發揮，長篇大論的對著臺下觀眾演說起來。由於他們都化了妝，和一般演說不盡相同，因此產生了「言論派老生」這個非新非舊，又新又舊的角色。就是劇中其他角色，不管演的是小生、花旦，也往往對著臺下說一大篇道理。⑭

　　照歐陽予倩的說法，「進化團」這種化裝演講的表演方式，是受日本「志士劇」的影響。⑭ 整體說來，整個清末的戲曲改良運動受到日本很大的影響，是無庸置疑的。⑭ 說任天知化裝演講的方式受到日本「志士劇」的影響，也可以理解。但我認爲這種戲演到一半，突然長篇大論說將起來的作法，可能還有其他來源 。 事實上，早在 1904 年，陳獨秀在安徽俗語報上發表的「論戲曲」一文中，已經有類似的見解。在戲曲改良的五個方向中，有一項是採用西法。在這裏，他提出了「戲中夾些演說，大可長人識見」的主張。⑭

　　在這個時候大量出現的在演戲時演說的現象，雖然和演員自己在舞臺上化妝演說，在形式上仍有差距；但不論就其目的或精神而言，和陳獨秀的主張及任天知劇團的演出，實有一貫之處。爲了達到啟蒙救亡的目的，戲臺往往變成講臺，戲曲和演說這兩種被認爲最有功效的啟蒙工具，因此結合在一起。鑼鼓敲得震天價響的戲曲演出招徠了大批觀眾，帶有啟蒙色彩的新式演說乘機夾帶上場。用慷慨激昂、口沫橫飛、指天畫地的現代唱腔、身段演出新的故事。

⑭　歐陽予倩，前引文，頁 181。

⑭　同上。

⑭　關於這點，可參考中村忠行，「晚清に於ける演劇改良運動——舊劇と明治の劇壇との交涉を中心として」，天理大學學報，第七輯 (1952, 3)，頁37-62；第八輯 (1952, 3)，頁 51-78。

⑭　見安徽俗話報，第十一期，頁 5。在文言版的「論戲曲」一文中，這個意思又再一次提出。見新小說，第二年第二號（原第十四號），（光緒三十一年二月）。

　　根據現有資料，在演戲的場合演說的例子最早出現在1906年。首先是熱中女學的張展雲與北京名優香九宵所辦的婦女匡學會，在1906年4月1日、2日兩天在福壽堂演惠興和烈士潘子寅的歷史。開戲前先由演說員對觀眾演說，然後才開始演戲。⑭扮演惠興的是北京玉成班的名角田際雲。由於惠興為興學而自殺的事件才發生不久，大眾記憶猶新。報導說「際雲代表女士現身說法，一種熱心愛國的神情，義務捐軀的報告，聽戲的來賓，竟有為之落淚的。」⑮大概因為這齣戲的成功，兩個月後，田際雲再度在肉市的廣德樓推出。開演前，先由彭翼仲登臺說明當天各項演說的宗旨，接著照相館老板王子真演說國民捐的歷史（這天的戲價也每人加收五百文，轉作國民捐），最後由張展雲講述惠興一生的歷史。講完後，好戲隨之開鑼。⑮這裏，演說的功用已不止於講解戲文，而有著強烈的教化色彩。演說與戲曲融為一爐，希望達到更大的開啟民智的效能。

　　彭、王、張三人一時成為劇場演說的最佳拍擋，惠興的故事也成為革新教化的熱門範本。兩個叫做喬藎臣、李毓臣的志士，為了捐助上海公學和濟良所的經費，在六月初邀請了京師一批票友，於福壽堂演義務戲。彭、王、張三人應邀演講。張展雲在報告了喬、李二人演戲捐款的用心後，接著暢論女子與國民的關係，同時又對義務會、專賣堂會興起的緣由加以剖析，贏得滿堂采聲。⑮隔了一陣，八角鼓子弟為了籌募國民捐，在大柵欄的三慶園演唱，張等三人又連袂出席，登臺演說。⑮

⑭　大公報，1906, 3, 24。
⑮　順天時報，1906, 5, 27。
⑮　大公報，1906, 5, 30；順天時報，1906, 5, 26。
⑮　順天時報，1906, 6, 12。
⑮　同上，1906, 8, 19。

　　惠興的故事喧騰一時之際，女學問題也格外受到重視。北京西北城原有一個叫趙澤田的人，獨力創辦了一所「興化女學堂」。學堂創辦之後，頗見成效，卻爲了維持的經費大傷腦筋。王子眞等幾個熱心的「志士」知道這個消息後，在福壽堂辦了一場改良詞曲演唱會。演唱開始之前，志士們紛紛上臺抒發議論。一個叫高子江的演說家庭教育的重要性；賈西瀛則對題發揮，就惠興一生的歷史、奮鬪慷慨陳詞；王子光演說破除迷信；王子眞則舊話新說，再度就國民捐這個話題發表高論。[54]

　　惠興之死激發的熱潮，到第二年還沒有完全退去。五月，杭州「惠興女學堂」的總理貴中權到北京，田際雲爲此在廣德樓又演了一次「惠興女士全傳」。貴氏親自上臺演說惠興女學堂的歷史，對京師志士的熱心宣揚也再三致意。[55]

　　不過1907年最引人注目的事件則是江北大水災。福壽堂爲此演義務戲，一名京官的太太葆淑舫則登臺演說，痛切陳述。講到傷心處，一時聲淚俱下，聽眾爲之動容。[56]其他的演說員也輪番隨戲登臺。有一天輪到一個叫劉孚一的上臺，在爲難民的悲慘境遇大聲疾呼後，他感同身受的走到臺下，代難民向聽眾下跪叩頭，懇求眾人施以援手。[57]這種近乎戲劇化的動作，除了顯示出講者「人溺己溺」的襟懷外，也未嘗不能看成是入戲的演出。事實上，演講本身就可以看成一種表演藝術。上述清末啟蒙者對演說技巧的重視，多少說明了他們對「演」出效果的重視。唯一不同的是，在啟蒙的諸多課題中，像這種目的在喚起同胞愛的宣傳手法，往往可以掀動講者最直接的感情，卽使

　　[54]　同上，1906, 10, 5；10, 6。
　　[55]　大公報，1907, 5, 11。
　　[56]　順天時報，1907, 3, 19。
　　[57]　同上，1907, 4, 2。

不刻意的「演」出，也可以自然講得人聲淚俱下乃至叩首疾呼。表演
與現實的分際在此消泯於無形。

水災不僅考驗北京人的同胞意識和仁愛情操，天津的啟蒙者也不
忘藉此來激動人心。為了賑助直隸水災的災民，天津丹桂戲園在八月
慈善演出。戲過幾齣後，大公報社長英斂之和天津「移風樂會」會長
劉子良等人，紛紛上臺演說籌款賑災，呼籲戲園內的人慷慨解囊。⑱

利用演戲的場合登臺演說，顯然不只見於京津等開風氣之先的大
城市。即使關外的吉林省城，也常常有志士「在演劇之餘，登臺演
說」，以開啟民智的例子。⑲關外的吉林如此，關內其他各地的情形
更不難想見。

不與演戲結合，而直接利用戲園或戲臺演說的例子也很多。像上
面提到的「進化閱報社」，本來都在本社開演說會，後來覺得閱報社
空間比較狹小，容納不了太多人，所以和一家戲園的園主商量，打算
借用戲園來開演說大會，以激發人民的愛國思想。⑳北京各閱報社組
成的公立演說研究會則在1906年10月10日，借用大柵欄的三慶園，舉
辦了一場規模龐大的演說會。雖然前一天晚上下過雨以致行路不便，聽
講的人還是有三百多人。與其他演說不太一樣的是這次講員特別多，
前前後後上臺發表高論的共有二十三人之多，和研究會研究、觀摩演
說的宗旨相合。開宗明義就有人先講如何開通不識字的人，接下來的
講題也絕大多數反映了講者啟蒙的意圖。除了戒煙、愛國、教育、自
強、國民捐等主題外，還有「論自由」、「議院的基礎」、「國家
國民之關係」、「優勝劣敗」等在上層社會也算得上是相當新鮮的議

⑱ 大公報，1907, 8, 20。
⑲ 同上，1908, 3, 18。
⑳ 同上，1906, 6, 15；順天時報，1906, 6, 13。

題。[161]最戲劇性的例子則是光緒三十二年，巡警廳把北京城內各妓院的掌班召到天樂園內，對他們大談濟良所的宗旨，以期開通風氣，祛除陋習。到場的北京大中小堂掌班共有六百餘人，可說是濟濟盛哉！[162]雖然我們不難想像這種演講的效果，但北京警廳這番令人忍俊不住的大手筆，卻未嘗不能不說是反映時代思潮的一段「佳」話。也由此可以進一步看出新的警察制度，在一片維新改良聲中，對人民生活的大大小小，真是一件也不放鬆。

　　除了戲園，茶館也被用來舉行演說。像天津的「藝善會」在1907年就利用茶樓辦了好幾次演說，為江北水災的難民募款。第一次是三月，在天福茶樓。晚上八點左右，三百多個客人坐滿了整座茶樓後，演說者就一一開講。先由「移風樂會」的會長劉子良介紹劉少坪上臺，來一段開場白，說明茶樓不收茶資，開會助賑的用意。接下來，英斂之就愛人救災的義務與合羣保國的道理，娓娓道來。講完後，還將北京婦人會印行的災民圖分發給聽眾。「藝善會」在「天福茶樓」講了一次後，其他四、五家茶樓也打算依樣辦理。所以「藝善會」在講了三天後，就移師「寶和軒茶樓」，由英斂之繼續就賑災事演說募款。[163]由於災情的慘重和救災的迫切，「藝善會」的茶樓演說活動也緊鑼密鼓地持續進行。第十一次演說在地處荒陋的「聚合茶樓」進行，募得的款項遠不如前。但由此可以看出，為了救災，多一分是一分，任何可以鼓動人心的機會都不放棄。第十二次的活動則在「天泉茶樓」舉行。在幾段曲藝表演後，英、劉等人接著上臺開講，醒俗畫報社也出動人馬聲援，除了捐錢外，還派人上臺演說勸募。這一次的

[161]　順天時報，1906, 10, 12。
[162]　同上，1906, 6, 21。
[163]　大公報，1907, 3, 7；3, 8；3, 10。

成果大勝於前。「藝善會」密集的活動顯然收到不小的回響，有兩家茶園就自動將兩天戲資所得全數捐出。[184]

　　這麼密集地在各茶樓演說，算是特例，顯然和事件的嚴重性、時效性有關。有的演說就完全不同了。像1910年，直隸省視學陳薦圃在天津東門內石橋胡同對面「義興茶樓」的演說，氣氛就悠閑輕鬆得多。陳第一次講的是白話本風俗譚，聽的人津津有味，猶覺未盡。過了兩天，應眾要求，接著講日本小買賣人的公德行，及路上隨處見到與此有關的例子。雖然陳薦圃講的是一些看似輕鬆的小故事，目的卻是希望藉此改良風俗。[185]所以不管講題如何，最後的大方向卻是一致的。

　　除了戲園、茶樓外，也有人利用閱報社講演。像湖北漢陽府城內，就有一個叫劉蔭階的糾合了一些同志，在閱報社內組織演說會，每星期天開講。[186]和其他的啟蒙方式一樣，利用寺廟演說的例子也不少。此外，隨時隨地，個人即興的表演方式也不乏其例。還有兩種比較特殊、重要的方式則是巡行演說和到鄉下演說。這裏我不打算再特別就後面幾種類型，分門敘述。在下面眾多分析演說內容的例子中，我們可以清楚地看出各種場合、形式的演說如何為民間、政府的開民智者所利用。

(4)演說的內容

a、勸戒纏足

　　纏足和鴉片是清末朝野一致攻擊的惡俗。為了達到目的，各種方式都有人試過，演說也是五花八門。直隸寶坻縣的作法算是比較尋

---

[184]　大公報，1907, 3, 23。
[185]　同上，1910, 11, 18。
[186]　申報，1908, 2, 25，頁 582。

常。該縣于家堡的一位志士于聘卿，有感於時局衰敝，乃聯合寶坻一些同志，組織了一個不纏足會，設置廣勸人員四名，開會演說勸導。⑱江蘇南通州的如皋縣，則有志士多人在縣城廣福寺內設立了一個不纏足會。一日在學宮明倫堂內請了兩個人演講。一個強調纏足不僅貽害個人，還對整個國家造成傷害，因為個人不能自強，國家必隨之衰敗。另一人則介紹不纏足會成立的目的在協助女性同胞脫離苦海，以樹立獨立自主的成人。據估計，聽講的人「不下千餘人，頗極一時之盛」。會場上並且陳設女靴女鞋多種，只要肯入會的，就半賣半送，以資鼓勵。⑱另外，前面提到端方在做兩江總督時，熱心提倡天足會。除了出刊簡明告示，各處張貼外，又命江南自治局用白話撰文，痛陳利害，然後刊印數萬張，頒發各州自治會，令他們依照文章的意思，到處演說。⑱

湖北大冶縣的作法就更熱鬧了，縣令在一連串整頓風俗聲中，命各鄉的村長鳴鑼宣告纏足之害，勸戒鄉下婦女立刻放足。⑰也有人利用筵席吃喝之際，乘機勸進。四川隆昌縣當局就曾在1904年創辦天足會，預備了三十桌酒席招徠賓客，由官府派人到場演說。⑰

也有地方特別邀請外國婦女現身說法。像前文提到的四川成都，從1904年開始，放足的人突然增多，究其原因，除了岑春煊告示的效用外，邀請「西國女士」到處演講，據說也發揮了不少作用。⑰

天津則似乎對遊行演說情有獨鍾。有一名紳士對女子天足一事，熱心提倡，照他的計畫，除了在大街小巷遍貼「奉旨不纏足」五個

⑯ 大公報，1906, 1, 11。
⑱ 同上，1905, 3, 21。
⑲ 同上，1909, 6, 6。
⑰ 同上，1903, 8, 12。
⑰ 同上，1904, 11, 30。
⑫ 警鐘日報，1904, 7, 22。

字，以達到讓人觸目驚心的效果外，還要聯絡各界志士，四處巡行演說。[173]對於這番見解，天津縣天足會顯然有深得我心之感，所謂「婦女放足一事，雖為救世寶筏，無如民智未開，積重難返，若非遊行演說，不足以挽澆風。」[174]下面是一次實際遊行的場面：1911年10月的某一天，整個隊伍由東宣講所出發，沿著圍城馬路緩緩前進。隊伍前端，兩面龍旗迎風搖曳，軍樂隊鼓號齊鳴。天足會自會長以下三四十人，一路講說奉旨不纏足之意，一面挨家挨戶發送光緒二十七年不纏足的諭旨及一份勸導文字。這樣的場面，當然吸引了大批看熱鬧的羣眾，也鮮活生動地達到宣傳的目的。[175]

b、勸戒鴉片

　　除了纏足外，鴉片也是清末社會力圖根絕的惡習，而實際成果也相當豐碩。究其原因，除了清廷在政策和法律的執行上比較徹底外，此起彼落的宣傳戰也有相當關係。早在 1906年，我們就看到民政部著手編印白話的禁煙小冊，並且計畫派人到各州縣及鄉鎮一面講演，一面散放。[176]此後有關這方面的記載就不斷增加。譬如 1907 年，北京的一些熱心志士在琉璃廠辦了一個「普仁戒煙會社」。付得起錢的戒煙者酌收經費，付不起錢的窮人則由戒煙會提供一切藥物和戒煙期間（一般是二十一天）的飲食。而戒煙會的主要經費則是先此在福壽堂演唱義務戲會的收入。為了招徠煙客，戒煙會特地派人演說戒煙事宜。會中還有閱報處，請人義務宣講。[177]閱報、宣講、演說、義務

⑬　大公報，1910, 8, 17。
⑭　同上，1911, 9, 27。
⑮　同上，1911, 10, 14。
⑯　順天時報，1906, 12, 14。
⑰　同上，1907, 6, 4；6, 6。

戲、戒煙，這個小小的戒煙會社成了清末啟蒙運動具體而微的縮影。
更值得注意的是，這個戒煙會，並不是說說唱唱，熱鬧一陣就完了。
雖然純由私人經營的事業，經費來源是一大問題，但還是想得出對應
的辦法。演義務戲是其中之一。普仁憑著義務戲的收入在光緒三十三
年四月開辦，到秋天，錢用得差不多了，又在福壽堂開演第二次義務
戲，用到年底，一共幫助三、四百人戒除淨盡。⑰第二年，他們又想
出別的花樣，在廠甸開游藝會籌款，會場上除了各種雜耍外，⑲還貼
了各種勸人戒煙的漫畫，並由王子眞當場演說。王除了力陳吸煙的惡
果，還極力鼓吹煙會的功用，呼籲廣設戒煙會：

> 再說這戒煙會的會字，怎麼講呢？許多的同志人，聚集在一處，
> 這就叫做會。彼此天天聚會，彼此人人勸勉，彼此互相稽查，
> 誰喫煙誰不喫煙，誰戒淨誰沒戒淨，人多勢眾，容易覺察，自
> 然就能戒淨了。

> 奉勸趕緊到會去戒罷！若是不戒呀，前十年害自己，後十年可
> 連大家都害啦。凡是我們中國人，若不趕緊戒大煙；或者已經
> 立會，只圖辦個義務的名兒，並不實心實力，去救那煙界同
> 胞，這等假善人，可比販賣豬仔的裏外漢奸，尤其奸惡。至於
> 未經立戒煙會的人，若不急速立會，拯救同胞，站在旁邊看熱
> 鬧兒，等到十年期滿，輸給人家的時候，賠款滅國，誰也跑不
> 了。這說的是實話，但願仁人君子，快快的多多設立戒煙會
> 罷！⑳

王子眞雖只是一介平民，但他對戒煙會的功用卻有相當認識；後
半段的呼籲則充滿了急迫感和危機意識。就像天足會之類的組織，大

---

⑰　同上，1908, 2, 24。
⑲　同上，1908, 3, 23；3, 24。
⑳　同上，1908, 3, 25。

有裨益於婦女小腳的解放；官立私立的戒煙會，在清末的戒煙運動中也扮演著舉足輕重的角色。山東巡撫袁樹勛在1909年上呈的「奏東省辦理禁煙情形摺」，就是最好的見證：「至戒煙社會得力尤大。蓋偏僻貧寒往往欲戒不能，醫士良方更不易覓。自經設立戒煙社會，紛紛赴會領藥或在會斷戒」。可見戒煙會社一類的組織，不僅能够提供精神支柱（或羣體壓力），還發揮了實際的醫療功能。根據袁的說法，山東到1909年中爲止，各種公私立戒煙會社共有三百多處，戒煙人數則有五萬多。[181]

不過卽使是北京，在1908年時，戒煙處所也還很有限，「普仁戒煙會」的作法顯然有相當大的示範作用。由另一批志士楊鐵庵、雷鎮遠等組成的「振華戒煙所」就在不久後跟進。而他們籌措的第一筆經費，也是來自戲班在福壽堂的義演。[182]

在推展戒煙之初，戒煙的團體、組織互相交換情報、作法，互相學習觀摩，不僅有需要，也相當自然。就像閱報社、演說團體等有類似活動一樣。一個叫「在理會」的組織由於對禁戒鴉片之法，有特殊心得，曾由其會長廣趙龍等人出面約集各處戒煙公所的發起人，研究戒煙的宗旨和事宜，由廣氏等人在永定門外的二郎廟主持演說會。[183]

在天津，「順直國民禁煙會」（總會設在北京，全名是「中國國民禁煙會」，順直分會設在天津）曾在1910年底，擬過一個詳細的禁煙辦法：包括在報紙上登白話文章，散播白話傳單，託宣講所演說員在各宣講所演講，派人到戲園、茶館及城鄉內外熱鬧地點演說以及遊行演說。[184] 從前文的各項討論中，我們可以看出這些辦法實際上是當

(181) 順天時報，1909, 6, 15。
(182) 同上，1908, 2, 18。
(183) 同上，1907, 7, 11。
(184) 大公報，1910, 12, 29。

時相當典型的啟蒙之道。而事實上，「順直禁煙會」的這項辦法顯然不是空言。在這項辦法頒佈前的一個多月，他們至少辦過兩次演說大會，演講者包括了我們已經相當熟悉的張伯苓、丁子良、陳蔗圃、李子鶴等人。[185]

天津海河的例子，則讓我們了解卽使在最基層的鄉村社會，戒煙也常常成爲小社區的嚴肅課題。海河白塘口村一位范姓村董，有見於戒煙期限已經政府縮短，特在該村公地對村內煙民演說吸煙的利害。由於他的「諄諄激勵」，煙民爲之動容，而共同議定了戒煙期限：年壯者五星期，年老者十星期。到期不能斷絕者，則由眾人指摘議罰。[186]

在揚州，有孔許二人創立了「揚州振武戒煙支會」。每到禮拜三、禮拜六，兩個人就到城裏各地開會演說。另一方面則設局出售戒煙藥物。由於他們的努力收到相當成效，揚州太守乾脆下令把揚州城的戒煙總會併到兩人創辦的戒煙會內。[187]

我們當然不致天眞到相信幾紙命令、幾條規則或幾場演說就能讓備受毒害的軀幹，在短期內脫胎換骨，發出滿樹的新芽，搖曳新的綠意和生命。但在幽暗的角落裏滋蔓腐蝕的病毒，現在卻暴露在天日之下，無所遁形。啟蒙者的藥方也許溫慢不見急效，但根深的惡疾受到嚴重的打擊挑戰，再也不能肆無忌憚地滲透展延，卻是不爭的事實。福州的例子也許更眞實地說明了這場光熱與黑暗，新生命與惡勢力的抗爭。在清廷三令五申的嚴命下，福州的煙戶紛紛被迫改業，但官場吸食之風卻未見戢止。閩督旣嗜煙如命，各級官署書吏差役包庇煙館

---

[185]　同上，1910, 11, 18。
[186]　同上，1911, 2, 20。
[187]　同上，1907, 7, 9。

的作法也就不足爲奇。這自然引起被迫改業的煙戶的怨懟，所以村落私設煙窩，招人開燈吸食的例子依然時有所聞。福州「去毒社」的董事爲此聯絡了各學堂的教員和高等學堂的學生，利用暑假返鄉的機會，四處調查罌粟產區，並向民眾演說勸導。⑱居上位者不能以身作則，嚴厲執法，光靠教員、學生的演說勸導，當然不容易收到成效。但長遠一點看，這批接受新教育的新生代所帶回去的新訊息，在適當的土壤下，終必萌生出新的種苗，卻毫無疑意。

　　撒苗佈種的不僅是中國的新生代，住在中國的外籍人士也常常扮演積極的角色。我們曾提到「西國女士」四處演說，勸誡婦女放足的例子。這裏我們更可以看看一個叫丁義華的美國牧師，在禁煙運動中的活躍情形。丁義華在1890年代初期到廣東傳教，後來他的父母也相繼來到中國，並老死中土，埋葬在廣東白雲山，可以說和中國有格外深厚的淵源。他自己說「若稱中國爲父母之邦，乃眞是情理當然，決非信口妄言」，眞是一點也不誇張。1908年，他被設在美國的「萬國總會」派爲駐華代表，並移居天津，從此就格外致力於各項改革工作。而這個時候正值中國禁煙運動的高潮，丁氏也義不容辭地捲入了這股洪流中。⑲

　　丁氏在禁煙方面的努力，除了在報刊上撰寫白話宣傳品外，還四處發表演說。1910 年 6 月 1 日晚上，他在天津河東祖師廟的公立小學堂登臺演說鴉片、香煙、洋酒的遺害，講完後還引吭高歌：「我們愛中國，我們愛中國……我不吸煙捲，我不吸煙捲……華美是朋友，華美是朋友。」⑳可以說是一場典型的佈道大會。此外，從北京到通

---

⑱　順天時報，1907, 8, 4。
⑲　見大公報，1911, 6, 23，演說欄。
⑳　大公報，1910, 6, 2。

州、承德、熱河、蘭州、天津、唐山等地都可以看到他的蹤影。⑩
1911年6月，他又從山東恩縣的龐家莊起，到濟南、濰縣、兗州、泰
山等各地演說。所到之處，掀起各地組織國民禁煙會的流行熱潮。⑩

　　從1908年開始，清廷決心厲行禁煙運動，宣傳活動的層次為之升
高，範圍也更廣。不但禁吸食，還要禁種植。封疆大吏責任所在，勢
必要全力以赴。以雲南為例，在朝廷的飭令下，總督錫良曾於光緒三
十四年向皇帝保證，要在一年內將煙毒禁盡。錫良的辦法，除了編撰
白話報紙和刊印圖說外，還遴派士紳到處演講，勸令改種豆麥，講求
蠶桑。錫良的保證顯然誇大不實，繼任的沈秉堃在1909年的奏摺
中，就不得不為前任誇下的海口遮攔一番，所謂「以一省之廣，人類
之繁，禁令驟行，一二年中，勢難盡淨」，毋寧是比較務實的說法。
不過錫良雖然不能在一年內真的禁絕吸食、栽種，他的辦法還是收到
一定的成效。照沈秉堃的報告，到宣統元年初為止，雲南全省私種的
鴉片大概只剩下十分之一二，而戒煙的人數則有五萬多。⑩即使我們
認為沈秉堃提供的數字也有誇大之處，但以雲南偏遠荒瘠的地勢而言
（如果照沈氏的說法，「邊地夷族及各處土司性本狹黠」也變成一個
應該考慮的因素），就是把這些數字再打一些折扣，成效也不能不說
是差強人意。當然要禁絕吸食，光靠宣傳勸導是不夠的，還必需輔之
以律法刑罰。但沒有大規模的宣傳，沒有士紳的四處演說勸導，動之
以情，說之以理，要順利成功地推展禁煙運動，一定是難上加難。畢
竟，只將鴉片從土地上剗除是不夠的，如果不能從人心深處將這項毒
害真正連根拔去，春風再吹，誰又能保證罌粟花不再迎風招搖呢？清

---

⑩　同上，1911, 5, 25。
⑩　同上，1911, 6, 16；6, 23。
⑩　沈秉堃，「奏查禁煙情形請飭部籌辦礦務以資抵補摺」，順天時報，1909, 5, 5。

廷顯然就認為錫良的種種做法有積極效用，所以在1909年以禁煙大臣的名義，飭令各省倣行。[194]

　　山東巡撫袁樹勛的做法，無疑地符合了禁煙大臣的要求。他除了將吸煙的害處編成白話告示，四處張貼外，還令各州縣選派士紳，在朔望市集的場合，對眾人演說。[195]陝西巡撫也委派「明白事理之人」，用白話四處演說，分途勸喻。[196]而有關山西的記載，則讓我們清楚看出，即使沒有中央的指示，只要官員勇於任事，由官紳組成的宣導大軍，早已僕僕風塵地向著墮落的大地，向著亟待拯救的黎民行去。畢竟，如何在誘人而致命的罌粟花遍山遍野地綻放之前，斬斷一切罪惡的根苗，已在官僚、士紳、志士、學生之間形成共識。該走的路只有一條，能用的辦法也就那幾個。差別只在作與不作，敷衍塞責的作還是戮力執著的作。

　　1908年秋，山西紳學商界在太原開會討論禁種鴉片，決議在一年內禁斷。隨後他們將這項決議轉達山西巡撫丁寶銓。丁於是委派了一百多位官紳，在冬煙即將下種之際，分別到各州縣演說，勸人民放棄鴉片，改種五穀。[197]第二年，他又在春煙播種前，遴選了七十多名官員，並由諮議局轉邀各地士紳，花了幾個月的時間，逐鄉逐村的演說。[198]

　　縣級以下政府的配合，使整個運動更為落實。廣東嘉應一地的士紳，除了創設戒煙會，施發丸藥外，還四出演說，向民眾宣導。[199]江蘇寶應城內外，煙館不下千家，該縣縣令在光緒三十三年下令嚴禁，

---

  [194] 大公報，1909, 5, 13；順天時報，1905, 5, 18。
  [195] 順天時報，1909, 6, 15。
  [196] 東方雜誌，第五年第一期，頁 11259。
  [197] 順天時報，1909, 3, 25；9, 17。
  [198] 「晉撫奏禁種土藥一律肅清等摺」，順天時報，1909, 9, 17。
  [199] 東方雜誌，第四年第六期，頁 9706，10168。

並「廣爲演說」，各煙館乃在四月中旬前次第關閉。五月二十八日，縣令又親身挨家挨戶清查，諄諄勸諭。那些關而復開的煙館，這下再也不好意思，也不能再堅持下去了。[200]

　　1909年，山西楡次縣諮議局會同勸學所員紳，選派紳董，兵分五路，向農民展開勸導工作。刺史阮子懷也親至楡次城鄉查禁，四處演說。[201]襄陵縣河東一地的紳士則邀集了河東六十七所村莊的負責人，在卿主鎮組織了一個禁煙自治團體會。會成之日，縣令和各個領導其事的紳士，分別上臺演說，直接向村莊的領袖剖析利害。[202]臨汾縣境內多山，土質貧瘠，只有汾河一帶，土壤稍微肥沃。當地人紛紛種植鴉片，收成後「肥水不落外人田」，弄得全境「十居八九」都成了吸食者。雖然政府三令五申，吸的人照吸不誤，爲此傾家蕩產的也不在少數。住在城裏一個叫閻懋德的紳士，家境富裕，一向熱心桑梓。目睹這種情境，「心傷不忍坐視」，於是騎著騾子，下鄉向村民演說「吸煙之弊，國家之艱難」。碰到賽會演戲的場合，他也從不放棄，一遍一遍的向聽眾諄諄勸誡。閻紳士又自掏腰包，買了藥材，每星期三、星期天在城內發散。[203]這些例子多少讓我們看出禁煙運動在鄉村推廣的情形。

c、特殊事件

　　天災人禍、列強凌辱等事件，並不是二十世紀初期特有的不幸。但在這個時期，這些事件卻往往因爲報紙、演說等新式媒體的渲染，而受到更大的注目。民族主義、愛國情操和休戚與共的同胞感情漸漸

　　[200]　東方雜誌，第四年第十期，頁 10617。
　　[201]　順天時報，1909, 4, 21。
　　[202]　同上，1909, 5, 6。
　　[203]　同上，1910, 1, 23。

在一般人心中滋長。1905年中美華工禁約風潮[204]和1907年的江北大水災是兩個很好的例子。

美國禁止華工的消息傳開以後，各大城市都發起了抵制美貨運動。紳士、商人、學生、工人聯合起來，散發白話傳單，舉行演說大會，呼籲國人不買美貨，不賣美貨，一時人心沸騰。這種聯合一致的抵制及杯葛行動，下開五四運動抵制日貨的先聲，以集體的力量，向世人宣示民族主義的浪潮已經開始襲打中國的疆域。七月十五日，上海各界的集會中，除了學會、學堂代表外，火油業、雜貨業、紙煙業、鐵業、參業、麻袋業、南北貨業、海味業、酒業以及廣東幫、福建幫、漢口幫、山東幫等工商業都派了代表出席，商議抵制美貨的辦法。馬相伯在演說中說：「中國數千年未有團體，今因外患而學界、商界遂能聯絡一氣，尚為中國不幸中之幸」，正點明了在滿樓風雨的情勢下，中國所發生的變化。接下來，他以近乎煽動的口氣向場中一千四百多名聽眾慷慨陳辭：「不用美貨一事，我國倡言已二月，而新舊美使尚謂中國素無團結力，抵制之說，無足懼者。試問在座諸君，肯忍受斯言否？其實不用美貨，我人有自主之權，無論美人不能干預，即政府亦不能禁止。……我人如能協力實行，則日本尚可以勝俄，安知我國必不能挽回美約？」[205]美國大使的評論，反映出多數人心目中那個龐大、散漫、遲滯而缺乏生命力的舊中國，馬相伯則意圖挑動人們同仇敵愾的義憤，要他們以行動來展現一個不同風貌的中國。而他不在乎政府干涉，直接訴諸羣眾力量的態度，也反映了當時「民間社會」勢力的茁壯。

---

[204] 有關這次事件的詳細研究，可參考張存武，光緒三十一年中美工約風潮，（臺北，中央研究院近代史研究所專刊 13，1982）。

[205] 大公報，1905, 7, 27。

　　美國大使這次顯然錯估了中國人的反應和組織力。像上海的行商，除了在七月十五日舉行綜合大會外，洋雜貨、煤油、南北海味、豆米等各行各業也都分別舉行演說大會，共同抵制美貨。⑳ 整體說來，士商階層的情緒憤慨激昂，抵制美貨的決心也相當堅強。一位旅居天津的南方士人，看到天津一部分士大夫的漠然，不禁怒從心起，一封信去到大公報，痛責這些人不僅無志氣、無天良，根本就是「不要臉」。⑳ 看起來，在這個人心沸騰的時刻，不管是出於理性的估量，或是明哲保身、事不關己的定見，要完全置身事外，不顧這「不要臉」的千夫之指，大概不是一件容易的事。

　　士商階層的主要對策，是用各種宣傳手法鼓動人心，集會演說則是必不可缺的方式。值得注意的是，在士商組織的演說會中，常常以工人等「下層社會」爲其運動對象。像上海「人鏡學社」在五月的一次演講中，就要求被美國僱用的工人應該一律漲價。各人演說完畢後，並當場分派人員擔負不同的任務，有人負責調查美國的各項進口物品，有人負責與報館聯絡，有人則到碼頭勸告起卸美貨的工人調高工資。⑳ 閩幫商人在上海的集會演說中，要求的更嚴格：各港口的華工都不爲美貨起卸，不爲美國商行作買辦、通譯，甚至在華美國家庭中的傭工、廚子等也要勸說他們辭職。⑳ 上海的婦女也在演說會中，決議派人挨家挨戶的演說，勸人不用美貨。⑳

　　類似的決議，顯然不都是沒有實效的具文。七月底，我們就看到上海南北各個報關行的裝貨工人，在三馬路逢源里的祥裕行內集會，

⑳　申報，1905, 7, 25，頁721; 7, 27，頁737; 7, 30，頁761。
⑳　大公報，1905, 8, 3。
⑳　同上，1905, 5, 26。
⑳　同上，1905, 6, 1。
⑳　同上，1905, 7, 19。

決議對美禁約採取抵制行動，並請人到會演說，指點各種具體措施。
[211] 上海新關郵政內所有辦公的華人也為此集會，請了何劍英、林子起
等人發表演說。最後決議聯絡各海關郵政、報關行、洋行華人，協力
抵制美貨，並聯絡上海和各省同志到鄉下僻遠之處演說。[212] 另一則報
導則說瑞和洋行向其他洋貨商發出通告，略謂「禁止美貨之舉，日下
愈形激烈，實非意料所及。此等聚會之事，日多一日，各工人亦皆與
聞。」[213] 毫無疑問地，在密集的宣傳攻勢下，工人的自我、權利意識
和同仇敵愾之氣，已經在這個開啟民智的大環境、大氣候下逐漸萌
發。

　　而即使在大城市以外的村鎮，一般人對華工禁約一事也非毫無所
悉。像紹興昌安門外的孫端鎮，在新學堂的學員組織下，設立了一個
「益智演說會」，每個禮拜六下午向鄉民演說如何抵制華工禁約，和
其他報紙上的時事。[214]

　　1907年江北大水災所引起的迴響，我們在前文中已多次提到。這
裏再舉幾個例子，看看演說如何與其他的藝術形式搭配，或在特殊的
場合進行，以達到吸引更多觀眾，勸募更多賑款的目的。光緒三十三
年一月初開始，天津的「公益善會」在李公祠內放演電影並配合名角
串演新戲，為江北水災募捐。根據「公益善會」的廣告，新電影是透
過一家利威洋行所借到的外國影片，第一次在中國演出。由於李公祠
內沒有放映設備，特別向電車公司商借發光電線，又由英國電燈房提

[211]　大公報，1905, 8, 3。

[212]　同上，1905, 7, 1。

[213]　同上，1905, 8, 3。有關工商各界罷工的實情，張存武前引書中有更詳細的討論，
　　　見頁 82-134。

[214]　申報，1905, 9, 4，頁 27; 1905, 9, 9，頁 75。孫端鎮在1909年又由一個叫孫德卿
　　　的設立了一間閱報社。每到星期天，就請人宣講憲法和各種改良風俗的方法，以
　　　為推行地方自治儲立基礎，見大公報，1909, 6, 10。

供電燈，共襄義舉。㉕開始先由各園名角串演新戲，然後英斂之上臺就主題發表演說，不外愛羣、救災之意。接下來由「中國婦人會」的英淑仲、英懷清兩位女士分發白話勸捐傳單。接著音樂隊演出樂曲，電影跟著上場。整場下來，戲價加現場捐款，收入相當可觀。㉖劉子良辦「藝善會」爲江北災民募款後，天津的茶園紛紛響應。南市東永順茶樓的主人聯合一個叫李金桂的女校書（女校書就是妓女，這裏指的顯然是通曉曲藝者），在茶樓發起救災活動。茶園主人不收茶資，李金桂等人則在白天演唱幾場民俗曲藝，然後由英斂之、劉子良等人登臺演說。救人如救火，演說也密集接力進行。一直到晚上十點，英、劉等人又開始對著滿座的客人發表議論。㉗英斂之、劉子良等爲了賑災，風塵僕僕，一場又一場的演說，爲「口語啟蒙」做了最佳見證（他們演說最直接的目的，當然是要人捐錢；但在勸人輸納的論證中，卻不斷訴諸羣體意識、公益精神、公德思想）。賣藝爲生的女校書雖然不能用言辭來激勵人心，卻可以換一種方式，同樣用自己的嘴，爲同胞、族羣盡一份心力。

不僅是女校書，前進的士女、學生也不落人後。「中國婦人會」的女會員、四川女學堂及京師傳習所的女學生爲了募款，就曾趁著春節假期，携帶了兩萬張印有俗曲淺說的江北難民圖，在北京街頭持圖叫賣。女學生拋頭露面，當街喊叫，自然引來一大堆莫名其妙的遊人圍觀。婦女會的女士趁機輪番上陣，演說江北災民的慘狀。聽眾則紛

㉕ 電影在 1896 年已在中國出現。這年八月，上海徐園放映「西洋影戲」，是中國電影放映之始。一年後，有些片子開始在上海的茶園做短期的商業演出。見程季華編，中國電影發展史，1，頁 8-11。這個時候已經有固定的商業電影院，像天津法租界的權仙電戲園，每天早晚都會放一些新奇有趣的片子，見大公報，1907, 2, 23 廣告。

㉖ 大公報，1907, 2, 23。

㉗ 同上，1907, 3, 17。

紛解囊買圖捐款。[213]

d、鼓勵蠶桑、實業

上文提到，甲午戰後，興學堂、辦報紙、組學會成爲知識階層維新圖強的三種最流行的作法。[219] 事實上，就自發性結社（voluntary association）而言，以介紹新知識、新思想爲目的的學會並不是唯一的類別，爲了各種特殊目的而組織的團體在清末都曾風行一時。上面提到的戒煙會、天足會是很好的例子。此外，爲了厚植國力，各種以改良農業爲宗旨的團體也紛紛出現。[220] 提倡工商實業的言論一時也甚囂塵上。[221]

不過不管是改良農業，還是提倡工商實業，僅靠知識份子的理論、知識是不夠的；還必需對實際操作、經營的農人、工人、商人進行宣傳，讓他們也能了解這些新知識和新技術。以此爲目的的演說就應運而生。

種桑養蠶在中國有長久的歷史，但或是因爲舊的養植法仍待普及（在禁煙運動雷厲風行之際，各地政府照例總是鼓勵農民以棉桑五穀取代罌粟。蠶桑養植在此時受到特別關注，蠶桑公社之類組織的出現，都應該與此有關）；或是因爲新技術的引進，都有必要對農民加強傳播。四川三臺縣一個叫陳宛溪的秀才，平常就留心蠶業，並將自己的心得刻成〈裨農最要〉一書。他的太太則在1908年組織了一個蠶桑演說會，每個月兩次集合鄉村婦女，詳細講解種桑養蠶之道，[22] 可

---

[213]　順天時報，1907, 2, 19。
[219]　見張灝，前引文。
[220]　關於清末各種各樣的社團、學會，可參考王爾敏，「清季學會彙表」，收於晚清政治思想史論，（臺北，1969），頁 134-165。
[221]　清末知識階層對商業的重要性特別強調，而有「商戰」這個概念的出現，可參考王爾敏，「商戰觀念與重商思想」，收於中國近代思想史論，（臺北，華世，1977），頁 233-379。
[22]　大公報，1908, 4, 16。

說是標準的夫唱婦隨。

　　陳的著作和他太太的演講內容也許都還在闡述傳統的方法。但對新方法的講求，可能更受人重視。四川鍵爲縣淸溪場的居民，一向以養蠶爲業，但因不了解新技術，所以獲利不豐。爲此，一個叫黃君義的特別籌劃設立一所蠶桑公社，介紹新方法。㉓四川慶符縣的車光衢，曾經在倍州蠶業學堂修業。後來回到家鄉，聯合同志設立了一所蠶蟲學館，並且添購了幾十種日本蠶學儀器，開班傳授新的養蠶方法。㉔

　　這些例子說明用新方法養殖蠶絲似乎漸漸成爲風氣。而爲了推廣新技術，除了設蠶桑公社，辦專門學堂外，演說是一個更簡單的方法。福建閩中農桑局就是一個很好的例子。他們除了開班授徒外，還派教習不時分赴各鄉，向農民演說從西方引進的種桑養蠶之道。㉕

　　以工人、商人爲對象的演說，除了教他們一些基本的演算、買賣之道外，也講述工商業的重要性和相關的知識。1904年，陳蔗圃等七人在天津文昌宮內設立一間「有益茶社」，每天晚上八點到九點半，請來學堂教員向「手藝買賣人」講解算學、單字、修身、手藝等課程。㉖

　　天津考工廠的設置原來就是要鼓勵工藝製作，裏面陳列著各種製品，供人參觀。1904年底，考工廠在萬壽宮連著辦了三天的演說，有人講中國工商敗壞之由，有人說整頓之道，還有人探討外國工商興盛之理。每晚的演講都吸引了上千名聽眾。這些人不是商鋪的老板伙

㉓　同前。
㉔　同前。
㉕　大公報，1903, 7, 11。
㉖　大公報，1904, 9, 27。大公報，1904, 9, 26 及警鐘日報，1904, 10, 24 的報導則稍有出入。

計，就是工匠藝人。[227] 此後，考工廠每月初三、十八兩天，定期在萬
壽宮演說「工商要理」。[228] 只可惜我們對具體的內容無從知悉。

另外在上海，1904年時有一個人發起實業講習社。名伶夏月潤應
邀捐資一月，以爲贊助。夏且慫恿幾個同業一起加入。聽了兩次演講
後，夏月潤深受感動，「發教育普及之宏願」，特別停止丹桂園的正
常戲目一天，開特別會。[229] 我們不知道這些演講的內容，但從夏氏的
反應看，顯然是以一般大眾爲目的。這個實業講習社持續了多久我們
也不得而知。但像夏氏這樣以一介優伶的身分，積極參與社會公益與
開民智的事務（雖不一定是事業）的作法，在這個時候，非但不是特
例，反而成了常規。這一點，從下一章的敍述中，我們可以更進一步
看出。

e、時局與愛國

介紹中外時事本來是講報處及宣講所的主要宣導項目之一，但也
有人專門以演說會的形式來傳達這些內容。譬如保定的通俗教育茶話
所就糾集了幾十個同志，從1904年底開始，定期以白話講說當前中外
關係之大勢等課題。[230] 講到中外大勢，就很容易會觸及列強在各地，
特別是中國的侵略行徑。1904年9月17日，河南鞏縣三個分別叫王鐵
肩、張曉鐘、張霽若的人在縣城大王廟開演說會，講中國遭列強瓜分
滅種的慘禍，聽講的二百多人中，有人忍不住而潸然落淚。接下來，
他們在宋寺灣、黃治等村落也相繼開講。在閉塞的城鄉，這種作法很

---

⑳　大公報，1904, 11, 29，附件「說考工廠的事」；1904, 12, 6；1904, 12, 10；1904,
　　12, 11，附件「奉告工商」。
⑳　可參見大公報，1905, 5, 13 的附件及 1905, 5, 21；6, 4；6, 18 等日的廣告。
⑳　警鐘日報，1904, 6, 21。
⑳　大公報，1904, 11, 24。

快就引起注意，縣令舒泰馬上就以煽惑人心等名目加以禁止。㉑

　　但對有識者而言，慘烈的歷史事實和亡國滅種的可能性，就像是集體的夢魘，再怎麼樣也壓抑不住。對許多人來說，消解夢魘的最好方法就是不斷向人講述這個夢魘，讓更多的人在歷史的慘劇中洗禮、再生。僻遠的大王廟前有名不見經傳的志士讓人潸然淚下，開風氣之先的北京小藥王廟前，也有不知名的君子講著類似的故事。朝鮮亡國的近事成爲中國的殷鑒，避免覆轍的辦法只有團結起來，保國存種。而對這名講者來說，個人盡其所能捐款協助償還國債正是團結的具體展示。就像傳唱千古的舞臺故事，能够超越時空，贏得觀眾的普遍回響一樣；新時代的切身慘劇，講到傷心處，不管在大王廟還是小藥王廟，同樣能讓聽者激動，聞之落淚。㉒

　　聯軍北犯，京津城陷，帝室西逃，無疑是這齣現實亡國感人大戲的最高潮。1911年，天津李公祠內舉辦失城紀念會。爲了強化人們的歷史記憶，這場紀念會請了多名講員，其中還包括兩名女性。除了上臺放言高論，各個演說員還在祠中遊行演說，可謂聲勢十足。十一年，對一場浩劫來說，還是短得難讓人忘卻，也難怪主講者大抵「氣竭聲嘶」。其中一個叫（？）月川的格外激動，講到庚子年的種種遭遇、苦況和當前國勢的危殆、生計的艱難，愈說愈傷心，一時聲淚俱下，臺下聽的人也哭成一團。從鞏縣到京師，從偏遠的鄉村到通都大邑，再多的淚水也洗不盡民族的羞辱。但這同聲一哭的經驗卻是凝聚人心的利器。經過這淚水洗禮的人，很難再對國家的恥辱和危急的前景漠不關心。危亡再也不是少數幾個人的危亡，救國也不再是少數幾個人的事業。人心的普遍覺醒誠然還是一條漫漫長路，但已經不是一

㉑　警鐘日報，1904, 10, 25。
㉒　大公報，1906, 6, 7。

個從來沒有人想過或想過而不可及的夢想。

如果說淚水顯示了民眾在精神上與苦難的國家休戚與共的情懷，國民捐則是他們用實際的行動爲愛國做一個註腳。北京的「樂羣閱報社」從1906年 7 月25日起，每天在朝陽門外的半畝園演唱各種改良新曲，收入充作國民捐。更進一步，他們又聯合了其他報社，每天輪流在半畝園發表演說，鼓勵聽眾踴躍輸捐。㉓直隸寧河縣南埋珠莊有一個叫韓鳳筠的警勇，年方三十，粗通文字。1906年的春天，村子裏開設了一所蒙學，韓鳳筠跟著學校的教員每天學習字母官話。過不了多久，韓已經能向人演說白話報上的文字，並向村民勸納國民捐。㉔以一名巡警，因學習字母官話而能演說白話報，向民眾勸納國民捐，可以說是啟蒙精神和運動的最佳樣板。

f 、與新政有關者

在推行地方自治、 新學堂、 新建設等有關事項時 ， 爲了化解阻力，贏取民眾支持，就必需廣事宣傳。前文提到官府，特別是警局白話告示的激增，說明了對宣傳的重視。此外，演說也被當成宣傳政令的利器。1910年，天津各界爲推廣憲政，召開演說大會，其中就有人組織遊行演說，以發達普通人民的政治思想。㉕清廷則曾飭令各省仿照山西的辦法， 在各地設自治講習所， 編訂白話淺說， 分赴各村演講。㉖推廣教育是實行憲政的基礎，但人民不一定有能力或意願接受長期的正規教育，於是有人提出各種速成的辦法，其中簡易識字學塾是推行的重點之一。爲了使人民認識這項新措施，有人建議將學塾的

㉓　同上，1906, 7, 26。
㉔　同上，1906, 8, 18。
㉕　同上，1910, 11, 15。
㉖　順天時報，1909, 2, 21。

章程和利益在「稠人廣眾中詳爲講演」，以利推展。[227]

　　當然，這一類建議對我們來說，已是耳熟能詳之論，問題在施行的成果如何。在鄉村演說憲政的實例還不多見，但下面幾則有關學務的報導，卻顯示有關新政的各項命令、建議，不盡然是官僚或改革者的空言。以山西爲例，自從提學使駱文宗到任後，就以整頓初等小學堂爲當務之急。1910年11年，他輕車簡從地到省城北鄉一帶考察，每到一村落，就向村民慷慨演說。而父老兒童，據說對提學大人的諄諄勸示，也「多能領悟」。[228] 鎮江私塾改良會的一位會員則到處演說私塾改良之道。[229]

　　浙江桐鄉縣縣令徐士鋆對學堂的重要，深有所感，因此致力在城鄉推廣。但又怕鄉民疑懼不解，所以用白話撰成文告，派人按里張貼並向村民演講。這篇文章對學堂與鄉民的切身關係反覆致意，頗具說服力，值得詳引：[230]

　　　　我中國四萬萬人民，智識未開，所有前途危險極格哉！智識爲啥勿開呢？實在因爲不講求實學的緣故。實學如何講求呢？必須多設學堂，使我中國的人民個個識字知學才是呢！這種道理，紳士們都已經通曉得哉！獨有你們鄉下人，還像在夢裡一樣，糊裏糊塗過時光，說來實覺可憐。今本縣且勿說別樣，單說你們最吃苦的兩件事：不通文理，勿懂算盤，所以每事受人家的欺侮，受人家的詐騙。譬如買賣田房，契照內做了弊端，你們還看勿出來，直到後來費口舌、吃官事，才曉得是上人家格當哉！你們有要緊的事，信札往來，自己一字不識，必須央

227　大公報，1910, 1, 14。
228　同上，1910, 11, 14。
229　申報，1906, 12, 12，頁 641。
230　「桐鄉縣苦心勸學」，順天時報，1906, 8, 15。

人代看代寫。就是代看代寫的人靠得住的，也不免躭誤了時光。你們同人家銀錢往來，不曉得算法，但憑人家算給，暗中受虧也不覺得。你們自已想想看，喫這樣的苦處，阿是勿識字勿通算盤的緣故麼？

這些說辭，可說道出了人民的心聲。但一般鄉民或是因為周遭沒有方便的學校就讀，或是出不起學費，所以卽使深知不識字的苦楚，往往也只有認命。但機會終於來了：

現在皇太后、皇上因你們智識勿開，喫苦勿小，特命各省設立學堂，培植你們的子弟。本縣仰遵聖旨，要在桐鄉各村，並多設鄉學。已經會同學老師並紳士，籌集經費，挑選本地品行極端、文理好的先生，派往各村莊，教導你們的子弟。先生的束脩，全在公款裏支送，不要你們再出分文。從前逢年逢節應送先生禮物，現在也一槪不要你們送格哉。這學堂的教法，又極好的，因小人們暴入書房，並沒有洋文洋話難學的事。但教學生讀書識字，學算法，還要把做人的道理，世界上閱歷的事情，教與學生一一知道，可以長點見識。此番請的先生通是熱心熱腸，極肯用心教導的，決不像從前的義塾，有名無實了。你們為父兄的，務必聽本縣的話，趕緊把七、八歲或十二、三歲的子弟，送到學堂裏讀書。不過四五年功夫，字都識哉，算法也學會格哉，做人的道理，世界上的事也都曉得哉。或種田，或做生意，或做手藝，自然遇事明白不致受旁人的欺騙了。如果子弟聰明，將來把他們送到大學堂，不過十幾年功夫……可以做官呢！你們想想多設鄉學，阿就是你們極大的前程麼？本縣恐怕你們誤聽旁人言語，不曉得其中的好處，特此明明白白告訴你們……趕緊把子弟讀書。就是種田、做生意的、

做手藝的，也都事事精明，獲利加倍，可以變窮爲富了，國家
也強盛了。……豈不好麼？……快把子弟送到學堂去讀書罷！
快把子弟送到學堂去讀書罷！

這篇文告在文字上採用當地方言的形式，很明顯是爲了口語演說
而寫。文章論理鞭辟入裏，繼誘之以利。處處設身處地，站在人民的
立場設想，可以說完全抓住了一般人的心理，也爲下層社會啟蒙運動
的精神留下了一篇絕佳的文獻。

g、與軍隊、警察有關者

在軍隊裏添設演說，以振興士氣、增廣知識的構想一直不斷。早
在1904年，大公報就有此提議。1905年，在某國公使的建議下，清廷
開始計畫在軍隊中添設演說官。[21] 第二年，清廷又舊話重提，以「各
軍不知講求尊君親上，用命王事之義」，所以通飭各軍添設演說官，
加強精神教育。[22] 另外，練兵處也打算把古來英勇軍人的事跡，各國
戰史及軍中的律令編成白話，名曰〈行軍要義〉，頒發給各營隊，命
令他們每天向兵士演說。[23] 駐在鎮江的南洋常備第六標的一位統領，
就遵照練兵處的規定，籌畫在各軍隊中添設演說一門，派人按期分班
演說。[24] 我們都知道後來革命黨在新軍中運動成功，是獲勝的關鍵之
一。所以清廷對士氣軍心的擔心是有道理的，提出演說做對策，也是
立即可行之道。只可惜我們沒有足夠的資料來判定這些構想、命令是
否只是官樣文章，而不曾付諸實行。

---

[21] 大公報，1905，4，3。
[22] 同上，1906，1，19。
[23] 同上，1906，3，15。
[24] 申報，1906，2，17，頁325。

　　倒是對警察進行再教育的例子，在前面討論宣講時提到一些，這裏可以再舉一個演說的例子。天津一個叫王景福的巡官，在1905年被派爲四鄉巡警。王氏對警務工作一向認眞。他認爲中國人的人格低下，警兵更是糟糕。所以他和另一個姓史的警官合作，編了一些白話訓條，分爲行政、愛民、修身、克己和謀公益、重公德、謹私德等條目，逐日聚集各長丁發表演說，諄諄告誡。[25]從這些條目來看，王的演說顯然和啟蒙的大方向一致，也讓我們看清新式警察在開啟自身及一般人民民智的工作上所做的努力。

h、革命宣傳

　　革命黨的宣傳，最爲人注目的當然是透過報刊、宣傳作品所傳佈的煽動性文字。相較之下，公開演說冒著立即可見的危險，自不宜輕率爲之。但即使在這樣不利的條件下，我們還是可以透過一些案例，了解鼓吹革命的演說如何進行，發生了什麼樣的作用。

　　鄒容的〈革命軍〉，以燎原野火般的文字，爲革命宣傳立下了里程碑。而他驟雨狂颷似的短暫生命，更爲這件激烈昂揚的作品憑添了無數浪漫、悲壯和傳奇的色彩。也難怪甫經問世，立即「不脛而走」。孫中山爲之大力鼓吹，1904年首先在舊金山刊印了一萬多冊，寄贈全美華僑。在國內，更是被大量翻印，深入內地，以致武漢等地，「軍學界凡屬同情革命的人，幾乎人手一冊」。有的學者且認爲這本書的銷售量，占清末書刊的第一位。[26]

　　以其人其書的傳奇性和普及性而言，〈革命軍〉會流傳到妓院

[25]　大公報，1905, 6, 7。
[26]　林增平、肖致治、馮祖貽、劉望齡等人主編，辛亥革命史，上冊，（北京，1980），頁 445-446。

裏，也就不是什麼不可思議的新聞了。這段插曲的主角是安徽休寧縣的一名副貢。副貢乃邑中巨富，好賭貪杯。1903 年多天，他從上海買了幾百部〈革命軍〉帶回休寧，四處傳播，「一時附和之者，不下百人」。有一天，有錢的副貢帶著〈革命軍〉到妓寮爲妓女演說，正講到「奴才好一曲」，忽然下人來報，說縣署某師爺到。有幸聆聽救國之道的妓女連忙勸副貢停一停，但這位有錢的大爺正講到興頭上，不但不停，反而越說越激動，越說越慷慨。師爺在旁邊偷聽了好一陣子，然後回署報告縣令。整個事件後來經過一番周折，才在有力人士的斡旋下消案。[207] 這個故事雖然頗富戲劇性，卻不會讓人特別覺得突兀。畢竟，在「開民智」的口號喊得震天價響，全天津的妓院老鴇、掌班傾巢出動，「少長咸集，羣芳畢至」地洗耳恭聽長官演說從良之道的時代氣候下，再添一段志士縱情不忘救國，放言高論於青樓諸妓之席的佳話，更會讓我們覺得這是一個不同凡俗的時代。

不過革命僅靠佳話的襯托是不夠的，宣傳工作必需做得更廣闊也更紮實。革命黨對此無疑有深刻的認識。除了報紙、雜誌和〈革命軍〉等小册子式的文字宣傳外，[208] 他們對演說的重要性也很早就注意到。在1911年黃花岡之役中擔任總指揮的趙聲，在1903年發表了「歌保國」一文，透過淺顯的歌詞鼓吹革命思想。在這篇不到一千字的唱本中，趙聲討論到如何組織羣眾，共同爲革命效力。除了開學堂、普及教育外，他還主張四處演說，務期「說得人人都膽壯，民智漸開民氣昌」。[209] 在理論上，趙聲有關演說的重要性的議論也許簡略不成系

[207]　警鐘日報，1904, 4, 22。

[208]　關於同盟會時期，國民黨宣傳手法的概要，可參考鄒魯，中國國民黨黨史稿，第二篇，（臺北，商務，1965），頁 459-513。

[209]　趙聲，歌保國，收於揚州師範學院歷史系編，辛亥革命江蘇地區史料，（江蘇人民出版社，1961），頁95。

統；但在實踐上，他卻是一位積極勇敢的開先鋒者。1904年4月，上海、北京等地掀起羣眾性的拒俄運動。在趙聲的推動、組織下，南京各學堂師生及羣眾數千人，在雞鳴寺北極閣集會，聲討帝俄的侵略罪行。趙聲登臺演說，「假拒俄事，極論革命」。他痛斥清廷禍國殃民，對聽眾曉以民族大義，認爲非竭力推翻封建專制，就無以救中國。聽眾感動涕流，義憤塡膺。趙聲的聲名也因爲這次「北極閣演說」，而遠播蘇、皖、湘、鄂諸省。[29]

　　但趙聲更大的貢獻，是首先注意到在軍隊中從事宣傳的重要性。論者認爲他是「革命黨領袖當中最早重視新軍的力量，最早開展對新軍工作的人；他是最早投軍，在新軍中活動時間最長的人，也是運動新軍成績最著，經驗豐富，運動新軍起義次數最多的人。」[30] 1903年，趙聲開始在新軍士兵中進行反清革命的鼓動工作，開風氣之先。1904年，他又親自投身軍隊策動起義。[32] 他在軍隊中進行宣傳的手法，第一是辦閱書報社，「期擴充兵士世界知識」。這種作法，在革命黨的組織中相當普遍，也讓我們更進一步了解到閱書報社之類的組織，在清末下層社會啟蒙運動中扮演的角色。他除了把革命書刊和宣傳小册子分發給士兵閱讀，並且「親爲講解」，這也多少讓我們想到講報的作法。

　　更進一步，他則利用各種機會對士兵發表演說。1905年，趙加入廣西的軍隊。廣西本是太平天國起事的發源地，趙聲就利用太平軍在廣西的故事向士兵演講，鼓勵兵士和當地人效法洪秀全，起而滅清，

---

[29]　肖夢龍、戴志恭，「傑出的資產階級民主革命家趙聲」，收於一次反封建的偉大實踐，頁439。

[31]　宋婕，「論趙聲」，收於江蘇省歷史學會編的一次反封建的偉大實踐，（江蘇人民出版社，1983），頁431。

[32]　同上，頁424。

「廣西志士無不聞風興起。」⑳ 而在南京，他也常常利用假日，率領兵士遊明孝陵，指明太祖像演說元、明興亡史。由元明的興亡又往往談到今日祖國危殆的情勢。講到傷心處，輒放聲大哭，部屬也感憤落淚，「皆知祖國之仇，憎滿族竊據，切齒攘臂，誓以死從。」㉓ 南京的兵士顯然也聽過趙聲講太平天國事，一日怒從中來，把明孝陵湖後供奉曾國藩的神廟和曾的畫像，一把火燒掉。㉕

演說的最大效果，在能喚起聽眾立即直接的反應。說不盡的傷心事，自然有賺不完的傷心淚。戲園內、寺廟前一般民眾的淚水也許喚起了一時的同胞之情，和憂時感國的民族意識、愛國情操。但士兵們的放聲痛哭，卻為帝國去日無多的命運，敲起了一聲急似一聲的喪鐘輓歌。

和趙聲一起在1909年、1910年負責廣東新軍工作的倪映典，則以「講古仔」的方式，在軍隊裏宣傳革命。倪和軍中的同盟會同志鍾德貽合作，先由倪把洪秀全演義和其他愛國故事交給鍾，再由鍾從這些資料中選出洪秀全、岳飛、韓世忠和滿清入關、揚州十日、嘉定三屠、兩王入粵殺民眾等故事，共編成三十多章，每次演講一章。這種所謂的「講古仔」，開始時每周講兩次，以後每周講一次，由倪映典和官長中的同盟會志士主持。

當時各標營的高級幹部在晚飯後，就駕馬車回到城裏各人家中，剩下的只有隊、排的軍官。倪映典這時是廣東新軍砲兵營右隊二排排長，他就常常利用這種長官回家的機會，帶隊下的士兵到營外散步，然後開始「講古仔」，趁此宣傳革命。倪映典因不懂廣州話，就選派

㉓　宋婧，前引文，頁 429；肖夢龍、戴志恭，前引文，頁 441。
㉔　肖夢龍、戴志恭，前引文，頁 442；宋婧，前引文，頁 429。
㉕　肖夢龍、戴志恭，前引文，頁 443。

忠實的同志或代表用廣州話來傳達他的意思。開始時，倪只向自己隊
裏的目兵講述，可是不到十天的功夫，砲兵二營全營及一營全營的目
兵都聞風而至。接著，工程營、輜重營和一標各營的目兵，也都不請
自來。倪映典恐怕樹大招風，於是改變方式，先向各營隊的代表講
述，再由各代表向各目兵傳達。這樣宣傳了三幾個月後，倪覺得時機
成熟，就開始吸收士兵加入同盟會，並收到良好的成效。[58]

倪映典在1910年廣州新軍之役中不幸中砲而死。[59]但他的作法卻
樹立了一個夙昔不遠的典型。1911年當革命黨正在為黃花岡的起事戰
戰兢兢，縝密籌畫之際，我們又看到另一個勇不畏死的排長，明目張
膽地宣傳革命。這位不讓倪映典專美於前的新軍排長叫李濟民。李在
授課時，往往借題發揮革命，毫無顧忌。一旦察覺到班中的士兵有激
昂反應時，他就像分發講義一樣，從口袋中掏出加盟革命的單子分
發全班。有時則藉野操之名，帶兵士到白雲山或幽避處，圍坐演講革
命。李的大膽果然得到回報，他班上的兵士，沒有一個不加入革命黨
的，即使他同標的軍士入盟者，也為全軍之冠。[60]

在爆發革命第一槍的湖北，也早有人在軍隊中散佈革命思想。畢
竟，革命是殺人流血的事業，從軍隊下手，才能收到立竿見影的功
效。湖北的黨人張難先、胡瑛等人認為革命非運動軍隊不可；運動軍
隊，非親身加入行伍不可，所以兩人決定投身湖北陸軍第八鎮的工程
營，從士兵做起。兩人在軍隊裏，「日說士兵」，並散發〈猛回頭〉、
〈孫逸仙〉、〈革命軍〉、〈黃帝魂〉等書。常常在吃完飯後，在操
場斜集一些士兵，向他們講說各種排滿、革命的故事。特別是胡瑛，

[58] 以上見莫昌藩、鍾德貽、羅宗堂合著「1910年廣東新軍革命紀實」，收於存萃學
社，周康燮主編的辛亥革命資料彙編，（香港，大東，1980），頁 104-105。
[59] 鄒魯，前引書，頁 781。
[60] 曹亞伯，武昌革命真史，上，（上海，1982），頁 289。

年少英挺，又善說辭，「聞者莫不感動」。 張、 胡等人後來還進一步，聯合了軍中和學界同情革命的人，組織了「科學補習所」，擴大活動。㉙

另外一個在湖北設立的革命機關「日知會」，在藉演說宣揚革命思想上，也有相當突出的表現。「日知會」原是美國基督教聖公會會長，一個叫黃吉亭的牧師1901年在武昌創設。「日知會」實際上是聖公會附設的閱報室，最初的目的在開民智。㉚沒有多久，黃被調往長沙設立另一所聖公會會堂，並於1903年在長沙也設立了「日知會」。而在武昌的聖公會和「日知會」則交由胡蘭亭主持。㉛1904年10月，「科學補習所」遭清廷查封，其中一個叫劉靜庵的為避風聲，就匿居到聖公會裏。1905年，在另一位教徒曹亞伯的介紹下，胡蘭亭委託劉靜庵負責管理「日知會」的書報。從此，「日知會」成為革命黨員的另一個據點。 而曹、 劉等人也在會內會外利用各種機會向一般人演說。譬如曹在 1905 年就在江西的吉安府向民眾演說，並散播〈猛回頭〉、〈警世鐘〉等書。 經過南昌時， 又在郭人漳辦的隨營學堂演說。這年秋天，曹亞伯到長沙，每天按時到西長街循道會的福音堂演說，目的都在「促革命之成功」。㉜卽使在這年秋天，黃克強領導的長沙起義失敗後，長沙街頭一片風聲鶴唳中，照曹亞伯自己的說法，他還是「每日仍於禮拜堂開門演說之時，宣布滿清入關滅我漢人之罪惡，實為上帝所不許。」㉝基督教與革命的關係，從這些地方可以窺

㉙ 張難先，「科學補習所始末」，收於辛亥革命（一），中國史學會主編，（上海人民出版社，1957），頁 547。

㉚ 范鴻勛，「日知會」，收於辛亥首義回憶錄，第一輯，（湖北人民出版社，1979），頁83，註②；張難先，「日知會始末」，收於辛亥革命（一），頁555。

㉛ 范鴻勛，同前。

㉜ 曹亞伯，前引書，自敍，頁 4-5。

㉝ 曹亞伯，前引書，頁5。

知一二。

　　劉靜庵也積極地利用「日知會」傳播革命。他每星期天都在「日知會」開演說會一次。名義上是傳教，實際是提倡革命。聽眾人數常常在千人以上。[264] 另一則記載說他除了組織「日知會」，印刷大量革命宣傳品散發湖北各地，還分赴渡口、茶肆，演說革命道理。[265] 同屬日知會的吳貢三、殷子衡則經常攜帶鼓吹革命的書籍和傳單，到黃岡縣的鄉間，有時也到大冶、鄂城去散發。在散發刊物時，他們隨時利用機會演說清朝如何專制殘暴，腐化無能，漢人應該起義革命，推翻清廷的統治。為了激發羣眾的愛國熱情，鼓勵他們參加革命，他們也向羣眾宣講「揚州十日」和「嘉定三屠」的故事。[266] 此外，在1905到1906年間，「日知會」還開過許多次不定期的講演會，有時放電影，有時「作物理、化學的試驗」。對這些活動的詳情，我們不得而知，也不知道這一類所謂的「文化活動」，是否只停留在介紹新知的層次上。我們可以確知的是，經常參與上述「文化活動」的文華書院（聖公會附設的一個中等學校）教師張純一，常常利用星期天的下午舉辦演講會。這些講演會的性質就明確多了。演講通常從下午開始，每每延長到初夜。到會的人數，也逐漸增多。演說的內容，最初還只是說明時勢，暗示有革命的必要。到後來就乾脆打開天窗，直接宣傳革命。講到激昂處，又是聲淚俱下，臺下的人也深為吸引。講演的內容輾轉傳播到軍隊和學校中，不免走露風聲，受到官吏的注視。所以這種激烈的演說活動後來就漸漸減少。[267]

㉖　熊秉坤，「辛亥首義工程營發難概述」，收於辛亥首義回憶錄，第一輯，頁19。
㉖　‧次反封建的偉大實踐，頁91。
㉖　程起陸，「日知會在黃岡的活動」，收於辛亥革命回憶錄（二），（北京，文史資料出版社，1981），頁76。
㉖　范鴻勛，前引文，頁80。

　　在這個危亡動盪的時代中，愛國思想常常激發出年輕人或知識份子浪漫、眞誠的理想，也塑造出許多特立獨行的志士。張純一是一個相當典型的例子。同盟會在東京成立後，有人勸張加入，張回答道：「革命在精神，不在形跡。凡眞能愛國愛民之事，吾必生死以之，決不退怯。」㊲ 他在「日知會」的演講，就顯示了這種生死以之的決心與勇氣。1906年底，「日知會」爲清廷偵破後，張純一因爲往漢口親戚家奔喪而逃過一刧。此後，他潛跡於漢口下游建築隄防的路工中。一方面和余日章等人預備呈詞，請美國公使在清廷外務部爲劉靜庵等人說項，一方面則向工人展開機會教育。他覺得旣然做了工人，就要有工人的模樣，一次在運米時，路爲水淹，張就脫去長衫，肩囊赤足而行。這種做法，一方面顯示他有意打破士大夫虛憍的氣息，一方面也有助於他與路工的接觸。在工作之暇，他常常集合工人，向他們「講個人社會衛生事。且講中國亟應改革一切之理由，聽者莫不詡詡欲動」。㊳ 張氏可以說眞正做到了「革命在精神，不在形跡」的自況之辭，以行動爲他所謂「愛國愛民之事」做了最佳註腳。

　　前文在討論宣講、演說時，曾提到一些配合幻燈的例子。革命黨也很早就對這項有力的工具加以利用。1903年，一批留日的湖北學生在上海組織了一間「昌明公司」，做爲通訊、聯絡、宣傳的組織。後來他們又在武漢設立分所。「昌明公司」曾經花了兩千元購買幻燈機片，運往武漢放演。通常放演時由一個叫耿覲文的黨人說明圖片內容，有時也參揷演講。吳祿貞、劉伯剛、金華祝、余德元等人是經常負責講演的同志。「凡片中涉及世界民族運動與被壓迫情事」，議員必定加油添醋，盡量發揮。後來這套片子又運到其他各處放演，「往

㊲　曹亞伯，前引書，頁 142。
㊳　曹亞伯，前引書，頁 144。

觀者甚眾，於激發思潮，亦頗有效。」[270]

　　革命的熱情，常常使人「明知山有虎，偏向虎山行」，而忽略了自身的安危。1906年，浙江金華一個龍華會員曹阿狗，四出公開演說〈猛回頭〉。阿狗不久被捕，處以極刑。金華知府並出告示嚴禁〈猛回頭〉一書，謂「閱者殺無赦，以阿狗為例。」[271] 但革命的趨勢已不能挽回，再多的恫嚇也阻擋不了人們為自己的信念獻身。1911年，清遠縣聽說有兩個叫馮國威、李榮的亂黨「到處演說，搖惑人心」，乃派人巡捕，在一個叫三坑的地方逮到了馮的同夥胡天華。根據縣令送省的報告中，我們知道胡在被迫招供入黨誓詞時，「侃侃毫無忌畏」。而在胡天華被捕後，「附近男女聚集，多人咸謂胡天華係屬良民，官軍不應妄拿」。清遠知縣認為這些男女都是受到馮等人的煽惑，才會有這樣的看法。[272] 這個例子，讓我們看出革命黨人的演說如何深入內地，打動一般男女的心理。

　　1911年，武昌起義後，革命軍總算正式取得一席之地。但在革命向其他各地擴散之際，局勢常常是撲朔迷離。謠言蜂起，人心惶惶，誰也不知道最後天下終叛誰手。在這種情勢混淆不清，民眾游移搖蕩，不知何去何從的時刻，宣傳往往有左右大局的力量。「沙市演說會」和湖北荊州光復間的關係，是一個很好的例證。根據一項記載，十月初，革命黨尚未抵達荊州沙市時，「荊沙人民，妻啼子泣，晝夜驚惶」。十月初七夜，相傳滿洲兵將入城報復，沙市人民大恐，「遷徙不絕，流離載道，或溺於江中，或被劫於鄉間。種種狀況，慘不忍睹。」[273]

---

[270] 李廉方，「武昌起義前之革命團體」，收於熊守暉編，辛亥武昌首義史編（上），（臺北，中華，1971），頁 127-128。
[271] 辛亥革命史，上冊，頁 455。
[272] 大公報，1911，8，18。
[273] 見「沙市演說會鼓吹革命助成荊州光復節略」一文，收於武昌起義檔案資料選編，中卷（湖北人民出版社·1984），頁 133。

在這個混亂的當頭，一個叫涂涪垣的邀集了十幾位同志，合辦「沙市演說會」。每天從上午十一點起到下午四點，會員輪流出動，或是借用戲團，或是借用會館，演說革命排滿的因由與革命的現勢。他們「歷演民軍之如何文明，如何精悍。並飾言各省次第光復，大兵源源相繼；及演滅漢八策，揚州嘉定屠城等記，以講明亟宜推翻滿人之理由。」聽講的人據說每天有兩萬多人，「鼓掌者有之，泣淚者有之」。會場並備置了剪髮器具，給人民一個決志的機會。而當場剪髮的每天也總有百餘人。最後這篇在 1912 年寫的報導，並對演說的效力及其與荊州光復的關係，加以追述：「鼓吹上等，則恃乎報紙，鼓吹中流及下等，則演說其最有力者也。迨後湖、鄂兩軍圍攻荊州，人民之心理必欲得而甘心，尚何遷徙逃避之有？皆緣演說之功。是故光復荊州，不待城破而滿人遂降，雖云兵勝，實則人民之氣有以勝之也。」[274]滿人最後不戰而降，是因大勢已去；而對這股大勢的醞釀成形和走向，演說宣傳實起著催長左右的力量。

Ｉ、其他

有些演說，我們並不確知其內容，但它們各自以不同的方式，為演說開民智的風氣作出見證，讓我們可以從更多的角度去了解這個運動的諸多面相。

1907 年初，位在天津英租界的「鑄新學社」在報上刊登廣告，招攬聽眾。根據他們的說法，學社同仁為了「灌輸文明，知識普及起見」，每個禮拜天都舉辦演說會，邀請天津的大演說家擔任演說。[275]

---

[274] 同上，頁 134。
[275] 大公報，1907, 1, 7。

而在北京內城西華門內，有一所什庫北教堂。1909年，教堂負責人延聘王子珍幫辦一切教規，並充當教堂的演員，「以備開通愚智」。[276] 另外，蘇州官紳汪子階、林伯倫等人因曾隨使英、法、義、比等國，對各國演說會的組織、貢獻有切身了解，特地在1905年在蘇州各城門設立演說會，聘請有志開民智的生員演講。[277] 上海學界的一些士紳為了「開通下流社會」，特別組織了一所「通俗教育社」，派人赴內地演說，並特別購置了一臺「電光活動寫真」機，配合演講，放映幻燈片。[278]

這些是在大城市演說的例子。在遙遠的四川華陽縣，我們則看到不同的情形。華陽縣雖然號稱成都首善之區，但以當時的標準而言，卻是「風氣尚未大開」。原因在距縣城三十里一個叫龍潭寺的地方，在1902年還出現過拳亂。當地縉紳則除了讀八股、吸鴉片外，毫不受新風氣的影響。但到1903年，卻「風氣大變」，原因是當地的學生在跟小學堂教師徐子修讀了半年書後，受到啟迪。暑假回家時，就在龍潭寺向當地居民大開演說，「頑民竟聞而樂之，漸漸開化。」[279]

廣州的農工商會閱書報處在光緒三十年時，本來常常舉辦演說活動。十二月中因故停止後，一直到第二年的二月初還沒有動靜。地方上的志士一方面按耐不住，一方面又覺得該處的演說「囿於一隅，未能普及」，所以聯合了一些同志另外組織了一個演說會。他們每天手持喇叭，沿途號眾，在城廂內外選擇寬闊處所，開壇演說。一處講完，再換另一個地方。講了幾天後，並決定往花街所在的黃大仙祠進軍。[280] 我們不知道這一次隊伍到了黃大仙祠後，是否曾向掌班、妓女放言高論，但他們力謀普及演說的意思，卻清晰可見。

⑳ 順天時報，1909, 4, 11。
⑳ 申報，1905, 5, 6，頁47。
⑳ 申報，1907, 4, 27，頁666。
⑳ 大公報，1903, 10, 27。
⑳ 同上，1905, 3, 7。

留日學生張崧雲等人到廣東鄉下的一連串演講，尤其容易讓我們看出演說的戲劇性效果。1904年中，張崧雲等人應友人邀請，前往沙頭鄉演說，並順道往九江、河清及順德、龍江等處，按日講演。張在沙頭社學演說時，聽眾「幾及千人，座中多有泣下者」。大概因爲張講得太動聽了，第二天，鄉中一些農民請他再講一次，而農民也非常捧場，「感泣如初」。鄉裏有一位思想前進的女士，曾經集資創立了一家女閱書報社。這位女士聽到張崧雲的大名，當天夜裏請他又趕了一場。這天晚上和張崧雲一起講的還有一個叫王亦鶴的。王對家庭教育的重要，慷慨陳辭，而家庭教育又和女學不可分。講到女學，王很自然地談到纏足這個話題。王亦鶴顯然也是能言善道之人，當他講到纏足之害時，「聽者泣不可抑，卽晚放足者凡七人」。

在沙頭講完後，一行人趕到九江，在小學堂演講。會場上有個商人曾去過紐約，也許因爲當天的講題和民族、愛國有關，這名商人也慨然登座，現身說法，講述在美國被洋人壓制的慘況。聲淚俱下自是題中應有之義。最後商人語重心長的強調，以中國的處境，不可輕言排外，但也不能不爲排外的結果預作準備。只要民心士氣能夠振作，外人自不敢輕侮。報導這則新聞的人說：「聽者始而憤怒，繼而感泣，終乃鼓掌」。[28] 從當時的環境及我們看過的各種例子下來看，這些記敍應該不是誇張之辭。

第三節　結　　語

傳統的宣講有諸多弊病，我們已經約略討論過。清末十年在開民智的風潮下，先由私人，繼由官方設立了許多宣講處所。其中特別由

---

[28] 警鐘日報，1904, 8, 23。

官方設立的，有不少是虛應故事，官樣文章。整體說來，這個時期的宣講至少有兩個缺點：一是有不少地方，吸引不了聽眾；一是多半的宣講處所不對女性開放。譬如黑龍江的滿洲里在 1908 年 10 月，組織了一處宣講所，一切費用由三、五商家捐助。宣講人員包括了交涉局的總理和稅關委員，還有一兩位熱心的志士。剛開始時，還有一些「下等社會中人」來聽。但雙方顯然有一些溝通的問題（或者是語文，或者是素材），以致「講者自講，而聽者不過藉此為歇足之地」。過不了多久，連這些歇腳的人也不來了，「每逢開講，竟至無人問津。」㉒

直隸大興縣令遵照順天府的飭令，於 1909 年初在四鄉設立宣講所。前後在東垻及黃村等處一共設了四區，但聽講者都寥寥無幾。㉓即使在首善之區的北京，有時也會出現門可羅雀的局面。像京師督學局於 1907 年，在外城西分廳的資善堂開了一間宣講所，但因地勢偏僻，一直乏人問津。㉔

宣講所的目的雖在開民智，但對男女之防的傳統禁忌，卻多半不覺得有必要加以開通。湖北漢陽縣縣令，在1908年擬定了一個章程，準備在城廂內外開辦四區宣講所，演說世界大勢。在原來的章程中，本有逢四九之期，准許女子入內聽講的規定。但提學司卻以「女學尚未發達，恐有無知愚民藉此造言生事，轉礙風氣」為由，加以刪除。㉕即使在北京，官方設立的第一處宣講所——設於「廣德茶園」的「第一宣講所」——也從開頭就不准婦女進入。㉖

清末知識階層所主導的改革思想與行動中，爭取女權無疑是要目

㉒　大公報，1908, 10, 31。
㉓　同上，1909, 1, 31。
㉔　同上，1907, 2, 23。
㉕　同上，1908, 10, 29。
㉖　順天時報，1906, 10, 19。

之一。從反纏足、興女學、提倡婚姻自主到爭取婦女的獨立人格，都顯示婦女的權益逐漸受到重視，女性的地位也日漸提高。但一、兩千年來蘊育積累下來的等差、尊卑等觀念和習俗，卻已經深入思維、感覺的最底層，不知要多少激烈的震盪、剖翻，才能將人心從這種桎梏中解放出來。對「下層社會」的人民來說，這種解放的過程尤其艱難。畢竟經過千百年不知不覺的宣導、演練，這些觀念、習俗早已成爲日常生活中不可分割的一部分，一切都顯得如此自然而天經地義。習慣、傳統再加上教育的缺乏，使他們很難跳出這套已經成爲「文化霸權」的道德、價值體系，從另外一個視野對想當然爾的生活、事實重新加以反省，提出批判。了解到這一點，我們就不難理解官僚階層的考慮並非沒有道理。宣講的目的在開民智，但如果在像男女之防一類的根本禁忌上衝撞地過於迅速、激烈，往往會引起民眾強烈的反彈，而使其他的改革意圖、措施一併受到扼斥。

　　宣講處所成爲下層社會歇腳、聚會、休息的所在，也不是什麼新鮮事，十九世紀外國人的記述中，已經有類似的報導。[20]至於地處偏僻而乏人問津的案例，也絲毫不讓人訝異。這些例子讓我們更清楚了解到宣講在地域上的限制。但重要的是，在種種限制、種種失敗的例證之外，我們看到更多此起彼落，收到一定成效的據點慢慢擴散。在一個個鮮活具體的個例中，我們體察出一股眞誠的動力，將個別的努力匯集成一股趨勢。

　　前面曾經對宣講、演說的異同有所探討。這裏我打算把講報、宣講與演說放在「口語啟蒙」這個大範疇下，作綜合的評估。不過在此之前，我願再舉幾個小故事，爲所謂的風潮、運動添加一些骨肉、肌血。

---

[20]　Victor Mair, 前引文，頁353-354。

　　1905年底左右，天津幾個宣講所有鑒於中國的國債問題，對國家的改革富強構成嚴重阻礙，因而發起國民捐運動。剛開始時，捐錢者多半是「編戶小民」，而「絕無富貴顯赫之人」，捐的錢也都是「零星小數」。慢慢的才有朝廷的命官、公卿慷慨解囊。[28] 這則報導很概括地點出了下層社會啟蒙運動的一些效果。那麼誰又是這些「編戶小民」呢？直隸棗強縣宅城村一個叫王玉存的，是一個有名有姓的好例證。王玉存是農人子弟，家裏種了二十多畝薄田，剛好夠餬口。1906年，王聽說城裏開了一間閱報室，就天天跑到城裏聽講。聽了一陣子，頗有所感。回家和家人商議，決定把一畝六分的地變賣，一共賣了二十串錢，王親自跑到天津的戶部銀行捐作國民捐。[29]

　　當然，我們絕對不能奢望許許多多連餬口都做不到的農民，像王玉存一樣做出這種看起來近乎衝動的決定。但在這個時代，吃飽後「衝動」一下的作法，顯然並不是什麼異常之舉。畢竟這是一個已經開始躍動的社會和時代。順天府薊州一地，有個叫盧菊莊的孝廉，每到有集市的時候，就一定到講報所苦口婆心地勸人捐納國民捐。有一天他正對著合座幾十個聽眾開講的時候，突然有一個叫王福堂的鞋匠，手裏提著二十吊錢，當眾捐給盧孝廉。[30]

　　不僅一般升斗小民有所反應，一向受到賤視的戲曲演員也不例外。事實上，從前文的敍述中，我們已經可以看出，不但知識階層要求對戲曲和演員的重要性重新評價，戲曲演員自身也積極參與各項公益事務。他們的努力一方面固然有提升自我形象的意圖，一方面也未嘗不是因為真正受到時代風氣的感染。北京一個叫做郭寶臣（小元紅）的

　　[28]　大公報，1906, 3, 4。
　　[29]　同上，1905, 10, 22。
　　[30]　同上，1905, 11, 1。

伶人，就是看到一般人踴躍輸捐的景況，心有所感，大手一揮，捐出了一百兩國民捐。同業楊朵曲、楊小朵、楊幼朵父子叔姪三人，又輾轉被小元紅所感動，合捐了大洋一百元。[⑳]

1907年的江北賑災活動能够激發下層人民的同情心，更不讓人有絲毫意外。天津寶和軒「藝善會」的一次賑災活動上，就演出過一場「救人者人亦救之」，眾人感動成一團的救國救民現實倫理精彩小戲。活動開始時，一如往常，先有幾場曲藝表演，接下來由英斂之上臺演說。講完收捐款之際，突然從門外衝進來兩個丐婦，其中一人手上還抱著一個小孩子。兩個婦人進得門來，話說緣起。原來前幾天聽到寶和軒要爲江北災民舉辦賑災演藝會，兩婦人心想自己雖也是無食無衣之輩，靠行乞度日，但在天津車水馬龍、人煙雜遝之地，每天總算還能討到足够的錢糧，溫飽無虞。而從別人傳說出來的江北災民的慘狀，比起自己的處境，則是天上人間，兩番世界。所以特別把當天在街上討到的四十九枚銅元捐出來，希望主事者不嫌微小，附充賑捐。在座的客人見了這般景像，不覺也動了眞情。細問婦人的姓氏，一叫李氏，一喚門氏，其中一人的姑姑是盲婦，也同意這次的捐款之舉。打聽清楚後，兩名客人各贈丐婦一元，其他客人也紛紛掏出銅錢相贈。報導這則消息的記者提到，前幾天才有一個叫宋五的盲人也捐了一些錢。短短幾天內，接連有這幾個貧弱殘障，生活在社會底層的人，憑著不忍見死不救的不忍人之心，暫時忘卻了自身的利害，拔刀相助，也難怪這名記者對上層社會的麻木不仁冷嘲熱諷一番了！[㉒]

也許因爲對人生的苦難有更切膚的感受，小人物「物傷其類」的情懷常常顯得更直接而強烈。1907年2月底，北京志士在白雲觀辦的

---

⑳ 同上，1905, 10, 22。

㉒ 同上，1907, 3, 13。

江北賑災義會上，也可以看到類似的故事。賑災會的第一天，狂風呼嘯，遊人稀少。但是熱心的志士不懼風寒，全體到場演說災民慘狀。西式的風琴、歌唱表演，配合演說，足足進行了三個小時。場中一半的人是貧寒小販。這些人本來是要趁機賺幾個蠅頭小利，但聽完演說，不少人生意大概沒做成，倒平白捐出了一、兩枚銅元。一個在場守望的巡兵捐了銅元十枚。另外一個乞丐也略盡棉薄，捐出大錢三文。㉓

　　見微未必知著，小揷曲也不一定能反映出大時代。如果這幾個故事僅是孤立的案例，那也僅能止於感人的小故事的層次，而無法燭照整個世代。但我們細加分析，可以看出這些農人、小販、兵士、贅婦、乞丐捐錢的原因，是因爲他們或者直接聽到講報、演說，或者間接從他人口中得知消息。新的媒介、管道使這些小人物的故事和時代的主軸聯在一起。本章的整個敍述，我相信已充分證明講報、宣講、演說在量次上，已經多到我們不能否認它們已形成了一個有意義的運動的程度。每次演說，每個講報、宣講處所，都吸引了幾十乃至千百個聽衆。這些散布在各個角落裏的不知名的羣衆，往往隨著講者的說辭而激動、喝采、落淚。啓蒙的聲浪在城市、街頭、寺院、戲園、茶館、山野乃至村落，此起彼落。這批在末世與新生間奔走呼號的啓蒙者，以宣道士般熱狂的吶喊，傾洩出世紀初中國知識階層的夢魘、希望、悸懼、理想。走向新生的救贖之道，明晰可見，但他們希望所寄的人民卻活在一個聾瞽瘖啞的世界。正因爲如此，這些啓蒙者的嘶喊聽起來格外高亢激越。從傳統鑼鼓喧天的戲曲舞臺上，獲取大多數歷史知識、道德條目、價值標準的「愚夫愚婦」，顯然對這些高亢激越、嘶喊嘈雜的聲浪，以及聲淚俱下的「表演」形式相當熟悉（更何況，這嘶喊嘈雜的「新聲」中偶爾還響起齊鳴的鑼鼓）。聲浪後的訊

㉓　大公報，1907, 3, 4。

息也許是陌生的，但數說不完的悲慘情節（從鴉片戰爭，從滿清入關，從綱常名教確立的宋代、漢代，這古老的帝國留下了多少悲傷的回憶，讓新世紀的志士去數說呢），卻同樣令人喟然而歎，乃至潸然淚下。這樣看來，新時代的故事能引起羣眾的共鳴，在他們心頭留下點點的漣漪，也就不讓人驚訝了！宅城村的農家子弟王玉存，順天府薊州的鞋匠王福堂，北京鞫部的小元紅，寶和軒的丐婦，白雲觀前的小販、巡兵，不過是這些廣大的無名羣眾中，面貌比較清晰的幾個寫照罷了。

　　1907 年的賑災是突發事件，國民捐的勸募則進行了比較長的時間。評估二者成效最簡單的標準，當然是募款的多寡與捐錢者的身份。就前者而言，我們沒有最後的統計數字，結果不得而知。就後者而言，國民捐的捐款者，前述報導已指出多係「編戶小民」；江北水災我們也有不少下層社會捐款的記錄。但二者的效果顯然不僅於此，也不能僅由款項的多寡來判斷。就賑災而言，演說者不僅訴諸人的同情心，也訴諸同胞愛和民族情感。國民捐則更明顯的以國族的危亡興衰和愛國心作論證的基旨。這種心理的再建設和新觀念的灌輸，才是啟蒙運動最重要的課題。

　　戒煙和反纏足的宣傳及推展，也同樣彰顯出啟蒙運動的基本命意。從歷史學者的後見之明，我們知道這兩個運動最後都取得輝煌的成就。經過二、三十年的時間，不僅鴉片的種植面積快速萎縮；在人的意識中，鴉片吸食更成為道德、法律上的大惡。我們當然知道，在軍閥割據時期，鴉片的種植面積又再度躍昇。最近的研究更指出，即使在共產黨奉為「聖地」的延安，也有種植、買賣鴉片的記錄。⑳可

⑳　參見陳永發，「紅太陽下的罌粟花：鴉片貿易與延安模式」，新史學，第一卷，第四期，（臺北，1990），頁 41-117。

見在戰亂頻仍的中國，要鴉片完全絕跡不是件容易的事。但重要的是，鴉片已經被視為罪惡、墮落、病態的象徵，和小腳一樣，成為代表舊中國封建、黑暗、陰腐的圖騰。這種意念、形象的形成，顯然和清末大規模的宣傳有關。五四時期對傳統的猛烈抨擊代表了一個新時代的開端，但如果僅就戒煙、天足而言，1900年代的宣傳和實踐，實在是新、舊中國的真正轉捩點。

　　1900年代的禁煙運動，是二十世紀上半葉中國禁煙運動的第一個高潮，也是一個重要的開始。其重要性不僅在於鴉片產量和吸煙人口的大幅消減（Mary Wright 認為到 1911 年清室覆亡為止，中國種植的鴉片面積，已減少了百分之八十），⑳禁煙宣傳的論證也同樣值得重視。和反纏足一樣，禁煙的第一個理由是為了個人的健康。而在嚴復所傳播的社會有機論及社會達爾文主義的影響下，個人的健康已不僅是個人的問題，還牽連到整個族羣、國家的存續與富強。和賑災、國民捐一樣，戒煙和反纏足運動同樣在傳播一套國家、民族的新觀念，以及做為國家一員的「國民」所應有的道德、義務——也就是梁啟超所謂的「新民」、「公德」（1905年的反美禁約運動除了更強烈地標舉出國家思想、民族意識、國民的道德、義務這些主題外，也同時灌輸了反帝國主義的激情）。㉑很明顯地，在個別的事件、運動背

⑳　Mary Wright, China in Revolution，頁 14. Esherick 則認為 Wright 的估計過分樂觀。不過即使 Esherick 也同意整個運動推行得如火如荼、有聲有色；而清政府也顯現了重塑新形象的誠意。這在盛產鴉片的西南各省看得格外清楚。Joseph W. Esherick, Reform & Revolution in China: The 1911 Revolution in Hunan and Hubei, (University of California Press, 1976)，頁 109。有關清末禁煙運動的源起、經過和成效，可參考拙著，「清末的禁煙運動」，史原，第八期，（臺北，1978），頁161-193。
㉑　梁啟超對新民、公德的看法，見其〈新民說〉及〈新民說〉第五節「論公德」，收於新民叢報彙編續刊(一)，（臺灣大通，1969）。相關的分析見 Hao Chang, Liang Ch'i-ch'ao and Intellectual Transition in China, 1890-1907, (Cambridge, Harvard University Press, 1971), pp. 149-219。張朋園，梁啟超與清季革命，（臺北，1969），頁92-93。

後，清末的下層社會啟蒙運動不僅要「開民智」，還同時要「鼓民力」、「新民德」。戒煙、天足的第一個直接目標就是強健國民的體魄；賑災、國民捐則要灌輸新世紀的國民必備的公德。

而反纏足運動除了引進上述的觀念外，還進一步對婦女的地位、權益有所伸張。雖然類似的主張並不見於所有反纏足的演說、宣傳中，但至少在前進的知識份子，特別是婦女界的言論中，女權思想已經開始萌芽、傳播。天足運動的成效到 1920、30 年代已經可以明顯看出。對1900年代放足婦女的人數，我們無法估量。但這個中國近代史上最重大的社會運動之一的主要原動力，來自這個時期，確是毫無疑問。⑳

實業、蠶桑的推廣，背後的動機也是國家的富強。不過其實際成果，從我們掌握的資料中，很難推斷。學堂的建立，是清末新政的重點工作。但即使在對教育一向尊重的中國社會，新式學堂的建立，還是常常受到阻礙。所以像浙江桐鄉縣縣令等人積極向民眾進行宣導的作法，就格外顯得重要。

在攻擊迷信方面，義和團受到特別多的撻伐。其他的宗教信仰也受到批判、檢驗，但多半是用傳統「神道設教」的作法，「以子之矛，攻子之盾」。

啟蒙思想的出現，和救亡有密不可分的關係。革命則是救亡的途徑之一，只不過採取的是激進、訴諸武力的手段。組織與軍事行動雖然是革命成功與否的關鍵因素，宣傳的效果也不容忽視。在這一方面，革命黨的努力相當可觀。僅就演說而論，除了在軍隊中積極進行

---

⑳　一本有關近代中國反纏足運動的研究，也指出義和團之亂以後，反纏足運動達到一個新的高峰。到清末為止，天足的觀念在通都大邑已經建立。到國民政府成立以後，這個運動更有長足的進展。見林秋敏，近代中國的不纏足運動：1895-1937，（臺北，政治大學歷史研究所碩士論文，1990）。

外，對一般民眾也有相當的影響力。關於這一點，除了上述的實例外，我們必須把口耳相傳的效果也包括在內。事實上，在前述鼓吹講報、宣講和演說的議論中，就十分強調「一傳十，十傳百」的漣漪式效果（丐婦李、門氏輾轉聽到江北災民的慘狀及賑災活動，是一個實際的例證）。事實上，這正是口語傳播方式的主要特色。傳統民間文化的形成，主要靠的就是這種口語傳播。經由來往於城鎮、鄉村或鄉村與鄉村間的商販、行旅，宗教、儀式專家以及游唱藝人的傳播，知識、文化訊息從一地傳到一地。[208] 除此之外，不識字者的知識也可能是透過別人的講讀而來（這近乎講報而與演說有別）。Manchou 對十七、十八世紀法國大眾文化的研究中就指出，巡迴鄉村的書販往往帶來一些印刷簡陋而符合民眾品味的書籍。這些書籍又往往由鄉中少數識字的人，在非正式的晚間聚會中，當女人縫縫補補，男人敲敲打打（工具）之際，唸出來給村民聽。[209]

　　革命思想向鄉村或不識字者的傳播，也很可能採用類似的方法。事實上，我們知道像〈革命軍〉、〈警世鐘〉、〈猛回頭〉等以淺近文字寫出，甚至可以唱出的宣導小册，確實透過革命黨人向社會底層

---

[208] 關於口述傳統（oral tradition）傳播的一般問題，以及傳播的媒介，可參考 David Johnson 在 Popular Culture in Late Imperial China 中的文章，頁35-40，特別是頁39。Peter Burke 則對歐洲近代早期民間文化的傳播，有非常詳細的討論，見氏著Popular Culture in Early Modern Europe (Harper Torchbooks)，頁 92-107。

[209] 參見 Robert Darnton, "Recent Attempts to Creat a Social History of Ideas: In Search of the Enlightenment", Journal of Modern History, Vol. 43, no. 1 (March, 1971)，頁 124-127。另一項研究則指出從文藝復興時期以降，歐洲許多地方都可以發現這種對著眾人誦讀的現象。誦讀的範圍從消遣娛樂用的騎士、遊俠小說，烹飪之術，宗教書籍（特別是聖經）到官方文告，包羅甚廣。法國在大革命後，還有人專門發行以農民為對象的刊物，希望藉著公開誦讀（public reading)來教化一般民眾。見Philippe Ariès、Georges Duby、Roger Chartier等人編的A History of Private Life, III. Passions of the Renaissance (Harvard University Press, 1989)，譯者是 Arthur Goldhammer，頁 152-157。

傳播。一個叫梁鐘漢的同盟會會員，1906年從日本回國後，就結合同志翻印了〈猛回頭〉、〈警世鐘〉、〈嘉定三屠〉等作品，沿途散發。結果湖北各鄉村多有這類書籍四處流佈。[30] 同一時期，「日知會」一些會員也在離漢口百餘里的黃州，找了一個隱蔽處所，翻印〈革命軍〉、〈猛回頭〉、〈警世鐘〉等作品，然後大量輸入武漢各地，以致「軍、學界凡屬同情革命的人，幾乎人手一冊」。[31] 另一則記載則說：「各兵士每每讀〈猛回頭〉、〈警世鐘〉諸書，卽奉爲圭寶。……有時退伍，散至民間，則用爲歌本，遍行歌唱」。[32]

革命宣傳品如果可以用來歌唱，不識字的人就更容易吸收了。另一方面，宣傳刊物既然分佈得那麼廣，很容易就可以被粗識文字的人用來向不識字者講讀甚至教唱。而在茶樓、酒肆之間，這種口耳相傳，傳遞革命消息、思想的可能性也不容低估。

聽過革命宣傳的人，不一定就會以實際行動參與革命，但卻可能對革命黨宣傳的思想有所了解。這些議論雖然瀰漫著強烈的排滿氣息，但在狹隘的種族主義之後，革命黨要做的是向民眾灌輸中國過去屈辱的歷史，以期激發人民的民族情感和愛國心。這些仍然是啟蒙思想的主題。而對清廷的攻擊，實際上是對既存政治權威的攻擊，在本質上和歐洲啟蒙運動對教會權威的攻擊，並沒有什麼差異。

所以整體而論，「口語啟蒙」在個別事件和運動上雖然有不同的訴求，也分別在賑災、國民捐、抵制美貨、戒煙、戒纏足、提倡革命等事項上有實際的貢獻。但在個別事件、運動的背後，啟蒙者還試圖向下層社會的民眾灌輸作一個新時代的國民，所應具備的特質。他們

㉚ 梁鐘漢，「我參加革命的經過」，收於辛亥首義回憶錄，第二輯，（湖北人民出版社，1980），頁7。
㉛ 李春萱，「辛亥首義紀事本末」，辛亥首義回憶錄，第二輯，頁 121。
㉜ 李時岳，辛亥革命時期兩湖地區的革命運動，（北京，1957），頁58。

必須有健強的體魄，休戚與共的民族情感，強烈的國家意識與愛國
心。思想及心理的建設，價值觀的重新塑造，往往難以立竿見影。但
從前述聽眾的反應，我們知道這套新的觀念、價值，已經慢慢開始在
人心中滋長。

第五章　戲　　曲

第一節　戲曲改良的理論

1902年底，大公報論說欄中，出現了一篇題爲「編戲曲以代演說說」的讀者投書。文章開頭，作者引用了一個日本人的意見，認爲「天下開化之事有三：曰學堂，曰報館，曰演說」。但緊接下來，作者舉出種種理由，證明當時中國的學堂和報館都有名無實。至於演說一事，他說「行之於租界，不能行之於內地；行之於教會，不能行之於國人；行之於將來，不能行之於現在。」這樣的看法，顯然過於悲觀，也與事實不符，但他對戲曲的重視，卻可以說是開時代之先聲：

> 嘗終日不食，終夜不寢，以求所謂開化之術。求而得之，曰編戲曲。編戲曲以代演說，則人亦樂聞，且可以現身說法，感人最易。事雖近戲，未嘗無大功於將來支那之文明也！蓋聽戲一事，上而內廷，下而國人，無不以聽戲爲消遣之助。去年上海伶隱汪笑儂「黨人碑」一齣，其登臺演說時，具愛國之肺腸，熱國民之血性。能使座中看客爲之痛哭，爲之流涕，爲之長太息。獨是此等戲曲，編者不多，誠能多編戲曲以代演說，不但民智可開，而且民隱上達。……今不欲開化同胞則已，如欲開化，舍編戲曲而外，幾無他術。①

在上一章中，我們詳細敍述了演說所起的功效。很多時候，演說

---

① 大公報，1902, 11, 11。

就是表演。講者手舞足蹈，聲調時而低廻，時而高亢，表情時而悲傷，時而振奮；聽者亦隨之情緒伏動。只要是好的演說者，1900 年代的中國有太多素材供他們點燃起蟄伏的人心。但少了宛轉抑揚，可以讓觀（聽）者隨之咽啊嗟嘆、一頓三挫的唱腔；少了撩人千般情緒的緊鑼密鼓、絲竹管絃；少了如幻似眞、燈火通明的舞臺，和舞臺上濃妝艷抹、亮麗耀眼的演員；千百年來，中國人民生於其中，長於其中，樂於其中，哀於其中，學於其中的那個炫爛繽紛的世界，就頓時失去了咒人的魔力。人們一下子從雲端、從歷史的某個情境中跌入煩瑣惱人的現實世界。卽使演說有著再大的表演質素，卽使它能設法再造出一個依稀彷彿的舞臺世界（如同上章中特別指陳的演說與戲曲結合的事實），但它畢竟不能營造出一個有血有肉、有光有影、有聲有色，有帝王英雄、才子佳人、神仙鬼怪搬弄於其中的眞正舞臺世界。這個事實說明了爲什麼「口語啟蒙」能發揮那麼大的效力，許多1900年代的啟蒙者卻依然對戲曲情有獨鍾，視爲開民智的最佳利器。畢竟，在過去千百年中，戲曲和宗教是形塑中國下層社會心靈世界的兩種最重要的工具；在宗教普遍受到知識階層的撻伐、揚棄，而新的、更有效的教化媒體尚未出現之際，戲曲很自然就成爲再造人心的最佳選擇。

傳統統治階層或士大夫階層對民間戲曲多半抱著鄙視、懷疑或愛憎交加的態度。②但從1890年代末到1900年代初，言論界的領袖卻在這一方面有了突破性的見解。1897年，嚴復和夏曾佑在國聞報上發表「國聞報附印說部緣起」一文。③第二年，梁啟超發表「譯印政治小說序」。1902年，梁又發表了「論小說與羣治之關係」。④這幾篇文

---

② 參見拙著，「從傳統士庶文化的關係看二十世紀的新動向」，頁 330-336。
③ 這篇長文從1897年10月，國聞報第十期起開始連載。
④ 前者發表在清議報創刊號（光緒二十四年十一月），（臺北，成文，1967）；後者則見於新小說（上海書店，1980）的發刊辭。

章的重要性，長久以來就受到重視。阿英（錢杏邨）在 1960 年主編的〈晚清文學叢鈔：小說戲曲研究卷〉中，就特地把這三篇文章放在卷首。⑤相關的中英文研究，也有不少。⑥

嚴復、梁啟超的思想，在許多方面都是中國近代思想史的源頭。他們的論點、主張往往成爲1900年代及五四時期知識份子思想的重要出發點。兩人對小說的主張也不例外。在他們的論證、鼓吹下，小說（說部）的地位在知識階層中大大提高。特別在1902年，隨著〈新小說〉這份刊物的出現，小說一時成爲知識份子用筆桿改變社會的重要形式。但我們若對這幾篇文章細加分析，可以看出嚴復、梁啟超所謂的說部或小說涵意甚廣。我們都知道中國的戲曲故事很多源自小說；但另一方面，許多被歸於說部的傳奇、雜劇，往往只成爲文人的案頭讀物，而不能實際演出。就這一層意義來說，小說和戲曲實在有很大的差別。所以嚴復、梁啟超的這三篇作品，雖然在較寬廣的意義下，提高了小說的地位，但並未特別針對戲曲本身有所發揮。相對於1900年代大量出現的戲曲改良及重視戲曲的言論來說，兩人的見解可說是點到爲止，並未眞正搔到癢處。

梁啟超倒是在別的地方，對小說和戲本約略做了一些區別。1902年，他在新民叢報創刊號上發表「劫灰夢傳奇」一文。文章中，首先對中國的時局表示憂心，認爲甲午、庚子兩役，還算不上是「中國第一大劫」，以後恐怕還有更大的災難。但接著又舉出法國的例子，說

⑤ 小說戲曲研究卷分上、下兩集，1960年由北京中華書局出版。
⑥ 中文部份，如阿英，晚清小說史，（上海商務，1937），頁 2-3；朱眉叔，「梁啟超與小說革命」，文學遺產增刊，第九輯，（北京，1962）。英文作品則以夏志清的論述爲代表作，見 C.T. Hsia, "Yen Fu and Liang Ch'i-ch'ao as Advocates of New Fiction" 收於 Adele Austin Rickett 主編的 Chinese Approaches to Literature from Confucius to Liang Ch'i-ch'ao, (Princeton University Press, 1978), 頁 221-257。

明前途未必完全無望：「你看從前法國路易第十四的時候，那人心風
俗不是和中國今日一樣嗎？幸虧有一個文人叫做福祿特爾（按：卽伏
爾泰），做了許多小說、戲本，竟把一國的人從睡夢中喚起來了！」
作者因此藉主角之口，要把自己心中的意見和幾片道理，「編成一部
小小傳奇，等那大人先生、兒童走卒，茶前酒後，作一消遣。」⑦藉
戲曲以喚醒人心的意思，已簡要地點出來。不過從文中用「看官」的
字眼來判斷，梁顯然是要寫一些「戲本」供人閱讀。但另一方面，他
要傳達的訊息的對象，又包括了「兒童走卒」，隱約中似乎又有用戲
曲來教化不識字者的意思。不過他畢竟沒有把這個意思清楚的交待出
來。不久，梁又在新民叢報第十號的小說欄中，開始連載長篇的「新
羅馬傳奇」。在這部劇作中，他借意大利詩人但丁之口，表現了類似
的看法：「念及立國根本，在振國民精神。因此著了幾部小說、傳
奇，佐以許多詩詞歌曲，庶幾市衢傳誦，婦孺知聞。將來民氣漸伸，
或者國恥可雪。」不同的是，透過但丁與劇中另一個角色的一段問
答，我們知道這齣戲曲正在上海「愛國戲園」開演。而悠遊天庭的但
丁，正忙著邀請他的「忘年朋友」索士比亞（莎士比亞）和福祿特爾
一齊前往捧場。⑧

　　在「論小說與羣治之關係」一文中，梁啟超把小說的地位抬到極
頂，認為要建立新的道德、新的宗教、新的政治、新的風俗、新的學
藝，一定要從革新小說開始(所以他刊行了〈新小說〉這份雜誌)。但
對他來說，小說之所以有「不可思議之力支配人道」，是因為小說這
種體裁的特殊性質，而文字正是構成這種特殊性質的主要因素。所謂

---

⑦　梁啟超，「刧灰夢傳奇」，新民叢報，（臺北，藝文，1966），第一號，（光緒
　　二十八年一月），頁 105-108。
⑧　新民叢報第十號，（光緒二十八年五月），頁 79-80；「新羅馬傳奇」的全文，
　　後來收入飲冰室合集，專集第十九冊，（上海，中華，1936）。

「在文字中，則文言不如其俗語，莊論不如其寓言，故具此力（按卽刺激力）者，非小說末由。」純就刺激力而言，文字雖然不如語言，「然語言力所被不能廣，不能久也，於是不得不乞靈於文字」。⑨這與戲曲基本上訴諸語言、說唱的特質，簡直是背道而馳。所以這個時候，他所謂的小說雖然在意涵上包括了戲本（這篇文章中，完全沒有「戲劇」或「戲曲」等字眼），但卻都是用來讀的。一直到「新羅馬傳奇」一劇中，他才稍稍觸及到戲園演出的問題。

所以整體而論，梁啟超雖然對小說及戲本的功能大談特談，但對二者的區別，卻沒有嚴格劃分。對戲曲與下層社會的關係，他也只是點到爲止，沒有申論。從我們目前掌握到的資料來看，把戲曲的重要性直接而單獨地標舉出來，應該是1902年以後的事。首發其端者的姓名、身分，我們不得而知。重要的是，類似的言論一開，很快就呈「一呼百應」之勢，戲曲啟蒙和戲曲改良一下子成爲知識界最時髦的「論域」(discourse)。阿英的〈晚清文學叢鈔：小說戲曲研究卷〉中就收集了不少這一類的言論。這裏我打算更進一步，從當時的報刊中，爬梳出一些絕大多數未被學者研究、引用過的相關資料，來說明這套看法在當時的風行。

本章開頭提到的「編戲曲以代演說說」，對演說的功能顯然有所偏忽，這大概是因爲作者還不及預見講報、宣講及演說的普及與效果。但就戲曲而論，作者的看法卻可以說是1900年代戲曲啟蒙、戲曲改良等議論的先聲。從1904年起，提倡戲曲的文字大量出籠。在一篇「移風易俗議」的連載文稿中，作者提出了幾點建議。除了毀淫詞，繪製新紙畫（可能是年畫之類供一般民眾觀賞使用的視覺作品），作者還主張改良小說（禁止封神演義、西遊記、濟公傳等淫詞小曲），

---

⑨　「論小說與羣治之關係」，新小說，第一號，（光緒二十八年十月），頁1及 4-5。

改良演說（招集各處說平書的，教以新小說，令其各處隨便演說）。此外則建議另編新戲，禁止妖魔鬼道及淫褻之戲。這裏作者將新戲與小說分列，比起梁啓超籠統的談小說，顯然是進了一步。但把淫詞小曲列入小說項下，似乎又在小說與戲曲之間游移，對其中的差別同異仍然沒有細加分疏。他對演說的建議，倒值得略加引申：「各處說平書的，日以說書餬口，感人最易，誤人也最易。不如招此項人，限一個月，教以新小說，令其各處隨便演說。……這等人最有口才，比立一座師範學堂的關係，不相上下。」⑩ 這段文字一方面透露出舊日說書和演說的關係，以及過渡的痕迹，並進一步證實前文所說，演說和傳統的說唱文學一樣，確實具有一些「表演」的質素。而把演說與師範學堂相提並論，也可以看出作者對演說的重視。這和陳獨秀等人將「戲曲」與學堂並列，同樣說明了當時人對下層啓蒙之道的重視。在狹義的學堂無法普及之前，演說、戲曲成了更廣義的學堂。戲曲的重要性在此時被抬到空前的地位。但對很多人來說，演說仍然是開民智的利器。要達到最大的啓蒙效果，必須多管齊下。戲曲固然要提倡，其他的方式也不能放棄。

　　光緒三十年（1904）八月，陳獨秀在安徽俗話報第十一期上發表「論戲曲」一文，對戲曲的影響和改良之道，提出了系統性的看法。文章一開頭，他就作驚人之語，認爲唱戲這件事，「可算得是世界上第一大教育家。」因爲不論男女老少，沒有人不愛看戲的：「我看列位到戲園裏去看戲，比到學堂裏去讀書心裏喜歡多了，腳下也走得快多了，所以沒有一個人看戲不大大的被戲感動的。譬如看了長板坡、惡虎村，便生些英雄氣概；看了燒骨計、紅梅閣，便要動哀怨的心腸；看了文昭關、武十回，便起了報仇的念頭；看了賣胭脂、蕩湖

────────────

⑩　「移風易俗議：九續前稿」，大公報，1904, 1, 2。

船，還要動那淫慾的邪念。」此外像中國人所有的「神仙鬼怪、富貴榮華」等「下賤性質」，也全都是受了戲曲的教訓而深信不疑的後果。從這些例子中，陳獨秀導出了「戲館子是眾人的大學堂，戲子是眾人大教師」⑪的看法。這番簡要了當、宣言式的議論，將戲曲與戲子在下層啟蒙運動中的地位推上最高峰。

　　陳獨秀當然清楚戲子在傳統社會中的地位，所謂「娼優吏卒四項人，朝廷的功令，還不許他過考爲官。就是尋常人家，忘八戲子吹鼓手，那個看得起他們呢？」⑫爲了扭轉習見，並爲自己大膽的宣言提出能够說服人的理由，他遍舉古今中外的例子來支持自己的論點。首先，他認爲人的貴賤，本來就不該用執（職）業的高低作判準。只有在中國，把唱戲當作賤業。在西洋各國，卻是「把戲子和文人學士，一樣看待。因爲唱戲一事，與一國的風俗教化，大有關係，萬不能不當一件正經事做」，自然也就不能對戲子有所輕賤了。而且卽使在中國，戲曲原來也不是賤業。「古代聖賢，都是親自學習音律。像那雲門、咸池、韶護、大武各種的樂，上自郊廟，下至里巷，都是看得很重的。」⑬這些音樂到周朝變爲雅頌，漢以後變爲樂府，唐宋變爲塡詞，元朝變爲崑曲，到近兩百年，才變爲戲曲。所以考其本原，「當今的戲曲，原和古樂是一脈相傳的。」⑭陳獨秀這裏的看法，當然失之牽強，但他要證明「戲曲系出名門」的用意卻相當明顯。

　　當時流行的西皮二黃之所以受讀書人輕賤，主要是因爲詞曲俚俗。但陳獨秀認爲俚俗卻正是這些戲曲的長處。因爲它讓每個人都聽得懂，所以能發揮感人的力量。一般迂腐的書呆子認爲戲曲是游蕩無

----

⑪　三愛，「論戲曲」，安徽俗話報第十一期，頁 1-2。
⑫　同上，頁 2。
⑬　同上。
⑭　同上，頁 2-3。

益之事，陳氏當然不能苟同，因為「唱得好的戲，無非是演古勸今」，怎麼能說是無益？但他也承認並非所有的戲曲都有正面功能，所以提出了戲曲改良的主張。

陳獨秀的戲曲改良主張共有五點，前兩點是應該加強補足之處，後面三點則是應該革除的弊端。第一：「多多的新排有益風化的戲」。把中國古來的英雄人物從荊軻、聶政、岳飛、文天祥到明代方孝孺、王陽明、史可法、袁崇煥、瞿式耜等人的事蹟，排成新戲。「要做得忠孝義烈，唱得激昂慷慨」，以期於世道人心，有所裨益。就是一些舊有的戲曲，像吃人肉、長板坡、九更天、換子、替死、刺梁、魚藏劍等，在陳看起來，也可以激發人的忠義之心。第二點則是「採用西法」。在戲裏面夾些演說（這正是前文提到的「言論派老生」等文明新戲所採用的辦法），以增長人的識見。同時還可以「試演那光學電學各種戲法」，讓看戲的人從中「練習格致的學問」。

應該革除的弊病有三：第一，不唱神仙鬼怪的戲。義和拳的拳民，就是想學戲上的天兵天將，而釀成巨禍。可見鬼神這個渺茫的東西，往往「煽惑愚民，為害不淺」。而純就戲曲本身而論，像武松殺嫂，本是報仇主義的一齣好戲，加入了神鬼色彩，反而使全戲顯得不合情理，削弱了感人的力量。其他像泗州城、南天門、五雷陣等戲，在陳看起來，更是荒唐可笑。

第二，不可唱淫戲。像小上墳、雙搖會、翠屏山、烏龍院、拾玉鐲、珍珠衫等戲，確實是傷風敗俗，也難怪一班人把戲子當作賤業，看輕了戲曲的價值。而看戲的人很多是年輕婦女，碰到男戲子演淫戲已經夠難看了，再遇上女戲子現身說法，種種不知羞恥的醜態，更不知會對婦女觀眾有多壞的影響。所以這種戲一定要禁止。

第三，要除去富貴功名的俗套。陳獨秀認為中國人從出娘胎一直

到進棺材，只知道混自己的功名富貴。對國家的治亂，一概不管。中國人才缺少，國家衰弱，這類戲曲實在要負很大的責任。所以他主張像封龍圖、回龍閣、紅鸞禧、天開榜、雙官誥等戲應該一律禁唱。

　　梁啟超把廣義的新小說視爲建立新中國的不二法門，陳獨秀卻深刻體認到小說等媒介對下層社會影響的侷限，而將發聾振聵、振敝起衰的責任寄予戲曲：

　　　　現在國勢危急，內地風氣，還是不開。各處維新的志士設出多
　　　　少開通風氣的法子。像那開辦學堂雖好，可惜教人甚少，見效
　　　　太緩。做小說、開報館，容易開人智慧，但是認不得字的人，
　　　　還是得不著益處。我看惟有戲曲改良，多唱些暗對時事、開通
　　　　風氣的新戲，無論高下三等人，看看都可以感動。便是聾子也
　　　　看得見，瞎子也聽得見，這不是開通風氣第一方便的法門嗎？
　　　　聽說現在上海丹桂、春仙兩個戲園，都排了些時事新戲。春仙
　　　　茶園裏有個名戲子，名叫汪笑儂的，新排的桃花扇和瓜種蘭因
　　　　兩本戲曲，看戲的人被他感動的不少。我很盼望內地各處的戲
　　　　館，也排些開通民智的新戲唱起來。看戲的人都受他的感化，
　　　　變成了有血性、有知識的好人，方不愧爲我所說的世界上，第
　　　　一大教育家哩！⑮

不僅不識字的人看得懂，連聾子也看得見，瞎子也聽得見，戲曲被簇擁上啟蒙的后座，也就不讓人覺得意外了！

　　這篇用白話寫的「論戲曲」，半年後，又在梁啟超創刊的〈新小說〉上登載。⑯有趣的是，在〈新小說〉上刊載的版本，雖然意思完全相同，卻是用文言寫成(可以說是白話版的文言翻譯)。陳獨秀這麼

───────────

⑮　同⑪，頁 4-6。
⑯　新小說第二卷第二號，光緒三十一年二月。

做，顯然是要向知識階層推銷他的看法，以推廣這篇文章的影響力。

更有意思的是，在「論戲曲」的白話版刊行一年多以後，順天時報的白話欄上連載了一篇「論巡警部已設立戲曲關係社會亟宜通國改良」的長文。這篇文章的題目，乍看之下叫人摸不著頭腦。推敲其意，應該是巡警部設立後，戲曲演出皈其管理；而由於戲曲影響至鉅，巡警部應負監督之責，協助改良。雖然我們手邊看得到的，只是這篇連載了三天的文章的第一和第三天的部分，[17]但從內容推斷，這篇文章可能也出自陳獨秀的手筆（文章中說「戲園子，簡直是社會上一個大學堂；唱戲的，簡直是社會上一個大教師」。而用中外的例子，來說明戲曲和戲子的重要，和「論戲曲」一文幾乎如出一轍。文中所舉的各個戲目也幾乎和陳獨秀所舉列的完全相同。至於戲曲改良的五點辦法，我們雖然只能看到第四點和第五點，但從排列的順序和具體的條目──不可演淫褻戲文，除去富貴功名的俗套──來看，也和「論戲曲」一文相同。尤其是第五項的論證，如學堂、小說、報館的侷限，而戲曲則連瞎子、聾子都可以聽得見、看得著，更是陳文的翻版）。卽使這篇文章不是陳獨秀所寫，但作者無疑熟知「論戲曲」一文，並全章照抄。這就更說明了陳獨秀此文的影響力。順天時報這篇文章唯一不同的地方，是在結論處就北京戲園的盛況藉題發揮，更進一步說明戲曲的重要：

> 看官您瞧！（這又是傳統章回小說、平話說書一類文體的慣用表現法）前門大街東西一帶，所有中和園、慶樂園、廣德樓、三慶園、天樂園、廣和樓各戲園子，無論那個戲園，一到上午時候，就是人山人海，擠都擠不動。官士農工商兵雜色人等，不招而至，不期而會。幾千個眼睛，幾千個耳朵，齊都向戲抬

---

⑰　順天時報，1905, 10, 14 及 10, 18。

上聽著（？）著。在板凳上，坐上老半天，也不怕累，也不怕
花錢。別項的錢，都捨不得花，唯有聽戲的錢，人人願花，人
人樂花，花了還挺快活。實在世界上大樂事，莫樂於聽戲。一
忽兒換一齣，一忽兒又換一齣，眞是好看。常言說，做戲的是
瘋子，看戲的是儍子，怎麼儍子這麼多呀？一到傍晚的時候，
大柵欄一帶地方，（？）車（？），大半是因爲散戲。人怎麼
這樣愛聽戲呀？請問北京九城內外，閱報處、講報處，有這樣
許多人沒有呀？這樣通盤籌劃起來，報紙還是第二著，第一著
是戲曲。⑱

這段生動活潑的描述，讓我們很難不同意作者「報紙還是第二著，第
一著是戲曲」的結論。

　　事實上，這種拿戲曲與報紙相比，以彰顯戲曲效力的看法，在當
時相當普遍。大公報一則報導就記載了一個相當戲劇性的例子。北京
慶樂園有一天演出「桑園寄子」一戲。當演到父子抱頭大哭，棄子負
姪一幕時，全劇達到高潮。臺上的演員神情悽楚，悲痛欲絕，臺下的
觀眾也忍不住哀感之情，嗟歎搖首。這時，後座靠場門一位帶著小孩
子的老年觀眾，忽然以袖拭目，淚流不止。坐在旁邊的一位年輕人，
看見老者假戲眞做，不免大笑失聲（我們顯然不能期望每齣戲都讓所
有觀眾同聲一哭。畢竟看戲的觀眾動機、目的不同；人生的閱歷、懷
抱、衷情也各自有別），並立刻高聲指告隔座的友人。一時間，觀眾
忘了臺上人哭得死去活來，反倒過來欣賞臺下活生生的眞實演出。幾
位觀眾還禁不住爲老人大聲喝采。老人雖覺窘迫，仍然慢慢說道：「
這樣的慘劇，眞叫人傷心呀！」記者報導完這則新聞，特地加了幾句
按語：「戲劇感人最易最速，如有人能將近來外人虐待華人情狀演出

⑱　順天時報，1905, 10, 18。

警戲，使人觀看，其感動下等社會，必較報章增加速率也。」⑲ 這裏所指的外人虐待華人情狀，顯然和1905年美國禁止華工的條約有關。由這裏可以看出，喚醒一般國人的愛國意識、民族情感，幾乎已成爲這個時代知識份子的制約反應。不開口則已，不下筆則已，一開口、一下筆，就免不了要呼喚幾下，哀歎幾聲。就其「念茲在茲」的執迷程度而言，倒頗有點像傳統士大夫的「言必稱堯舜，口不離孔孟」。

　　陳獨秀的文章對劇本改革提出了簡明扼要的主張，採用西法一項，也稍爲觸及到舞臺改良的問題。此後有關戲曲改革的主張，大抵不出這個範圍。但也有些文章特別針對某些方面作更深入的發揮。就劇本改良而言，禁止淫戲幾乎是一致的主張（其實這也是傳統中國士大夫一貫的主張）。⑳ 其中一位被稱爲天津文豪的張蔚臣，曾經對河東一帶婦女觀戲的盛況，有相當「感憤」卻詳實的描寫。根據張氏的描述，河東地處偏僻，民智未開。自從設立戲館之後，「閭鄉婦女，鮮不翹足而待，拭目以觀。」因爲生意好，其他各地也紛紛設立。照張氏的估計，「津郡劇館不下數十處，而河東一隅居十之四五」。由於戲價便宜，僅幾個銅元，所以婦女看戲的，「如蟻附羶」。所演的戲碼，大抵都是「奸盜淫邪」之屬，「臺上則眉目傳情，臺下則魂飛色舞。」張蔚臣雖然對女子觀戲，抱持著和傳統士大夫一般的偏見，但他對戲曲對婦孺的影響，卻相當清楚。所謂「嘗見婦女，無間晝夜，接踵聯袂，緩步當車，赴劇館以觀戲也。髫齡童孺，街巷吟謳，習爲口頭禪者，劇館常演之戲詞也。」㉑ 道出了戲曲無孔不入的吸引力與影響。

---

⑲　大公報，1905, 5, 26。
⑳　如大公報，1905, 1, 3，附件「說改良戲劇」；1905, 1, 26，論設「論開智普及之法首以改良戲本爲先」等，均有類似的看法。
㉑　大公報，1906, 3, 17，「論戲館有傷風化」。

　　張氏既然了解到「劇館者，儼然一下流社會之活動學校也；戲本
者，儼然一下流社會之教科新書也」，乃提出「開民智莫善於演戲」
的主張。到這個時候，這類看法早已不是什麼新鮮的言論。值得注意
的是，張氏特別詳述了普法戰後，法國因戲曲而復興的過程：

　　昔法國之敗於德國也，割地賠款，創鉅痛深，其艱弱窘迫之
　　狀，較我國庚子時有過之而無不及也！而法國乃於巴黎創一大
　　戲臺，專演德法戰爭之事。摹寫法人被殺流血，哭聲訇格宮闈
　　之處、里閭之間；槍林彈雨之下，斷頭者、折背者、穿胸者、
　　裂膚者之悲哀慘酷之狀與夫帝后蒙塵、縉紳戮辱，孤兒寡婦、
　　嬌妻幼子，無論男女老少、貧富貴賤，頃刻枕疊同死於馬嘶旗
　　飄之下之烈劇。復又追原國家破滅，皆由於官習如何驕橫，民
　　智如何淫侈之原故。凡觀斯戲者，莫不髮爲之豎，眥爲之裂，
　　頓足搥胸，握拳透爪，咸思誓雪國恥，誓報公仇。眾志成城，
　　咸與維新，不三年而國基大定，不十年而國勢富強。嗚呼！未
　　始演戲之力量有以致此也。尤爲我國前車之鑑耳！㉒

　　事實上，張氏並非援舉此例的第一人。早在1903年就有人提出類
似的看法，㉓以後也有人舉用同樣的例子。㉔

　　這些文章雖然都對戲曲的功能過於誇張，但由此卻可以看出他們
希望透過戲曲向民眾傳達什麼樣的訊息。另外一篇「論開智普及之法
首以改良戲本爲先」的論說中，對這種希望有更具體的說明。在介紹
了廣東程子儀改良戲曲的努力（見下文）後，作者提出更進一步的期

㉒　大公報，1906, 11, 5，言論欄，張蔚臣，「開民智莫善於演戲說」。
㉓　見「觀戲記」一文，收於阿英，晚清文學叢鈔：小說戲曲研究卷，頁 67-68。關
　　於這篇文章的作者，歷來有不同的看法。我在「從中國傳統士庶文化的關係看二
　　十世紀的新動向」一文中，曾略加討論。見該文頁 301，註③。
㉔　如天僇生，「劇場之教育」一文，收於阿英，前引書，頁57。

望：

> 若再能將中國舊日喜閱之寇盜、神怪、男女數端淘汰而改正
> 之。復取西國近今可驚可愕可歌可泣之事，如波蘭分裂之慘
> 狀，猶太遺民之流離，美國獨立之慷慨，法國革命之劇烈，以
> 及大彼得之微行，梅特涅之壓制，意大利之三傑，畢士麥之聯
> 邦，一一詳其歷史，摹其神情，務使鬚眉活現，千載如生。彼
> 觀者日久，有不鼓舞奮迅而起尚武合羣之觀念，抱愛國保種之
> 思想者乎？㉕

雪恥奮發，救亡圖存的意思，再明顯不過了。

　　不僅在京、津發行的順天時報、大公報有戲曲啟蒙的議論；在東
北發行的盛京時報；在上海、廣東發行，同情革命的警鐘日報、中國
日報也都刊載過類似的文章。像中國日報一篇談廣東戲的文章，就對
廣東戲本的缺乏，頗有譏諷。所謂「遇有走難，不是神仙搭救，即是
員外收留。男女相遇，不是金蘭結義，即是訂結絲羅」。大臣出朝，
一定唱「朝臣待漏五更寒，鐵甲將軍夜度關」，入朝則一定是「邁步
來在金殿上，山呼萬歲拜君王」。千口雷同，唱來唱去，就是那「江
湖十八本」。差堪告慰的是，劇中對「忠奸賢佞，色色分明。於報應
不爽之理與勸善戒淫之感情，不無少補。」而只要有中國與他國打仗
的場面，多半以中國征服異族收場，照作者的看法，對民族思想的養
成也頗有貢獻。不過作者還是呼籲對這種千篇一律的劇情加以改良：
「演出民族自立者如何幸福，奴隸於人者如何幽辱，以新閱者之眼
光。則優孟衣冠，其關係於民智之進步者，豈淺鮮哉？」㉖

　　盛京時報則在創刊不到半年內，刊載了一篇白話論說，討論如何

㉕　大公報，1905, 1, 26。這篇文章是山東一個叫王善述的投稿。
㉖　中國日報，1904, 3, 24。

改良說書、戲曲，以開通下等社會。照這篇文章的看法，只要官府肯
配合，自上而下，很短的時間內，就可以取得成效。以說書而言，可
以由奉天將軍下個札子，令學務公所的提學使選出幾個博古通今的讀
書人，做爲說部編輯員。再像小學堂那樣配與房舍一所，稱說部教授
所。然後由州縣地方官下令，集合所有說書業者，不論男女、盲目與
否，到衙門裏接受考驗。再由這些人裏選出兩個通曉文字、記性良
好、語言清亮、性質伶俐的，送到省城的說部教授所集訓六個月。這
期間，由說部編輯員把自己編寫的「教忠教孝、變化風俗、感動人
情」的新書，教給前來受訓的職業說書業者。這些業者畢業後，由官
府發給憑證，再回到原州縣，把新學的說本教給其他業者。而後者
也必定要跟說部教授所訓練出來的學員學過一段時間後，才能到處說
書，否則由官府查禁。經過這樣一番在職訓練後，官府就可以合情合
理地禁止業者再講說舊說本。㉗

　　戲曲改良也可以採用同樣的辦法，並加以簡化。先由學務公所
挑出幾個有學問的人，叫做曲部編輯員。然後由這些人「照這東西洋
三百年的歷史，合那中國近數十年的事情，凡是關係政界國際民族，
那有聲有色的事」，編做新戲曲。戲曲編成後，也不用成立什麼教授
所，就直接給戲園子的老板，教他們演唱。而凡是演出新曲有優良表
現的，就賞一個「高等名優」的徽章。另一方面，再由地方官下令禁
止演唱敗壞風化的舊戲。這樣賞罰兼施，建設破壞一起下手，不到
一年，奉天各地的戲園子一定會出現嶄新的面目。㉘這篇文章的看法
顯然過於天眞樂觀，太相信由上而下的教化效果；而事實上，我們也
沒有看到奉天的官員有什麼具體反映。但由作者的用心構思，我們可

㉗　盛京時報，1907, 5, 3，「論開通下等社會的好法子」。
㉘　同上，1907, 5, 4。

以看出當時的言論界對下層社會的啟蒙之道，確實是殫精竭慮，絞盡腦汁。

在登載這篇文章的同時，盛京時報又發表了一篇文言論說「論演劇急宜改良」。文章中說：「英人有曰： 小說爲國民之魂 。 吾得借其言中之意，竊謂演劇亦國民之魂也！」，一語道出對戲曲的重視。但令人憂慮的是傳統用來輔翼教化的戲曲，在內容上卻愈趨下流。演出的劇情「非爲思男慕女之私情，則爲放火殺人之強盜」。淫戲傷風敗俗 ， 強盜戲則爲少年子弟立下負面的榜樣 ，「 觸動其步後塵之主義。」「今三省搶劫之案，層見迭出，雖不能皈咎於演劇一事，而演劇之默爲流毒者，爲不少也」。這些事實，對作者來說，格外襯托出戲曲改良的急迫性。所以他呼籲：「所有戲班班主，須延聘通人，擇古今事跡之有益人心，足開民智者 ， 編爲新詞 。 如北京惠興女士之類，藉行樂以教化愚蒙，用補學堂之缺陷。」㉙

警鐘日報則在1904年就登出了一篇徵文「改良戲劇之計畫」。作者首先對中國戲曲的源流和材料的來源加以探討。劇本的材料和內容雖然相當豐富，但並非所有演出都有價值。有價值的演劇必須「描摹舊世界之種種腐敗、般般醜惡而破壞之；撮印新世界之重重華嚴、色色文明而鼓吹之」。㉚爲了達到這個目的，必須對演出的腳本詳加審核。這裏 ， 作者健鶴特別詳細介紹了日本劇部的作法 ， 以供取鑑之資。照他的描述，日本的劇部設有事務所，所內設事務長與評議員。總部由政府統領，稱爲「皇室演劇部」，支部則分隸於各省。任何人對社會上種種事件有所聞見，而欲「洩其不平之鳴於說部」者，都可以把劇本交給（各地的）事務所 。 腳本由事務長和評議員鑒定通過

㉙　同上。
㉚　警鐘日報，1904, 5, 31，健鶴，「改良戲劇之計畫」。

後，才能公開演出。撰寫者則可以得到相當價值的酬勞。由於每個人都可以自由地把自己的看法訴諸說部，以諷世規俗，而演出又深受歡迎，結果是「國民之心性，所以畏俳諧之口，甚於畏淸議名教，而偸風因以日止也！」由於有這樣的弘效，作者認爲中國的戲曲改良，自然應該倣效。但因爲滿淸是異族統治，所以劇部不應由皇室控制，而應該在上海設立一個戲劇機關部，在各省都會設支部。「庶幾上自大人先生，下至屠販婦豎之屬，得日日吸受新劇之眞理」。㉛

這個主張，已透露出作者傾向革命的立場，而他對劇本內容的看法，更暴露其用心。作者認爲，感人的戲劇，必需寫實。而寫實有兩種意義，一是舞臺的配景和演出力求逼眞，一是故事內容必需基於眞人眞事。爲了說明這點，作者又舉了一個日本人的例子。日俄戰爭期間，日本一對有名的優伶夫婦，率領了一班梨園子弟，帶著相機，冒險到仁川、旅順間拍攝日俄海戰的經過。回國後，他們將所見所聞排成活生生的歷史劇（應該說是新聞劇），公開演出。舞臺配景則在事實舖張不足時，或以油畫（布幕），或以電光鏡（燈光）等道具加以配合。中國傳統的戲曲演出，不管在前者或後者，都有不足之處，而亟待改進。劇本方面，應跳出傳統「教忠教孝，誨淫誨盜」的老套，另開新紀元：

自今以往，必也一一寫眞，一一紀實。舉民族何以受制異族之手，而異族又何以受制於強族之手，使吾同種爲兩重之奴隸無告之窮民；上自二百六十年前亡國之紀元，下自二十世紀以來亡種之問題，一一痛苦流涕，爲局中人長言之。鐵板銅琶，高唱大江之曲；歌喉舞袖，招回中國之魂。則或者於保種保國之

㉛ 同上。

道，而得間接之一助也夫！ ③

所謂圖窮匕現，作者精心籌劃了半天，最後的目的不僅在一般的啟蒙，還要進一步用戲曲爲革命的助力。

和其他啟蒙方式一樣，民間響起戲曲改良的呼聲後，政府官員也開始有所反應。先是在 1904 年中，商部一位司員向管學大臣提出改良小說的建議。照這位司員的看法，小說門類甚多，包括了說部、彈詞、外史、雜記、傳奇、劇本乃至歌謠。學部對各種體裁都應該加以別擇後，出資協助出版。但在這些體裁中，與「庸夫愚婦」最有關係者，主要是說部、彈詞、戲本三種。所以對這三類作品的編纂、翻譯、出版，應優先獎助。但如果就這三類作品加以比較，戲曲可能造成的危害較小說尤大，所以戲本的改良應該特別重視。至於新劇的創作方向，則應該以「表彰忠孝、褒獎廉平及闡發一切新理」者爲主。優伶中有人能編出這類有益新戲的，應該給予專利數月或一年，以爲鼓勵。 ③

商部司員上的這個條陳下文如何，我們不得而知。但我們確知，至遲到光緒三十二年（1906）春間，清廷已開始對高級官員有關改良戲曲的建議，作出正式回應。根據實錄的記載，這年四月二十日，御史喬樹枏「奏請改良戲曲，以立化俗之本。下巡警部知之。」 ③ 而至少在北京，我們知道外城的巡警廳曾經出過淺白告示，將改良戲曲的意思公告周知。 ③

前面曾提到，新成立的警察制度與人民生活息息相關，經營項目也是五花八門。除了維持秩序、安全外，對風俗的改良也不放過。上

③ 同前文，警鐘日報，1904, 6, 1。
③ 警鐘日報，1904, 7, 14。
③ 大清光緒皇帝實錄，（臺北，華文，1964），卷 559，頁 11。
③ 見順天時報，1906, 9, 2，燕南公所寫的「論外城巡警廳之諭示」一文、

文所舉，勸止人民燒香焚紙、迷信鬼神的白話告示，就是一個例子。所以清廷把戲曲改良的監督責任交給各地警察，是很自然的作法。㊱光緒三十一年，曾上奏主張「警察爲當今急務，請飭竭力整頓」㊲的吳蔭培自費到日本考察政治。本來他並沒有打算針對戲曲問題做任何特別的了解。但在三個月的旅程中，吳氏卻有不少機會看到各類戲劇演出（如木偶戲、以日俄戰爭爲主的默劇及其他一般的戲劇），使他對戲曲所可能擔負的使命和發揮的影響，有深刻的體認。同時，他也開始感受到用改良戲曲感化下流社會的迫切性。在他寫的遊記中，特別提到這些劇本多半由文人學士編創，然後由警察官審核。㊳

　　吳返國後，正式出任廣東潮州知府。不久後他上了一個條陳，就他在日本游歷所得，對新政興革提出五點意見，由時任兩江總督的端方代爲上奏。其中一項就是請求仿照東西各國的形式改良戲劇：

　　　　將使下流社會移風易俗，惟戲劇之影響最速。日本演戲學步歐
　　　　美，厥名芝居。由文學士主筆，警察官鑒定。所演皆忠孝節
　　　　義，有功名教之事。說白而不唱歌，欲使盡人能解。中國京滬
　　　　等處戲劇，已漸改良。惟求工於聲調，婦孺不能徧喻，似宜仿

㊱　根據端方的看法，「警察」一詞的出現是光緒二十九年的事。光緒三十一年，在翰林院撰文吳蔭培的建議下，清廷下令各省督撫辦理警政。端方此時正在湖南做巡撫，接到旨令後，就把自己在湖南辦理警務的政績報告了一番。在這份奏摺中，他就強調「……警察實非賤役，而實爲治理之本原。行之日久，庶幾改良社會，有移風易俗之機。」見端方，「籌辦警務情形摺」，收於端忠敏公奏稿（臺北，文海，近代中國史料叢刊，第94集），卷五，頁 613。梁濟也對巡警制度的重要性及其所可能發生的影響，有詳細的論述。對巡警制度成立後的各種弊端及興革之道也多所指陳。見辛壬類稿，收於桂林梁先生遺著，頁 303-311。

㊲　端忠敏公奏稿，卷五，頁 611。

㊳　吳蔭培在日本期間觀賞的各種戲劇，及觀戲後的感想，都詳載在他的〈嶽雲盦扶桑遊記〉一書。原書未見，此節所述悉據中村忠行，「晚清に於ける演劇改良運動（二）——舊劇と明治の劇壇との交涉を中心として」一文，（日本天理大學學報，第八輯，第一號，1952 年 7 月），頁 52-54。

日本例，一律說白，其劇本概由警察官核定。此事雖微，實於
風俗人心大有關繫。㊴

值得注意的是，吳氏主張仿日本之例，取消聲腔，一律改用說白的建
議，和當時大多數主張戲曲改良的議論都不相同；但卻和文明戲中加
入演說，以及話劇全用對白的發展趨向，若合符節。不過戲劇中完全
取消演唱，改用說白的作法，是否能爲一般人接受，卻是吳氏未曾考
慮到的問題。這個條陳上奏後，清帝立刻指令民政部參酌辦理。民政
部除了通知各省外，也札飭京師內外巡警廳遵行。不過民政部卻考慮
到全用說白的建議過於極端，很難驟然讓人習慣，只令各地依地方風
俗，酌情改良。㊵

1909年底，掌管民政部的肅親王，本身就通曉梨園戲曲、五音六
律。他認爲隨著時代的變化，戲曲也應該加速改良。爲了鼓勵編演新
戲，計畫對有優良表現的戲園給予獎勵。㊶這些例子都說明官府對起
自民間的戲曲改良運動，愈來愈加重視。

第二節　改良的組織與個人

和白話報、閱報處、宣講演說一樣，啟蒙者有關戲曲改良的主張
並不是光說不練，講完就算了。各種各樣的團體、個人，透過不同的
方式，把自己（或看來、聽來）的議論化爲實行。1905 年，名伶想
九宵（即田際雲）與王大頭兩人，向學務處申請開辦學堂，以改良戲
譜。㊷另一則記載則說田和譚鑫培等人計畫組織一所「正樂學堂」，

㊴ 見諭摺彙編（不著撰人刻本），光緒32年12月30日條。
㊵ 順天時報，1907, 3, 18。
㊶ 大公報，1909, 11, 19。
㊷ 同上，1905, 10, 29。

聘請教師教授學生中國及西洋樂器，以爲戲劇改良的基礎。[43] 這兩則報導指的很可能是同一件事。我們雖然不知道「正樂學堂」是否眞的成立，及成立後的運作情況（田等確實在民國元年組織了「正樂育成會」，其名稱及構想顯然來自「正樂學堂」），但他們意欲藉著建立專門的戲曲學校，以提高演員素質與社會地位的企圖，卻非常明顯。1911年初，天津梨園也以改良戲曲爲名，籌設「梨園秦伶小學堂」。[44] 民國以後，由政府及私人創設的各個戲曲學校，[45] 在精神和立意上，與清末這些藝人的構想，實在是一脈相承。

　　除了籌組學校外，演員也組織會社，以改良戲曲爲宗旨。像湖南的「閒吟社」，就自稱爲「改良戲曲社」，也實際演過一些改良新劇（見下文）。[46] 天津的「同樂茶園」則在報紙上刊登廣告，自謂每天演出的戲目，不論是忠孝節義、奸盜邪淫，「無不寓褒忠鋤奸、戒淫尙義之旨」。並且不斷地聘請名師研究改良新劇，以冀有益社會。[47]「同樂茶園」刊登這則廣告的眞正動機是什麼，我們並不清楚。也許是因爲演了一些有礙風化的戲曲，受到批評後的辯白。但所謂「屢請名師研究改良新劇，以冀有益社會」之類的言辭，卻反映出時代風潮的影響。

　　而知識份子或有志之士，也積極參與組織事務。「紹興戲曲改良會」是一個很好的例子。根據改良會的簡章，他們的目的是要「糾合同志，將現行之戲曲改良，（以）開通下等社會之知識」。在創辦之初，由於經費不充裕，所以先僱用一些盲人或乞丐，教以改良會新編

　⑬　新聞報，1905, 11, 10；引自中村忠行，前引文，頁66。
　⑭　大公報，1911, 1, 23。
　⑮　關於這點，可參考蘇移編撰的「京劇簡史」中，有關新型戲曲學校的部份，見戲曲藝術，1985 年 2 月號，頁 79-81。
　⑯　大公報，1910, 6, 13。
　⑰　同上，1911, 1, 5。

的戲曲，然後派他們到各處演唱。等到經費充裕後，則打算組織一個新的劇團。戲曲改良的方向在除去傳統戲文中腐敗的成分，而代之以「文明之思或民族主義、軍國主義」，同時也要把古今中外的歷史和各種科學實業都寫入新的曲本中。簡章中還規定會員中有通外國文字者，應該將外國歌曲中有趣味又能感發人心者，翻譯出來。而近幾年來各雜誌、新聞附印的新戲曲，改良會也計劃加以抉擇後，或是實際排練演唱，或者付印成集，以廣流傳，便人蒐集。[48]

1911年8月，天津「學報紳商各界」，由郭宗漢等十幾、二十人組成了「社會教育俱樂部」。這個俱樂部在八月時大致組織就緒，到十月初，已經編了不少新劇。不過這些新劇本多半因為「景物不全」，而沒有辦法排演。十月中，他們在廣東會館公演的新戲主要是「潘烈士投海」，由俱樂部的成員親自粉墨登場。[49]

更值得一提的是天津的「移風樂會」。這個組織在1906年成立，成立的緣起是因為天津的學務總董林墨卿等人向學憲上了一個稟陳，請求組織樂會來辦理戲曲改良。這個請求最後得到袁世凱的支持，林墨卿就在城隍廟內借了房間，正式設立「移風樂會」，並請監生劉子良擔任會長。組織成立後，又另外請了一位文人來編輯新戲。到十月初，已經編出「破迷信」、「悔前非」、「潘公投海」（這和上面提到的「潘烈士投海」講的是同一個故事）幾個劇本。[50] 而過不了多久，這三齣戲就被安排在「大觀茶園」演出。[51]

在以後的一年多裏，他們又編排演出了「好男兒」、「民強基」兩劇。前者講的是張良和力士狙擊秦始皇的故事。後者則是勸人戒除

⑱　警鐘日報，1904, 8, 8。
⑲　大公報，1911, 8, 15; 10, 5; 10, 15。
⑳　同上，1906, 10, 9。
㉑　同上，1906, 10, 15。

鴉片。這齣戲在1907年5月19日，在天津鼓樓北的「桂仙戲園」演出。戲中的女主角叫罌粟花，由天津名角路三寶飾演。其他角色如煙樓掌櫃叫尹也大，勸誡朋友戒煙的叫時務達，都是一語雙關。演戲的過程中，隨段加入演說。演戲前也由大公報社長英斂之先登臺演說戲曲與社會的關係，及禍福自召的道理。凡此種種，不論是戲的內容，或演說加戲曲的形式，都是典型的啟蒙樣板。除此之外，「移風樂會」還編排了一齣「醒世姻緣」，描述婦女「天足之文明」，以及纏足的種種弊害。不過這齣戲是否正式上演，則不得而知。[52]

「移風樂會」的成立，很受到袁世凱的支持。袁在1907年9月正式調離直隸總督的職位，對「移風樂會」的運作顯然有相當大的影響。1907年曾因經費無著而暫時停辦，1908年初雖然又恢復組織，排練新戲，但此後就看不到他們有什麼活動。一直到1911年，樂會才又開始積極運作。這年二月，劉子良向天津城議事會遞了一個說帖，要求議事會稟請巡警道下令，凡是「移風樂會」所編的戲，各個戲園不許不演。而為了減少觀眾的抗拒，新編戲曲，一律用舊式唱法。[53]

重新組織起來的「移風樂會」分成三個部門：伶工傳習所專門與各伶工討論一切劇本；俱樂部延聘文學家編纂戲本；藝術研究所則為彈唱戲耍之人，提供一個研究場所。三個部門雖然各有所司，宗旨卻一致：就是要改良社會，啟發人民的愛國思想。[54]

在宣統三年的前三個月裏，他們共編出七本改良新劇，分別是：「十全會」一本，目的在勸人行善；「家庭教育」兩本，目的在提倡母教；「治魔鬼」兩本，用意在提倡人權；「新教子」兩本則是提倡

52　見大公報，1907, 5, 18; 5, 20; 12, 7; 1908, 1, 6。
53　同上，1908, 1, 6; 1911, 2, 21。
54　同上，1911, 4, 4。

自由結婚。(55)其中「家庭教育」、「新教子」都有正式演出的記錄。此外他們還演過「庚子紀念」一劇。這齣戲應該是北京義順和班在1906年編成的庚子紀念新戲，劇情描述「拳匪之種種怪現象併華人受傷之慘情」，目的在激起人民的自強觀念。(56)

除了這種正式組織的團體外，也有些人用比較鬆散的方式糾集同志，或者以個人的力量從事改革工作。廣東的程子儀就是一個相當突出的例子。程在光緒三十年十一月和朋友招齊了一筆股本，創辦了一所類似戲曲學校的組織。根據程的計劃，他要招收六十名年紀在十五歲以下的少年，組織一個戲班。這些少年除了每天學戲外，還要接受兩個小時的讀書識字課程，目的在學一些普通的知識，激發愛國的熱忱。同時也希望藉此袪除傳統優伶自賤自棄的心理。另一方面，學生如果能夠讀書識字，自然容易對新撰的戲本，有更深切的了解。除了這些課程，學生還要在閒暇時學習兵式體操。照程子儀的構想，這些學生在學成後，要常常派到鄉村中演出。每到一地，學生必須一律穿著操衣，頭戴草帽，足穿革履，並在軍樂的伴奏下演唱愛國歌曲。在這種正經八百、歌樂喧天的氣氛下，演員先繞村一周，然後準備登臺演出。演出之前，還先要由男丑一一加以介紹，並當場發賣戲本。賣戲本的作法一方面在幫助聽眾了解劇情，一方面希望藉此輾轉流傳，以為開通風氣之助。

程氏的構想到底實踐了多少，我們不得而知。但在十一月時，他們確實已編撰了一些新劇本。像以前開臺戲慣演的「六月封相」，程氏一律代以「黃帝伐蚩尤」；正本戲所演的「諸神朝天」，則改為

(55) 同上，1911, 4, 22。
(56) 同上，1911, 5, 15; 6, 26; 7, 12; 7, 13; 1906, 10, 31。

「大禹治水」。⑤他的某些計劃，今天雖然看起來可笑而不切實際，但在當時有識之士普遍強調演員的影響，力圖打破輕賤優伶的傳統偏見的議論聲中，程子儀訓練演員識字讀書的構想，無疑是比較切乎實際的辦法。這種在純粹技藝之外，再加上一般知識訓練的作法，正是傳統科班或師徒制與後來新式戲劇學校的最大差別。如果我們知道一直到1907年，伶人購閱報紙，還被當成特別新聞，被稱譽爲文明進步之舉，⑱就不難理解程氏要求藝人識字讀書的主張，實在是開風氣之先。五年之後，北京一位志士在龍泉寺設立了一所美術學堂，專門招考學生，教以有益社會的戲曲。要加入學堂者，一定先要通過文字考試，以淘汰一般不識之無的「市井俗兒」，藉此來改革戲曲界的種種陋習。⑲跟程子儀相比，這位北京志士的作法顯然來得嚴格，但要求藝人有識字能力，以提高其素質、地位的用意卻是相同的。

天津的啓蒙者喬藎臣，「精通英文，長於音學」，也是一位知名的票友。在時潮影響下，約集了一些朋友，改良戲曲以推廣社會教育。他們所排演的新戲像「女子愛國」、「潘公蹈海」，不僅針對一般國民，還特別以女子爲對象，以激發其「自強之氣」與「愛國之心」。據說每一次演出，都是「觀者爲堵，點頭鼓掌」，甚至還有人爲之「驚心隕涕」。當時的報導特別把他跟名演員田際雲相提並論，認爲是北京戲曲界的「文明特色」。⑳在北京則有　位志士，糾集了

---

⑤　大公報，1905, 1, 2 及 1905, 1, 26，王善述的論說文「論開智普及之法首以改良戲本爲先」。

⑱　這則報導說北京春季班的桂芬、桂卿兩人，訂閱了順天時報等三份報紙。有客人來時，還特別請客人講解。報導者因此稱讚他們「日進文明」。見順天時報，1907, 8, 7。

⑲　大公報，1910, 2, 4。

⑳　大公報，1906, 6, 18；順天時報，1906, 5, 27，「請再看重演惠興女士傳文明新戲」。

大約一百個青年人編排新戲，在「天樂園茶園」內演出。爲了吸引觀眾，在新戲演出之前，先唱一些具有教化意義的舊戲。⑥這種安排，可以說是相當用心。

　　而演員自身，也有不少人致力於改良的工作。被稱爲「姜聖人」，並長期爲梅蘭芳配戲的姜妙香，從1906年開始，常常和一些「文明人」往來，因而產生了編排新戲的想法。計劃從西洋小說中選擇一些和中國社會有關係的，編譯成劇本演出，以作爲文明進化的動力。⑥天津則有一個叫王鴻壽（藝名三麻子）的演員，每天在北馬路「繪芳茶園」演出，演的多半是忠臣孝子、義士烈女的事蹟。1906年 6 月，他又編排了一齣「自強傳」，講的是潘宗禮跳海的軼事（這顯然是前文多次提到的潘烈士）。這齣戲推出後，頗受好評，連著演了好幾天。受歡迎的原因，不僅是因爲三麻子演得惟妙惟肖，更主要的在於劇情編排得「情理兼盡，雅俗共賞」。⑥

第三節　演　　出

　　理論的指導、組織的推展固然重要，但如果沒有實際演出，整個戲曲改良運動就失去了最終的目的。在這一點上，改革者也同樣沒有令我們失望。他們不僅在劇場的環境，舞臺的形式、背景等硬體設施

---

⑥　大公報，1905, 6, 23。
⑥　順天時報，1906, 7, 18。
⑥　大公報，1906, 6, 18。

上有所改進；⑥在內容和精神上，更是朝著陳獨秀所謂的「戲館子是眾人的大學堂，戲子是眾人大教師」的方向不斷努力。下面我們就從當時的實際演出，看看在一片改良聲中，戲曲起過什麼樣的作用。

　　大體說來，這個時期與「改良」扯得上關係的戲曲演出，可以分爲兩類。一類是在演出內容上傳遞新的時代訊息，一類是在目的上突顯演出的特殊用意。前者可依其內容、訊息分爲三類：一是勸戒惡俗；一是提倡新思想，引介新知識；第三則是鼓吹革命。後者指的主要是義務戲的演出。這類戲曲不一定都是經過改良者（雖然改良新曲爲數不少），但不論演出劇目是新是舊，目的都在藉演出喚醒聽眾的國民意識與愛國思想，並用實際的銀錢收入來達到賑災等特殊目的。義務戲在這段時間內大量出現，固然和整個啟蒙思潮有關，也未嘗不是因爲演員意圖藉積極參與社會公益，來提高自身的形象。歸結到最後，熱心公益演出，和建立戲曲學校，同樣反映出知識份子和演員力圖提高「戲子」的社會地位，以眞正達到「眾人大教師」的期許的用意。下面就依這幾種演出類別，分別舉例說明。

(1)義務戲的演出

⑥　在這方面，上海的「新舞臺」可以說是首開其端。他們參照日本劇場的設施，在1908年引進了迴轉舞臺、各種道具和新式的照明設備。並且在名稱上，用「舞臺」取代傳統的「茶園」，以突顯其「文明」性。不久之後，「大舞臺」、「歌舞臺」等新式戲園也相繼出現。見中村忠行，前引文（二），頁57。第二年，北京、天津也開始出現改良的新戲園。像北京的「廣德樓」就推出「電光新戲」，採用新式照明和舞臺背景。天津的「大觀茶園」受到上海「新舞臺」的刺激，乾脆把名字改爲「大觀新舞臺」。分見順天時報，1909, 8, 28; 8, 29 及 9, 11 的報導。這年十月，王鐘聲在「大觀新舞臺」演出新劇「緣外緣」。王氏一身西裝打扮，在洋琴的伴奏下，娓娓唱來。一幕戲演完，「座客無不擊節稱賞，掌若雷鳴」。接下來，舞臺突然一轉，外庭變爲內室。臺下的客人，更是看得一楞一楞的。評論者則認爲整齣演出，「實津埠各梨園中從未有之奇觀」。見大公報，1909, 10, 4。這則報導多少讓我們看出當時新劇創新的實況，和觀眾的反應。

　　義務戲的演出，主要名目有籌募國民捐、賑濟災民和捐款助學。
國民捐的籌募，如前所述，是由天津的閱報社發起，曾透過宣講、演
說等方式進行。義務演戲則是另一種方式。北京的義順和班曾多次演
出梁濟編寫的「女子愛國」新戲，其中 1906 年 6 月的一次演出，特
別指明所收戲款一律繳為國民捐，「大小角色，各盡義務」。⑥⑤ 八角
鼓的票友則選中鮮魚口的「天樂園戲園」，演唱改良新曲來募集國民
捐。⑥⑥北京的「樂羣閱報社」從1906年 7 月25日起，約集了子弟八角
鼓，每天在朝陽門外的「半畝園」演唱各種改良新曲，所收款項，一
律歸入國民捐。為了收到更大的效果，「樂羣閱報社」還和其他報社
聯合，每天輪流派人到「半畝園」現場演說。⑥⑦這個例子，讓我們了
解，為了達到目的，閱報、演說和戲曲等各種形式常常是多管齊下，
同時進行。特別是演說與戲曲交互運用的例子，我們在前面已經看到
很多。

　　同樣在朝陽門外，一家叫「柳蔭居」的茶舍，也在1906年八月邀
集了一些子弟，義務演唱各種改良詞曲，所收茶資，悉數提入國民
捐，並藉以提倡國家思想。⑥⑧照相館老板，職業的啟蒙運動家王子貞
也在這一年八月，約集了「國風雅韻」和「文韻暢懷」等票房，在「
三慶園」連著三天義演華工受虐等改良詞曲，為國民捐募款。⑥⑨此
外，根據惠興其人其事編寫的「惠興女士傳」，曾經多次由名伶田際
雲搬上舞臺。1906年 5 月，田氏又率領玉成班在「廣和戲園」義演兩
天的惠興傳。演出的票價較平常每人多出京錢五百文，這些錢再加上

---

⑥⑤　大公報，1906, 6, 10。
⑥⑥　順天時報，1906, 7, 13。
⑥⑦　大公報，1906, 7, 26。
⑥⑧　同上，1906, 8, 15。
⑥⑨　同上，1906, 8, 22。

每位演員捐出的戲資，一起捐爲國民捐，除了幫助國家償還債款外，也藉此來「開多數人的智識」。而爲了加深觀眾的印象，演出當天又特別請了張展雲、彭翼仲、王子貞三人到場演說。[70]田際雲積極參與社會公益的作法，受到北京巡警部的獎勵，特頒銀牌一面。天津租界內「天仙茶園」的老板趙廣順打鐵趁熱，在三個月後，邀請田際雲率領原班人馬，到天津再演「惠興女士傳」。加收的票價，也一律捐做國民捐。[71]

　　1906、1907年的江北大水災，爲義務戲的演出帶來高潮。先是，在光緒三十三年的一月間，「普仁戒煙會」在福壽堂主辦義務戲會，將所得款項的一部份提撥爲江北火災的賑款。[72]二月間，「普仁義務會」又在福壽堂現場設置江北收捐處，代收災款。[73]而由喬藎臣、田際雲、王子貞等人提倡辦的「普仁戲會」也在一月下旬，在打磨廠的福音堂辦賑災演戲。下午三點先由人輪流上臺演說江北災情，晚上七點開始演戲。「中國婦人會」則在現場發起義賣活動。[74]另外，文時泉、安靜泉等幾位志士也在白雲觀演唱改良新曲，同樣也配合有關災民慘狀的演說。[75]在這一連串密集的賑災活動影響下，北京東四牌樓一位叫做王姬貞的女志士，一方面聽到不少關於江北災民慘狀的報導，一方面又看到「中國婦人會」在廠甸售賣災民圖，不惜拋頭露面，當街叫賣的情景，大受激勵，宣佈捐出五百金演戲助賑，所得戲款及五百金一律匯至災區。王女士並宣佈如果五百金在演戲活動中用罄，她

⑦　順天時報，1906, 5, 26; 5, 27，「請再看重演惠興女士傳文明新戲」。
⑦　大公報，1906, 8, 27。
⑦　順天時報，1907, 6, 6。
⑦　同上，1907, 3, 26。
⑦　大公報，1907, 2, 28; 3, 8。由資料判斷，這個「普仁戲會」和「普仁戒煙會」應是不同的組織，雖然二者同名，後者也舉辦賑災活動。
⑦　同上，1907, 2, 28。

願意補足此數。王姬貞一擲千金的手筆，確實引人注目，難怪當時輿論界認爲「若該女士者，洵可謂愛羣之女傑矣！」⑯王和「中國婦人會」的作法，卽使在當時啟蒙思潮勃發的大環境下，仍可能是突兀不合一般婦道的「豪傑之舉」。但無疑地，這些走在時代尖端的女子先鋒隊，已經預示了一個新時代的來臨。此外，像「北京志士」在餘園飯店的三天演出；北京花界在「三慶園」舉辦的兩天賑災義演，都爲演戲賑災的新流行，做了推波助瀾的工作。⑰

名伶姜妙香、王鳳卿等人則在三月間在報上刊登廣告，號召戲劇界同仁共襄盛舉，爲災民義演。在解釋成立這個「伶界賑濟會」的原因與目的時，他們特別標舉出兩點：一是爲了「盡同種相恤之義務」，一是因爲這類義務戲的演出，「于我輩名譽上亦大有關係」。⑱這則啟示顯出：對姜妙香等能夠掌握時代脈動，而勇於改變戲曲界現狀的伶人來說，募款救災，不僅在盡新時代國民應盡的義務；也是改變形象，提高聲譽的大好機會。兩個月後，姜妙香等人終於如願糾集了一批同志，在福壽堂義演兩天。⑲

天津方面，先有吳頌平、王祝三等人發起的「公益善會」在李公祠內又演戲，又放電影；再加上演說和散發傳單，各種想得到的方法都用上了。⑳接著，「藝善會」多次在各地茶樓、戲園展開演說勸募活動。其中一次在「天福茶樓」的演出中，一個唱大鼓書的老瞽宋五，現場卽興表演，將茶樓開會始末，當晚演唱者的姓名曲藝及江北災民的苦狀，一一道來，「合轍押韻，毫不牽強」，贏得觀眾的讚美。㉑

---

⑯　同上，1907, 3, 8。

⑰　同上，1907, 4, 2。

⑱　順天時報，1907, 4, 23。

⑲　同上，1907, 6, 19。

⑳　大公報，1907, 2, 23。

㉑　同上，1907, 3, 10。

　　自從「公益善會」首開演戲籌賑之風後，其他類似的團體紛紛出現。除了「藝善會」外，還有「廣益善會」、「花界慈善會」、「興善會」等組織。「廣益善會」和「公益善會」一樣，都是由十幾名發起人、贊助人邀請天津各戲園的名角在李公祠演出。[82]「興善會」則是由「興盛茶園」的園主和戲班班主及茶園的房東商量好後，將義演一天收得的茶資、戲資、乃至房東的房租一起捐出來。[83] 另外，位在西門外韋馱廟的「聚慶茶園」，也是由園主出面，組織義演。[84] 一般而言，由天津這些臨時性的善會所發起的義演，絕大多數演的都是傳統劇目。[85] 所以其「改良」的意義，不在於戲曲本身，而必須從演員積極參與公益活動，以改變形象這一點上去考量。

　　在上海方面，一個叫「益友社」的組織也在張園發起演戲賑災。[86] 另外一批人則組織了一個「補助華洋義賑會」，仿照中西官紳創立的「華洋義賑會」的宗旨，請了二十多個上海著名的女校書，在工部局議事廳，為江北水災義演。[87] 這番舉動馬上引起輿論的反映。在一篇「論今日演劇助賑事」的評論文章中，歌妓、戲子的地位經過善意的解釋而得到提昇。區區女伶急公好義之舉，除受到贊揚外，也用來與「上等及中等社會之士」對照，好讓後者感到愧疚而有以應之。[88]

　　演戲救災的活動雖然在1907年江北水災中最為頻密，卻不僅止於此。譬如1908年夏天，廣東、安徽接連發生水災，就又掀起了一陣賑災熱。一羣慈善家在張園請人演出灘簧和改良新戲「潘烈士投海」及

---

[82]　大公報，1907, 3, 26; 3, 20。

[83]　同上，1907, 3, 23。

[84]　同上，1907, 3, 24。

[85]　參見大公報，1907, 2, 23; 3, 20 的相關廣告。

[86]　申報，1907, 2, 21，頁 443。

[87]　申報，1907, 1, 14，頁 130; 1, 17，頁 155。

[88]　申報，1907, 1, 19，頁 173。

「戒鴉片煙」等劇。[89]「丹桂茶園」的主人夏月珊在廣東發生水患時，本來就已經登了廣告，擇日義演；後來安徽水災接著發生，夏月珊又以安徽人的身份，呼籲鄉親踴躍捐輸。[90]其他像「丹鳳茶園」、「羣仙戲園」、「遏雲集」等團體也紛紛跟進。[91]又如 1910 年中，湖南因為饑荒，而發生災民鬧事的案子。為了平息災變，湘省紳商乃設法籌募巨款來舉辦平糶。其中有四名紳士特別約集了同志八人，請「閑吟社」（又稱「改良戲曲社」）的全體社員在左文襄公祠演戲三天，收入所得，全部用來補助平糶計畫。演出的曲目大半是傳統作品，但有一齣「俄羅斯奈何天」顯然是新劇，可惜我們不知道具體內容。[92]

1911 年江皖一帶又發生水患，「華洋義賑會」發起演戲救災活動，在上海三馬路的「大舞臺」演出「苦社會」一劇。這齣戲的腳本由一個叫江丹君的人編成，然後和菊壇的趙如泉、呂月樵等合作，編排演出。演出前先由「華洋義賑會」的美籍會長福茂生和中國籍會長沈仲禮分別上臺演說。據說演講完後，聽眾異常感動，除了鼓掌如雷外，並有人「出資狂擲臺上」。接下來的演出，我們雖然不知道全部內容，但從詳細的劇目，可以看出一個梗概：「苦社會哀集官署　鳳陽府馳電省垣　賢中丞為民請命　兩會長演說災情　查難戶教士奮勇　遭水患孝婦傾家　錢如命乘危逼嫁　林丁氏乞食養親　二義賊盜金警惡　兩教士救死賜金　草根樹皮為食料　冰天雪地募尸棺　下店饅頭餡人肉　弱息餓病困茅棚　惡丐剝人炒糠秕　餓殍寧死自投河　救沈災傅公破產　遭惡報錢氏焚身　蒲福兵輪運麵粉　美邦善士拾金錢　又霪雨麥秋無望　運糧種標本畫籌　為日長救人須澈　福星聚作善

⑧⑨　申報，1908, 7, 25，頁 331, 339。
⑨⓪　申報，1908, 7, 14，頁 177; 7, 25，頁 335; 8, 11，頁 576。
⑨①　申報，1908, 8, 16，頁 653; 8, 28，頁 811; 8, 31，頁 845。
⑨②　大公報，1910, 6, 13。

降祥」。[93] 從這份洋洋灑灑的劇目來看，這齣戲的許多要素都應該是舊劇觀眾所熟悉的。不僅腳本是用傳統章回體寫成，書中的人物和情節像孝婦、義賊、有錢而吝嗇的惡人，以及乞食養親、乘危逼嫁、人肉饅頭和吃草根樹皮等都是傳統戲曲、小說中常見者。但既然是時代新戲，總要加上一些新成份，所以我們看到了教士、美籍善人、演說、兵輪等新的人和事物。

　　演戲助學之風的出現和惠興有很大的關係。惠興為創辦學堂而殉節的消息傳開後，在社會上激起很大的漣漪。名伶田際雲將這個充滿戲劇性的事件編排入戲，搬上舞臺。1907 年 4 月 17 日，他在北京福壽堂邀請來北京城內大小名角，成立「匡學會」，同時又請來各城的票友，從當天起義務演唱這齣新戲三晝夜。三天戲唱下來，一共籌得款項五千多元，全部匯寄給杭州將軍，轉交惠興一手創辦的「貞文女學堂」。[94]

　　接下來，義順和班的名伶崔靈芝公演梁濟編的「桑露戰記」和「女子愛國」。三天演出的戲資全部捐出，給湖北蘄水縣的「閨範學堂」。[95] 熱心的名票喬藎臣也不落人後，和李毓臣兩人邀請了京師的一批票友，在福壽堂演兩天義務戲。所得款項一部份捐給北京的濟良所，一部份則捐給上海公學。[96] 過了兩個月，又有西城的八角鼓團體在福壽堂為女學募款。[97] 由紳士孟藝齋創辦的「宏育小學堂」，在1908年也因為經費不足，稟准在東門外二閘一帶，搭建戲臺，演唱文明戲曲，籌款助學。而孟氏援引的則是1907年建棚演戲助學的成案。[98] 這個例

93　同上，1911, 6, 2。
94　同上，1906, 8, 27。
95　順天時報，1906, 5, 22。
96　同上，1906, 6, 12。
97　同上，1906, 10, 6。
98　同上，1908, 6, 27; 7, 11。

子說明至少在北京一帶，演戲助學已不是什麼特例。不光是惠興興學之類喧騰一時，舉國皆知的個案能贏得名伶的注目；連一些名不見經傳的小學堂，也可以在野外搭一個臺子，請一些不知名的演員，爲文明的設施盡一份「文明時代」下的戲子所該盡的一點義務。

更進一步，還有伶人直接出資設立一般的學堂。譬如一向熱衷啟蒙事務的潘月樵、夏月潤就借上海梨園公所成立了一間「榛苓初等小學堂」，教授國文、算術、體育、手工、外文、唱歌等課程。⑲在蘇州，則有伶人夏雲峰等人同樣借用梨園公所設立「菁莪小學堂」，學校的經費由演員捐認每星期日戲資所得來支助。⑩

在這個啟蒙的風潮下，辦學堂可以說是題中應有之意。而在學堂中，不僅要傳授各種現買現賣的新知，體育活動也日漸受到重視。和所謂的「兵操」（「軍操」）一樣，體育被視爲強身、強種、強國的重要基礎，是新時代的國民（特別是學生）必須重視的課程。在這一方面，「移風樂會」的劉子良領先羣倫。他在1911年，和其他十幾個發起人，邀請京津著名角色，在「丹桂園」唱義務戲三天。發起人、戲園及各個名角均分文不取，所得款項悉數捐給體育社作爲經費。⑩

除了這些用途，義演所得有時也用來支助戒煙活動。上文提到的「普仁戒煙會」，前後主辦的幾次義演，除了一部份捐給1907年江北水災的災民外，多半還是用在戒煙會的維持上。另外，在永定門外沙子口的一家「四合號茶社」，聽說城內的戒煙會因爲經費不足，而志願公演義務新戲。茶社和戲班方面最初打算公演六天，但在一位陳姓志士票友的建議下，義演的天數延爲十五天。⑫

㉙　申報，1906, 1, 11，頁 85; 1906, 2, 16，頁 317。
⑩　同上，1906, 12, 12，頁 641。
⑩　大公報，1911, 5, 15。
⑫　順天時報，1908, 6, 6。

　　國民捐、賑災、興學、戒煙會是啟蒙運動的要目，戲曲演出都與
之扯上關係。另外一項啟蒙運動下的產物——閱報社——也沒有完全
被人忽略。北京一個叫王璞山的志士，創設了一間「成城閱報社」。
因爲經費不足，特地在 1908 年 7 月，請了一位演唱曲藝的瞽者王玉
峰，在「三慶園」演唱兩天，「以絃代倡，籌措經費」。[103]

(2)勸戒惡俗

　　所謂勸戒惡俗，除了針對迷信邪教而發外，最主要的還是集中在
鴉片和纏足兩項。勸戒鴉片的戲劇在當時最有名的是「黑籍寃魂」。
這齣戲由夏月珊等人在1908年的粵皖賑災中首度演出。[104]此後，他們
還在不同的戲園搬演此劇。[105]不過勸戒惡俗的主要形式還是曲藝，其
中川督趙爾巽在 1909 年頒行的「勸民醒迷歌」相當具有代表性 。 趙
爾巽頒行這篇醒迷歌的最大動機，是因爲義和拳所衍生出來的一些流
派 ， 在當時還滋生事端 ， 在好幾個地方發生邪教教民聚眾傷人的案
子。爲了防止更嚴重的亂事發生，特地撰印「勸民醒迷歌」一篇，令
人到處發放張貼。 並令宣講生及識字熱心之人， 在茶坊、 酒肆、 城
市、村莊，隨地演說。同時也命令說書盲人將歌詞編爲唱本，讓窮鄉
僻壤的婦孺愚頑都有所警悟。這篇歌辭的大要，前文已經舉列，這裏
不再重複。[106]

　　戒煙和戒纏足的宣傳戰，也多半採用類似的方法，用淺白的文字
編成歌曲，任其流佈。例如直隸肅寧縣縣令除了在城鄉、村鎮張貼禁
種、禁賣、禁吸的告示外，又將吸煙利害，用淺近易曉的詞句編成歌

---

[103]　順天時報，1908, 7, 25。

[104]　申報，1908, 7, 25，頁 335。

[105]　同上，1908, 8, 6，頁 498; 1910, 10, 15，頁 708。

[106]　見大公報，1909, 9, 1; 9, 2。

曲，印刷了四千多張，派巡行宣講員和各村正、村副等隨時宣導。⑰
在這個例子中，我們雖然不知道編成的歌曲是否被人用爲唱本，實際
唱出來；但至少在編寫這張宣傳單時，李姓縣令心裏想的，不僅是用
此作爲宣講的稿本，還希望它被用作唱本。河南統稅局的作法，則清
楚顯示出他們打算用傳統民間戲曲的形式，來傳遞新訊息的用心。爲
了達到更大的禁煙效果，統稅局除了配製戒煙用藥，四處分送外，還
因爲「汴俗最愛聽唱道情」，而把鴉片戒不戒之利害，演爲道情文
體，分別敍述「煙害溯源、士人吸煙之害、農夫吸煙之害、工人吸煙
之害、商人吸煙之害、普通吸煙之害、戒煙利害」，並印刷成册，頒
發各屬，以廣爲演唱。⑱

　　類似的作法，也用於戒纏足上。例如揚州一個叫李新田的紳士，
編寫了「普勸婦女不纏足歌」，呈請兩江總督李興銳發交官書局印
行，以廣流傳。⑲湖北一位叫宋康復的紳士，也設立了不纏足會，用
「盡人能曉」的文字編寫歌詞。⑩蘇州吳門天足社則鼓勵同志捐印各
種圖說，如「天足歌」、「殘疾可憐圖說」、「莫包腳歌」等，以廣
爲流佈。⑪

　　除了這些用五言、七言或流行一地的道情體寫成的歌曲外，更值
得我們重視的則是「五更調」、「十二月曲」之類宣傳唱本的大量出
現。事實上，根據任二北的研究，這兩種曲調的出現，時間甚早。「
五更轉」至少在六朝時就已出現，而在唐五代時大爲盛行。在現在看
得到的敦煌雜曲中，「五更轉」佔了不小的比例。⑫另外，在敦煌雜

⑰　同上，1910, 3, 3。
⑱　順天時報，1907, 7, 18。
⑲　警鐘日報，1904, 10, 24。大公報，1904, 11, 2。
⑩　大公報，1904, 3, 18。
⑪　申報，1905, 5, 21，頁 191。
⑫　任二北，敦煌曲初探，（上海文藝聯合出版社，1954），頁 57-59。

曲中，也有一些「十二月相思」之類的作品。這種從一月唱到十二月的體裁，開宋代「十二月鼓子詞」的先河。這類詞曲雖然有不少經過文人的潤飾，或完全出於文人之手，但就其韻文的形式而言，實際上是來自民間的俗曲，[113] 和我們在清末看到的「十二月曲」，在結構上也大體相同。在敦煌雜曲中看到的「十二月曲」，基本上是和征戰、從軍相關的閨怨之作。「五更轉」則和變文一樣，大致可分爲宗教性與非宗教性兩種。前者主要是用來宣揚佛教教義，後者則以閨怨爲主，偶爾夾雜一些哀歎不識字之苦或發憤圖強的作品。[114]

　　這種用淺顯的文字，配合上民間普遍流行的歌唱曲調，以期更有效地向一般人宣揚新的價值體系，或進行道德性勸勉的作法，和清末的知識份子、官紳、志士利用戲曲形式所推展的下層社會啟蒙運動，不僅在精神、意圖上有著前後一貫之處，在曲調形式上也基本不變。下面我們可以舉幾個具體的例子來說明。

歎　五　更

　　一更初。自恨長養枉生軀，耶娘小來不教授，如今爭識文與書？

　　二更深。孝經一卷不曾尋。之乎者也都不識，如今嗟歎始悲吟。

　　三更半。到處被他筆頭算，縱然身達得官職，公事文書爭處斷？

　　四更長。晝夜常如面向牆，男兒到此屈折地，悔不孝經讀一行。

　　五更曉。作人已來都未了，東西南北被驅使，恰如盲人不見道。[115]

---

[113]　同前引書，頁 68-69 及序文頁 4-6，特別是頁 6。

[114]　同前，序文 5-7；正文頁 60 61；69。

[115]　引自任二北，敦煌曲校錄，（上海文藝聯合出版社，1955），頁 115。

　　這段敍述，馬上讓我們想到浙江桐鄉縣縣令那篇「苦心勸學」的白話文告中的種種說辭（見第四章）。而因爲不識字而遭人算計、驅使的種種屈辱，正像纏足、吸食鴉片所帶來的種種痛苦、災厄一樣，是要藉負面感傷、追悔性的陳述，來達到正面的教化目的。下面的「太子五更轉」，則是直接的宣教之作。

太子五更轉

　　一更初。太子欲發坐心思，奈知耶娘防守到，何時度得雪山川。

　　二更深。五百個力士睡昏沈，遮取黃羊及車匣，朱鬃白馬同一心。

　　三更滿。太子騰空無人見，宮裏傳聞悉達無，耶娘肝腸寸寸斷。

　　四更長。太子苦行萬里香，一樂菩提修佛道，不藉你世上作公王。

　　五更曉。大地上眾生行道了，忽見城頭白馬蹤，則知太子成佛了。[116]

　　至於「十二月曲」，我們則可以舉「十二月──遼陽寒雁」爲例：

　　正月孟春春漸暄。狂夫一別□□□。無端嫁得長征婿。教妾尋常獨自眠。

　　二月仲春春未熟。自別征夫實難掣。貞君一去到三秋。黃鳥窗邊喚新月。也也也也。

　　三月季春春極暄。忽念遼陽愁轉添。賤妾思君腸欲斷。君何無行不歸還。（中略）

　　十月孟多多漸寒。今尙紛紛雪敷山。尋思別君盡憔悴。愁君作

---

[116]　同上，頁118-119。

客在□□。

十一月仲冬多多嚴寒。幽閨猶坐綠窗前。戰袍緣何不開領。愁君
肌瘦恐嫌寬。

十二月季冬多多極寒。晝夜愁君臥不安。枕函褥子無人見。忽憶
貞君□□□。⑰

接下來，我們再看看清末以「五更調」、「十二時曲」的體裁寫
成的勸戒纏足、鴉片的文字。

歎五更——憫纏足也

一呀一更裏，月影兒上欄干。誰家姑娘裹起了小金蓮？可憐
呀！皮破肉又爛，寸步難移怕走到階前。

二呀二更裏，月影兒上紗窗。纏足的姑娘好不心傷，惹人呀！
笑罵不把腳來放，野蠻不過二爹娘。

三呀三更裏，月影兒照花臺。扭扭揑揑出房來，聞得呀！外國
兵來到，想要逃命跑不開。

四呀四更裏，月影兒向西斜。三寸紅鞋困住了小奴家，不如
呀！將腳來放大，幫助男兒保護國家。

五呀五更裏，月落到天明。奉勸同胞姊姊妹妹們聽，聞說呀！
立下天足會，我把，這紡棉花的錢捐入在會中。⑱

戒纏足歌——仿紅繡鞋十二月

好一箇美多才，噯呀！香風兒撲滿了懷，噯噯呀！柳陰樹下跕
著一箇女裙釵，哼噯呀！小金蓮呀！他把風流賣。

⑰ 引見任半塘編，敦煌歌辭總編，(上海古籍出版社，1987)，第三冊，頁1254-1255。
此書所收集的敦煌歌曲較〈敦煌曲校錄〉多出一倍以上，其中卷五雜曲部份，收
集了更多「五更轉」及其他「十二月曲」的歌辭。

⑱ 這首歌的作者是天地寄廬主人，轉引自阿英編，晚清文學叢鈔：說唱文學卷，上
冊，（北京，1960)，頁 46。

一雙紅繡鞋，噯呀！正月裏梅花兒開，噯噯呀！父母遺體偏要裹起來，哼噯呀！傷天和呀！我的那箇小乖乖。

二雙紅繡鞋，噯呀！二月裏杏花兒開，噯噯呀！三寸金蓮一步也難抬，哼噯呀！走不動呀！我的那箇小乖乖。

三雙紅繡鞋，噯呀！三月裏桃花兒開，噯噯呀！十指屈曲疼痛好難挨，哼噯呀！狠心腸呀！我的那箇小乖乖。

四雙紅繡鞋，噯呀！四月裏芍藥花兒開，噯噯呀！瘦小紅菱好不美哉，哼噯呀！皮包骨呀！我的那箇小乖乖。

五雙紅繡鞋，噯呀！五月裏石榴花兒開，噯噯呀！皮破血爛一見了也心灰，哼噯呀！蒙不潔呀！我的那箇小乖乖。

六雙紅繡鞋，噯呀！六月裏荷花兒開，噯噯呀！一釣新月好一似裙邊埋，哼噯呀！站不穩呀！我的那箇小乖乖。

七雙紅繡鞋，噯呀！七月裏牽牛花兒開，噯噯呀！反亂臨頭跑也跑不上來，哼噯呀！白送命呀！我的那箇小乖乖。

八雙紅繡鞋，噯呀！八月裏桂花兒開，噯噯呀！□□□□□□□□□□，哼噯呀！□□□□！我的那箇小乖乖。

九雙紅繡鞋，噯呀！九月裏菊花兒開，噯噯呀！潘妃步步上了金蓮臺，哼噯呀！亡國貨呀！我的那箇小乖乖。

十雙紅繡鞋，噯呀！十月裏芙蓉花兒開，噯噯呀！滿洲人大腳一樣坐八抬，哼噯呀！遵懿旨呀！我的那箇小乖乖。

十一雙紅繡鞋，噯呀！十一月裏茶花兒開，噯噯呀！西洋天足好不爽快，哼噯呀！女權伸呀！我的那箇小乖乖。

十二雙紅繡鞋，噯呀！十二月裏水仙花兒開，噯噯呀！奉勸諸君憐惜小嬰孩，哼噯呀！不纏足呀！我的那箇小乖乖。⑲

---

⑲ 天地寄廬主人，引見同前，頁 45-46。

戒煙五更調

一更一點月已升，煙癮初成。搖搖得噲，煙癮初成。雙搓手掌
樹百筋，點煙燈。吸一筒，骨節靈通。搖搖得噲，骨節靈通。
二更二點月漸高，煙癮難熬。搖搖得噲，煙癮難熬。呵欠鼻涕
緊叨叨，眞不了。一口氣，半兩煙膏。搖搖得噲，半兩煙膏。
三更三點月天中，手捏煙筒。搖搖得噲，手捏煙筒。大土小土
都冷籠，昏懂懂。吃得來，櫃盡箱空，搖搖得噲，櫃盡箱空。
四更四點月上牆，想吃臺漿。搖搖得噲，想吃臺漿。銅錢沒有
沒商量，典衣裳。弄到頭，只剩煙槍。搖搖得噲，只剩煙槍。
五更五點月色黃，吃得精光。搖搖得噲，吃得精光。兩肩聳起頭
髮長，像鬼王。吃烏煙，終沒收場。搖搖得噲，終沒收場。[20]

很顯然的，清末的「五更調」或「十二月曲」，在形式上更趨自
由，不嚴格限定五字或七字；而文字上，也更近乎口語。前面說過，
「五更調」（轉）及「十二月曲」原來都是民間俗曲。既是流通於民
間的歌謠，則在演唱時，隨著地域或個人的差異，加上不同的裝飾音
或文字，無寧是自然的發展。這種從一更唱到五更，或從一月唱到十
二月的演唱方式，從六朝或唐五代之際出現以後，基本架構就一直存
續下來。但隨著時間的流變，「五更曲」及「十二月曲」的內容卻益
趨繁複，形式上也愈爲奔放自由。例如至少從明萬曆年間就開始流行
的時尚小曲「銀紐絲」（又稱「探親調」），就是採用「五更曲」的
骨架，卻在肌裏上更爲豐腴：

　　一更裏個相思末，等郎子個來呆呆的思想手托腮。手拿鑰匙來
　　門戶處處開，雙根頸燈草獨剩個灰。今朝勿來勿應該，叫奴到
　　底啥人陪。

---

[20] 同前，頁 57-58。

三更裏個相思末，呆蒙子個懂賽撞著了大木鐘。心裏氣鬆鬆，眼淚落在胸，俺個人行了格種良心末。天也不肯來相容，奴個天呀歎命窮。

四更裏個相思末，氣極子個了滿身好比火來煙呀。心裏勃勃跳，地下小雞叫。一下子思量好不又心焦。翻來覆去天將曉，叫奴哪哼到明早。⑫

又如在清代流行的「對花」、「十二月花名調」、「跑旱船」、「孟姜女」等曲調，用的也都是「十二月曲」的結構：

跑 旱 船

正月探妹正月正，我與小妹逛花燈。逛燈是假的，妹子，試試你的心。詠呼呀呼吸。

二月探妹龍抬頭，我與小妹下揚州。遊迦是假的，妹子，試試你的心。呼嘿呀呼。

三月探妹三月三，我與小妹逛竺山。逛山是假的，好與小妹並頭蓮。⑫

對 花

正月裏來開的甚麼花？正月裏來開的迎春花。迎春花開旺得長得大，小妹妹一心要對花。七不楞登唵，唵得合撒。七不楞登唵，唵得合花得撒得撒得合撒，得花得花得合花。

二月裏來開的甚麼花？二月裏來開的芝蘭花。芝蘭花開旺得長得大，小妹妹一心要對花。七不楞登唵，唵得合撒。七不楞登唵，唵得合花得撒得撒得合撒。得花得花得合花。⑬

---

⑫　以上引見曾永義，說俗文學，（臺北，聯經，1980），頁 20-23。

⑫　同上，頁 24-25。

⑬　同上，頁 26-27。

　　從這幾個例子中，我們可以看出，這些歌曲的內容雖然是以男女情愛爲主，不似敦煌雜曲及淸末的勸戒惡俗那般富於敎化色彩。但在外貌上，這些歌曲卻和淸末的戒煙、戒纏足曲更爲接近。不但歌詞更口語化，結構也更爲卽興而自由。

　　除了「五更調」、「十二月曲」之類的體裁外，勸戒惡俗的歌曲還以其他的「數字型」結構出現。譬如「十杯酒」、「嘆十聲」、「十恨調」等。㉔其中像「十杯酒」的體裁，至少在河北、山東、江蘇、安徽、浙江、湖北、四川、雲南、廣西等地都流傳過。㉕

　　值得注意的是，這些歌曲不僅刊載在當時流行的白話報刊、雜誌（像安徽俗話報、杭州白話報、新小說等）上，也結集出版。像天地寄廬寫的「戒煙歌」、「戒纏足歌」，就以「時調唱歌」的名字，在1903年由上海商務印書館發行。㉖更重要的是，中央研究院傅斯年圖書館所藏的大批俗文學資料中，就有不少以上述體裁印行的「戒煙歌」、「戒纏足歌」。這些單行本多半印刷簡陋，紙張粗劣，顯然是以一般民眾爲對象。很可能被藝人用爲唱本，或由粗通文字的下層社會人民買來閱讀。這些單薄短小的唱本的出現，明確地證實了勸戒歌曲確曾在下層社會流傳。不過由於這些作品或是年代不詳，或是在民國時出版，此處將不予論列。

⑶推介愛國思想與新知

　　這個類型的戲曲演出，或是以中國近代史上的大事件爲題材，或

㉔　具體的例子可參見阿英，前引書，頁 59-60；安徽俗話報，第三期、第十期的詩詞部份。

㉕　見王秋桂編，李家瑞先生通俗文學論文集，（臺北，學生書局，1982），頁185-200。

㉖　見大公報，1903, 7, 24，廣告欄。

是借古諷今，以點出民族主義、愛國思想的主題。也有人從時事新聞中取材，以加深觀眾對新思潮或改革運動的印象。另外一種作法則是用其他國家的歷史發展、興亡事跡，作中國人的借鏡，藉以建立觀者的危亡、民族意識。

義和團之亂是世紀之交發生的大事，不但對日後歷史的發展有重大影響，更是清末下層社會啟蒙運動發生的主因。戲曲演出以此為題材，是再自然不過了。以北京為例，在東城一帶，書場林立。1902年開始，漸漸出現了「新義和拳始末」和「拳匪作亂醒世歌」等唱本。各書場逐日演唱，聽者如堵。新聞的報導者認為：這些演出，「雖未必盡開民智，然入耳驚心，聞而點頭太息者不少。」⑫應該是相當客觀公允的記述。

不讓人意外地，「十二月曲」、「五更調」也被用來傳述這個驚天動地的歷史悲劇。竹天農人（汪笑儂）寫的「十二月太平年──北調」，充滿了嘲諷的意味。對百姓的苦難，朝廷、軍隊的無能，洋人的荒淫侵逼以及拳民的真面目，都有切當簡要、淺白易解的描述：

> 正月裏，正月正。八國聯軍進了北京城，義和團跑了無蹤影。太平年，十萬里江山不太平，年太平。
>
> 二月裏，龍抬頭。民教無端結了仇，亂殺亂砍齊動手。太平年，大街小巷掛人頭，年太平。
>
> 三月裏，開蟠桃。外國兵來無處逃，文武百官一半兒跑。太平年，到處男哭女又嚎，年太平。
>
> 四月裏，四月八。有錢之人破了家，咬牙切齒將團匪罵。太平年，無端蹂躪好京華，年太平。
>
> 五月裏，到端陽。外國兵來無處藏，分明認得是紅燈照。太平

---

⑫ 同上，1902, 10, 30。

年，卻被洋人恣意淫荒，年太平。

六月裏，蓮花開。百官一去民當災，武衛軍吃糧不能打仗。太平年，反把洋兵讓進來，年太平。

七月裏，七月七。拆散人家好夫妻，恐怕失身盡節死。太平年，好勸兒夫奔陝西，年太平。

八月裏，月正圓。多少兵頭要洋錢，也學官場送把萬民傘。太平年，千方百計奉承洋官，年太平。

九月裏，菊花黃。劉張二帥保長江，半壁山河沒有亂。太平年，黃河以北受災殃，年太平。

十月裏，十月一。全權大臣心著急，四百兆賠款才不去。太平年，從此後中國刮盡地皮，年太平。

十一月，小陽春。北京城中被各國分，堂堂龍旗無蹤影。太平年，小旗爭書日本順民，年太平。

十二月，整一年。畫了和約回了鑾，危急存亡全不管。太平年，火燒眉毛暫顧眼前，年太平。⑫

另外一首不知作者的「小五更──北調」也透露出類似的訊息：

一更鼓裏天，一更鼓裏天。八國聯軍反進了中原，瓦德西坐則在儀鑾殿。車駕幸長安，哭壞了文武官。六街三市廢井頹垣，義和團到此時他不見面。

二更鼓裏鳴，二更鼓裏鳴。外國的人馬進了北京，亂奸淫苦壞了眾百姓。男女放悲聲，家破財又傾。武衛三軍無影又無聲，文武官這時候難顧命。

三更鼓裏催，三更鼓裏催。各國的兵將破了重圍，有心人掉了幾點憂國的淚。城市化劫灰，瓦礫亂成堆。城牆上開門任性妄

---

⑫ 引見阿英編，庚子事變文學集，下冊，（北京中華書局，1959），頁 671-672。

為，這時候誰還敢說破風水。

四更鼓裏多，四更鼓裏多。全權大臣進京來議和，滿盤空繞知道那一著錯。干戈化玉帛，賠款實在多。此刻的中國有理也難說，到後來國困民窮怎麼過。

五更到天明，五更到天明。畫了和約天下太平，好江山搶了一箇一家淨。回鑾到北京，龍體慶安寧。兵燹的情形觸目又心驚，聖天子百靈相助也該有靈應。⑫

此外，還有一些用流行在清朝民間的曲調和彈詞、傳奇甚至新劇來描寫這次事件的作品，都收集在阿英編的〈庚子事變文學集〉裏，這裏就不再多引。

華工在美國受到的悲慘不公的待遇，因為 1905 年美國對華工禁約而普遍引起國內的重視與義憤。北京的「三慶園」就曾由王子貞出面，約請子弟八角鼓演唱華工受虐新曲。據報導，這些新曲「聲調悽涼，形容悲慘」，聽眾中「具有種族之思想者，對此觸動感情，不覺雙淚俱下矣！」⑬

以古諷今的例子，則可以汪笑儂重新編排公演的「桃花扇」為代表。對當時人來說，「桃花扇」所要傳達的不外乎國家、種族兩種感情。搬演這齣「二百六十年前亡國」的慘劇，實際上是要告訴觀眾，現在中國面臨了同樣亡國滅種的危機。汪笑儂在劇中扮演老贊禮這個於全劇最有關係的角色，「苦語招回中國之魂，慷慨悲歌重寫南朝之恨」。評論者並希望藉著此劇，將「民族主義之暗潮，（其）由此一一普及於下等社會中」。⑭

⑫　同前，頁 672-673。
⑬　大公報，1906, 8, 24。
⑭　警鐘日報，1904, 8, 28。

有趣的是，梁啟超也很早就對〈桃花扇〉產生濃厚的興趣。光緒二十九年一月，他在從日本到美國的太平洋旅程上，對〈桃花扇〉一戲大發議論。照任公的說法，孔尚任的〈桃花扇〉，就其「結構之精嚴、文藻之壯麗、寄託之遙深」而論，算得上「冠絕前古」。辭章、劇情、結構固然都是任公對這齣戲令眼相看的原因，但「寄託之遙深」更是一個不容忽視的因素。而所謂「寄託之遙深」，說穿了，也不過是全劇中若隱若現的「種族之戚」、「故國之感」。梁啟超特別指出：在全劇中，他最喜歡誦讀的段落是「莫過烏衣巷，是別姓人家新畫梁」、「誰知歌罷剩空筵，長江一線，吳頭楚尾路三千，盡皈別姓」、「將五十年興亡看飽，那烏衣巷不姓王。莫愁湖，鬼夜哭。……殘山夢最眞，舊境丟難掉。不信這興圖換稿，謅一套哀江南。放悲聲唱到老」。而「讀此而不油然生民族主義之思想者，必其無人心者也。」[132]

我們都知道，光緒二十九年（1903年）是梁啟超思想的重要轉捩點。他從激烈的排滿，提倡革命和種族主義，一變而主張維新，反對共和。[133]所以這裏所說的民族主義，固然可以廣義的解釋成對列強瓜分所做的反應，但狹義的排滿可能更切合他此時的心境。汪笑儂重新排演的「桃花扇」也可能具有這兩種意義。但由於他並未直接將這齣戲與排滿、革命聯在一起，而只是泛泛的使用民族主義，所以我們放在這裏討論。[134]

立憲運動是清末改革的重頭戲，改良戲曲中也有一些以此為題材者。譬如天津河東奧租界內的「宴樂茶園」，有兩個藝人韓亨斌及皮恩

榮，在演唱雙簧時，就特別添加了一段改良詞曲，大意是說：現值預備立憲時代，我等國民宜具熱心，共理地方自治。高麗、越南的國民無自治能力，終至滅亡。我等雖在技藝之界，不能追隨大人先生之役後，亦宜於詞句中稍加改良，喚醒同胞，以盡國民之義務。在場座客，聽了這一席演唱，據說「無不鼓掌叫絕，聲若雷鳴」。[135]

河東的「同樂新舞臺」，則在1910年初公演「國會熱潮」新戲。這齣戲根據的是1909年，湖南善化一位徐姓志士，斷指送國會代表的眞人眞事改編。演出者除了「新舞臺」原有的職業演員外，還包括了報館的經理、主筆、書局（叫「文明書局」）的經理、憲政研究會的書記和宣講所的演說員。[136]所以不僅戲的內容，連演員的挑選也充分傳達出文明啟蒙的宗旨。

藉別人的酒杯澆自己的塊壘，也是新戲常用的手法。早在1906年，北京的各戲園就利用福壽堂演出改良新戲。其劇目除了「潘烈士跳海」、「惠興傳」和汪笑儂編的「黨人碑」、「苦旅行」外，還有一齣波蘭女子愛國新戲。[137]天津的「協盛茶園」有一個叫張黑的名優，常常在登臺演戲時加上一段卽興演說，內容除了籌還國債外，還包括了印度、越南、高麗的亡國慘狀。[138]「新舞臺」在演出「國民熱潮」的同時，還編排了另一齣「政黨戲」，叫做「百合花」，講的是法國拿破崙第三時代王黨與革命黨爭執的故事。[139]雖然我們不知道詳細的劇情，但王黨與革命黨這個主題，顯然和中國的現狀有密切的關係。

僻處關外的奉天省「維新茶園」，在1911年初排演了一齣「國會

---

[135] 大公報，1910, 5, 23。
[136] 同上，1910, 2, 26。
[137] 同上，1906, 4, 2。
[138] 同上，1910, 5, 6。
[139] 同上，1910, 2, 23。

血」，其中一段講述亡國奴的慘況，用的是日本併吞韓國的例子。沒想到演出之後，卻遭到日本領事的抗議，認爲劇中情節毫無根據，徒然引起國民的惡感，妨礙到中日兩國的邦交。在日本領事的壓力下，警務局最後下令禁演。⑭ 日本領事鄭重其事的出面抗議，多少反襯出這齣戲的影響力，或日方認爲它可能產生的影響力。無獨有偶的，在南方的福州，有個叫「平講小戲班」的劇團，因爲演出「駁教扣工」及「古田教案」、「洋人慘戮」等新戲，而受到英美兩國領事的抗議，最後也被禁演。⑭ 這幾個例子多少讓我們看出「改良新戲」的大概趨向及其所受到的重視。

　　此外，用俗曲形式寫成，要求人民奮發向上、愛國圖存的歌曲也不少。謳歌變俗人的「愛國歌——仿時調嘆五更體」，就直接明白的表達出這層意思：

　　一更裏，月初升。愛國的人兒心內明，錦繡江山須保穩，怕的是人家要瓜分。

　　二更裏，月輪高。愛國的人兒膽氣豪，從今結下大團體，四萬萬人兒是同胞。

　　三更裏，月中央。愛國的人兒把眉揚，爲牛爲馬都不願，一心心只想那中國強。

　　四更裏，月漸西。愛國的人兒把眉低，大聲呼喚喚不醒，睡夢中的人兒著了迷。

　　五更裏，月已殘。愛國的人兒不肯眠，胸前多少血和淚，心裏頭一似滾油煎。⑭

---

⑭　大公報，1911, 1, 11。

⑭　申報，1908, 1, 7，頁 78。

⑭　阿英，晚清文學叢鈔：說唱文學卷，上冊，頁 42。

　　一位叫龍眠（意像很明顯的一個名字）女士寫的「嘆五更——傷國事也」，則以較多的篇幅點出中國弱敗之由，和列強致盛的原因。從做官讀書的說起，到種田做手藝、做生意乃至弱女子的諸般作爲，悲痛而如實的演述出積弱不振的種種道理。最後則總結當時維新變法的各種努力，提出「日本能，中國也能」的期勉和呼籲。全文文字淺白，分析述事入情入理，是一篇出色的啟蒙之作：

　　　一更裏，坐蘭房，前思後想。思想起，國家事，好不羞慚。我中國，受洋人，許多欺侮。既割地，又賠款，凌辱難堪。可憐我，百姓們，不知愛國，總說是，國強弱，與我無干。要曉得，國若危，家何能保？你看那，外洋人，家國相關。

　　　二更裏，把心事，告訴諸君。外洋人，他強勝也有原因。他們的，狠處在，大家爭勝。視公事，如私事，國家無分小孩子，也知道，盡忠保國。無論那，貧和富，識字通文。和別國，打起戰，人人拼命。鎗與砲，車和船，無樣不能。國家事，百姓們，都能查管。廻頭看，我中國，那樣如人。

　　　三更裏，悶沉沉，越思越恨。我中國窮且弱，不爲無因。讀書的，只知道，文章詩賦。打茶園，上賭場，煙色迷昏。提起了，國家事，抽身就走。又有些，假理學，一派斯文。一說道，國家危，總言天意。凡百事，總說是，運氣爲憑。種田的，更無知，蛙居井底。耳不聞，目不見，終歲辛勤。只知道，占陰晴，祈年望歲。守陳法，不改變，地利難興。手藝人，都沒有，巧妙器具。只知道，偷工料，全不求精。生意人，較錙銖，希圖微利。全不知，顧國體，依靠洋人。做官的，好錢財，待民暴虐。奉朝旨，催變法，毫不遵行。

　　　四更裏，夢難成，萬愁交集。可憐的，我女子，更是傷心。自

古來，死守著，無才爲德。不讀書，怎能彀，博古通今？五六歲，就包腳，慘無天日。走一步，跛一下，痛苦難經。長毛反，拳匪亂，兩回大劫。你看那，弱女子，受辱不輕。只曉得，繡龍鳳，女工鬪巧。全不知，中外事，大禍將臨。

五更裏，天將明，鷄聲報曉。想一夜，我國事，好不寒心。若因循，從此後，洋人日盛。你看那，印度滅，受苦至今。上等事，皆無分，被英壓制。外國人，滅人國，種且無存。中國人，只顧得，眼前能過。不曉得，種將滅，無處逃生。從今後，抖精神，大家振作。富出錢，貧出力，事事認眞。那日本，三十年，轉衰爲盛。我中國，能改變，怎不如人。興學堂，講工藝，農商礦產。保利權，爭國體，不讓毫分。外洋人，雖強悍，並非神怪。怎見得，我中國，不可相爭。乘此時，還未亂，趕緊設法。再遲遲，恐怕被，各國瓜分。男爲奴，女爲妾，永無生路。到那時，想悔過，恐怕不能。我女子，本無才，來談國事。無非是，愛國切，一片婆心。作一段，嘆五更，喚人沉夢。惟願的，我中國，永慶昇平。[143]

另外，懷寧漢瞻女士寫的「十二月寫郎——梳妝臺調」，則特別突出愛國思想、尚武精神：

正月裏想我郎，郎郎是新年。我的郎留學去已經大半年，少年當存愛國志，切莫要把奴家記里在心間。

二月裏想我郎，郎郎是新春。思想起國家事眞正是傷心，受那班異種人許多欺負，不知道那一天能够翻身。

三月裏想我郎，郎郎是清明。獨坐在牙床上兩眼淚紛紛，中國事到今朝不怪別的，都讓那漢奸們送與外人。

---

[143] 見安徽俗話報，第一期，頁 35-37。

四月裏想我郎，郎郎是心驚。我的郎快快去習武當兵，此時間
救中國今別無良法，只要那個個人有尚武精神。

五月裏想我郎，郎郎是端陽。勸我的郎切不可貪生玷國光，縱
然是戰死在沙場上，也落得名姓兒千古傳揚。

六月裏想我郎，郎郎三伏天。我的郎切不可吃上鴉片煙，我中
國受此害非同小可，日本人說支那（日本稱中國曰支那），病
國鴉片。

七月裏想我郎，郎郎秋風涼。望我的郎萬不可無國家思想，遇
國事當己事爭先去做，切莫學自了漢袖手旁觀。

八月裏想我郎，郎郎桂花開。爲國事有何妨嗚呼哀哉！寧可死
爲雄鬼不爲奴隸，這就是西洋人強國由來。

九月裏想我郎，郎郎是重陽。願我的郎莫羨慕腐敗官場，只知
道拍馬屁功名富貴，到後來貽誤了錦繡家邦。

十月裏想我郎，郎郎小陽春。勸我的郎辦事兒要有愛國心，切
不可搨麵糊敷衍了事，莫好那假維新無用虛名。

冬月裏想我郎，郎郎雪花飄。我的郎在外國路遠又山遙，學一
些眞本事強種保國，最可恥仗洋勢戕害同胞（凡是一國的人都
叫做同胞）。

臘月裏想我郎，郎郎梅花紅。刀鎗劍戟響叮咚，當兵的國民
（日本知西洋各國，全國的人都要當三年兵，這叫做國民義務
兵役），多般好。你看那日本人雄立亞東（中國和日本高麗都
在亞細亞洲的東方，稱做亞東三國）。⑭

　作者特別對「同胞」和「國民義務兵役」的觀念加以強調，無非
是向一般民眾灌輸做一個新時代的國民，所應有的基本認識和作法。

---

⑭　同前，第七期，頁 31-32。

(4)戲曲與革命

　　前面曾提到〈革命軍〉、〈猛回頭〉、〈警世鐘〉等革命宣傳作品，在清末流通甚廣，對革命思想的傳佈有不小的貢獻。這些作品之所以發生影響，主要原因是因爲文字淺顯。章士釗就明白了當地指出：〈革命軍〉、〈猛回頭〉等書是爲了方便「粗識之無，略解誦讀之町童里婦」而作。⑭⑤而其中又以〈警世鐘〉、〈猛回頭〉和我們這裏的討論最有關係。因爲這兩本書都是以彈詞的形式寫成，不僅可以供一般粗識之無的人閱讀，也可以做爲唱本，用來彈唱。而事實證明，這樣的宣傳形式，的確廣受一般人喜愛。以〈猛回頭〉爲例，「三戶之市，稍識字之人，無不喜朗誦之。」⑭⑥積極參與「日知會」活動的曹亞伯則有如下的記載：「每於夜間或兵士出勤之時，由營中同志，秘置革命小册子於各兵士之床，更介紹同志入營以求普及。各兵士每每讀〈猛回頭〉、〈警世鐘〉諸書，卽奉爲至寶，秘藏不露，思想言論，漸漸改良。有時退伍，散至民間，則用爲歌本，遍行歌唱，其效力之大，不言可喻。」⑭⑦

　　另外一則記載也說當時湖北軍營中，幾乎各部都有〈猛回頭〉一書。由於在國內翻印的緣故，「字紙均劣」。事實上，這個「字紙均劣」的現象，正說明這本書爲了普及而因陋就簡，就和前述在民國時期流通的「戒鴉片」、「戒纏足」的唱本一樣。〈猛回頭〉等書的普及，是一個不爭的事實。譬如「日知會」就大量印刷〈猛回頭〉、〈

---

⑭⑤　章士釗，「疏黃帝魂」，收於辛亥革命回憶錄，第一集，（北京，中華書局，1962），頁 218。

⑭⑥　楊源濬，「陳天準帝國記」，湖南歷史資料，（1959,1），頁 128。

⑭⑦　曹亞伯，「武昌日知會之破案」，收於中國史學會主編的辛亥革命（一），（上海，人民出版社，1981），頁 577。

警世鐘〉、〈革命軍〉等宣傳小册，「幾於各軍兵士人手一本」。⑱
另外一篇文章說這兩本書重印達十餘次之多，散至全國各地。⑲此
外，在東京的革命黨人曾將〈革命軍〉、〈警世鐘〉和章太炎的〈排
滿歌〉等集爲一册，印了幾千册發行。後來各省同志，都爭著集款印
刷，暗裏輸入內地。⑳這些例子都說明了〈警世鐘〉等書的流行。雖
然因爲不斷翻印等因素，使得〈猛回頭〉一書「字紙均劣」，但卻毫
不減其受歡迎的程度，因爲它的文字「動人聽聞」，又「便於唱口」。
㉑大量印行，再加上文字淺白，又能加以彈唱，當然使這兩本書產生
相當大的影響。

　　這裏我們大槪看看這兩本書的作者、文字與內容。我們當然都知
道這兩本小册子的作者是陳天華，但恐怕很少人知道陳氏怎麼會選擇
彈詞的體裁，來爲革命作通俗化的宣傳。原來他從小就喜歡民間通俗
文藝，不過因爲窮居鄉里，不但一般的文史典籍不容易看到，就是小
說唱詞也往往是斷簡零篇。但卽使這些支離破碎的文字，也不是很容
易得到，所以他每有所得，卽「視同珍寶」。他一方面讀這些作品，
一方面開始自己摹擬創作，「仿其文體作通俗小說，或山歌小調」。所
以陳天華後來會寫作〈猛回頭〉之類的作品，是其來有自的。㉒

　　〈警世鐘〉開頭是這樣寫的：「長夢千年何日醒，睡鄉誰遣警鐘
鳴？腥風血雨難爲我，好個江山忍送人！萬丈風潮大逼人，腥羶滿地
血如糜；一腔無限同舟痛，獻與同胞側耳聽。」開場白一完，接下來

---

⑱　曹亞伯，武昌革命眞史，上，頁 136。
⑲　辛亥革命史，上册，頁 454。
⑳　景梅九，「罪案」，收於辛亥革命資料類編，（中國社會科學出版社，1981），
　　頁 62。
㉑　朱峙三，「辛亥武昌起義前后記」，收於辛亥首義回憶錄，第三輯，（湖北人民
　　出版社，1980），頁 134。
㉒　同前，頁 127。

就以聳人耳目的文字，為他的祖國唱出了悲涼的輓歌：

　　嗳呀！嗳呀！來了！來了！甚麼來了？洋人來了！不好了！不
　　好了！大家都不好了！老的、男的、女的、貴的、賤的、富
　　的、貧的、做官的、讀書的、做買賣的、做手藝的各項人等，
　　從今以後，都是那洋人畜圈裏的牛羊，鍋子裏的魚肉，由他要
　　殺就殺，要煮就煮，不能走動半分。唉！這是我們大家的死日
　　到了！

　　苦呀！苦呀！苦呀！我們同胞辛苦所積的銀錢產業，一齊要被
　　洋人奪去；我們同胞恩愛的妻兒老小，活活要被洋人拆散；男
　　男女女們、父子兄弟們、夫妻兒女們，都要受那洋人的斬殺奸
　　淫。我們同胞的生路，將從此停止；我們同胞的後代，將永遠
　　斷絕。槍林砲雨，是我們同胞的送終場；黑牢暗獄，是我們同
　　胞的安身所。大好江山，變做了犬羊的世界；神明貴種，淪落
　　為最下的奴才。唉！好不傷心呀！[53]

　接下來的段落就分別以「恨呀！恨呀！恨呀！」、「真呀！真
呀！真呀！」、「痛呀！痛呀！痛呀！」、「恥！恥！恥！」、「殺
呀！殺呀！殺呀！」、「奮呀！奮呀！奮呀！」、「快呀！快呀！快
呀！」開頭，細細道出作者心頭無限的悲憤、傷痛與期許。強烈的激
情過後，作者開始強調排滿革命、自強圖存的主張。並就國家與國民
的關係，反覆闡述，用現代的語言與觀念重新詮釋「天下興亡、匹夫
有責」的道理。在向各行各業奉勸了一番逆耳的忠言後，全文以熱烈
高亢的吶喊結束：

　　醒來！醒來！快快醒來！快快醒來！不要睡的像死人一般。同

───────────

⑬　陳天華，警世鐘，收於中國史學會主編，辛亥革命，（上海，人民出版社，
　　1981），第二冊，頁 112。

胞！同胞！我知道我所最親最愛的同胞，不過從前深處黑闇，
沒有聞過這等道理。一經聞過，這愛國的心，一定要發達了，
這救國的事，一定就要勇任了。前死後繼，百折不回，我漢種
一定能夠建立個極完全的國家，橫絕五大洲。我敢爲同胞祝
曰，漢種萬歲！中國萬歲！⑭

愛國、救國的主題，清晰的突顯出來。而讓我們覺得份外熟悉的「同
胞」、「中國萬歲」的口號聲，無疑地宣告了一個新時代的來臨。

　　如果我們覺得〈警世鐘〉更像一本文情並茂的絕佳革命白話宣傳
品（即使僅就文字而論，與清末甚至五四以後流行的白話文相比，陳
天華的白話流暢華麗，堪稱是一流之作），而比較缺少傳統曲藝的形
式（雖然陳在開場就明白指出要「獻與同胞側耳聽」），〈猛回頭〉
無疑地可以補足這個缺憾。從一開始的序曲，就絲絃緊密、意味盎然
地把人帶入那個古老的說書人的世界：

　　俺也曾，灑了幾點國民淚。俺也曾，受了幾日文明氣。俺也
　　曾，撥了一段殺人機，代同胞願把頭顱碎。俺本是如來座下現
　　身說法的金光遊戲，爲甚麼有這兒女妻奴迷？俺眞三昧，到於
　　今始悟通靈地。走徧天涯，哭徧天涯，願尋著一個同聲氣。拿
　　鼓板兒，絃索兒，在亞洲大陸清涼山下，唱幾曲文明戲。⑮

接下來的兩段，充滿了傳統婦女哭喪的架式和味道：

　　哭一聲我的始祖公公！叫一聲我的始祖公公！想當初大刀闊
　　斧，奠定中原，好不威風。到於今，飄殘了，好似那雨打梨
　　花，風吹萍葉，莫定西東。受過了多少壓制，做過了數朝奴
　　隸，轉瞬間，又爲牛爲馬，斷送軀軀。怕的是刀聲霍霍，砲聲

---

⑭　同上，頁 143; 112-143。
⑮　陳天華，猛回頭，收於辛亥革命，第二冊，頁 144。

隆隆，萬馬奔騰，齊到此中。磨牙吮血，橫吞大嚼，你的子
孫，就此告終。哭一聲我的始祖公公！叫一聲我的始祖公公！
在天有靈，能不憂恫！望皇祖告訴蒼穹，爲漢種速降下英雄。
哭一聲我的同胞弟兄！叫一聲我的同胞弟兄！我和你都是一家
骨肉，爲甚麼不相認？忘著所生，替他人殘同種，忍心害理，
少不得自己們也要受烹。那異族非常兇狠，把漢族當做犧牲，
任憑你順從他，總是難免四萬萬共入了枉死城。俺同胞，到此
尚不覺醒，把仇讎，認做父，好不分明。想始祖，在當日，何
等威武。都只緣，這些不肖子孫，敗倒聲名。哭一聲我的同胞
弟兄！叫一聲我的同胞弟兄！⑯

　　所謂「轉軸撥絃三兩聲，未成曲調先有情」，哭喪一段後，好戲
也正式登場：

拿鼓板，坐長街，高聲大唱。聾一聲，眾同胞，細聽端詳：
我中華，原是個，有名大國，不比那，彈丸地，僻處偏方。
論方里，四千萬，五洲無比；論人口，四萬萬，世界誰當；
論物產，眞是個，取之不盡；論才智，也不讓，東西兩洋。
看起來，那一件，比人不上，照常理，就應該，獨稱霸王。
爲什麼，到今日，奄奄將絕，割了地，賠了款，就要滅亡？
這原因，眞眞是，一言難盡，待咱們，細細數，共做商量。⑰

　　在細數了五千年盛衰興亡後，熟悉的排滿論和列強侵略巧妙地結
合在一起：「儻若是，現政府，勵精圖治，保得住，俺漢種，不遭凶
殃，俺嘆人，就吞聲，隸他宇下。納血稅，做奴僕，也自無妨。怎奈
他，把國事，全然不理，滿朝中，除媚外，別無他場。俺漢人，再靠

---

⑯　同上，頁 144-145。
⑰　同上，頁 148。

他，眞不得了！好像那，四萬萬，綑入法場。」[158] 一段明白的說理，直讓人覺得造反有理，排滿、革命都是應該的。接下來的十二大痛，進一步細述清廷的無能，帶來帝國主義的禍患：

　　痛只痛，甲午年，打下敗陣。痛只痛，庚子歲，慘遭殺傷。

　　痛只痛，割去地，萬古不返。痛只痛，所賠款，永世難償。

　　痛只痛，東三省，又將割獻。痛只痛，法國兵，又到南方。

　　痛只痛，因通商，民窮財盡。痛只痛，失礦權，莫保糟糠。

　　痛只痛，辦教案，人民如草。痛只痛，修鐵路，人扼我吭。

　　痛只痛，在租界，時遭凌踐。痛只痛，出外洋，日苦深湯。[159]

亡國滅種的陰影則在「怕只怕」聲中，表露無遺：「怕只怕，做印度，廣土不保；怕只怕，做安南，中興無望」，「怕只怕，做波蘭，飄零異域；怕只怕，做猶太，沒有家鄉」，「怕只怕，做非洲，永爲牛馬；怕只怕，做南洋，服事犬羊」，「怕只怕，做澳洲，要把種滅；怕只怕，做苗傜，日見消亡。」[160] 一代中國知識份子的夢魘，就以如此淺白而震人心絃的吟唱，漸漸向四周的土地，向下層無知的「愚夫愚婦」擴展。

在一一數說了強國保種的十大良方，期勉人民學習美、法、德、義奮起抵抗暴虐統治，雪恥復仇建立新國家的先例後，全文在充滿了戰鬥氣息（這多少讓我們想起了採用傳統民間戲曲唱腔的中共樣板戲，白毛女、東方紅等作品中高亢激昂的無懼昂揚之氣）的期望聲中結束：

　　那怕他，鎗如林，砲如雨下。那怕他，將又廣，兵又精強。

---

[158]　同上，頁 151。
[159]　同上，頁 152。
[160]　同上，頁 153-156。

那怕他，專制政，層層束縛。那怕他，天羅網，處處高張。

猛睡獅，夢中醒，向天一吼。百獸驚，龍蛇走，魑魅逃藏。

改條約，復政權，完全獨立。雪仇恥，**驅外族**，復我冠裳。

到那時，齊叫道，中華萬歲。才是我，大國民，氣吐眉揚。

俺小子，無好言，無以奉勸。這篇話，願大家，細細思量。

瓜分豆剖逼人來，　　　　　同種沈淪劇可哀，

太息神州今去矣！　　　　　勸君猛省莫徘徊。⑯

　　跟陳天華的〈警世鐘〉、〈猛回頭〉比起來，趙聲寫的七字唱本「保國歌」（有的記載稱為「歌保國」），無疑的是袖珍型作品（全文共 938 個字）。但從排滿的強度而言，卻毫不遜色。文章一開頭「莫打鼓來莫打鑼，聽我唱個保國歌」，就是十足的民間曲藝形式。在標舉出「黃帝苗裔」這個革命宣傳中常見的主題後，作者以沈痛的口氣，細數滿清的殘暴統治及對漢人的迫害：

兇悍更加元韃子，殺人如殺草一班。痛哭揚州十日記，嘉定屠城尤駭異。姦淫焚掠習爲常，說來石人也墮淚。……八旗駐防防家賊，**貪官個個良心黑**。追比樂輸還勸捐，忍氣吞聲說不得。……農工商賈飢欲死，行省處處厘金抽。……固本京餉年復年，大半同胞賣命錢。民脂民膏吃不了，圓明園又頤和園。

接下來，在列舉清廷種種喪權辱國的事實後，趙聲鼓勵人民憤起揭竿起義，「不爲奴隸爲國民，此是尚武眞精神。野蠻政府共推倒，大陸有主歸華人。」⑯

　　這份歌本的流傳也相當可觀。根據章士釗後來寫的一篇回憶文字，我們知道章氏曾將這個唱本「印布數十萬份」，由曹亞伯「麻鞋

⑯　同上，頁 170。

⑯　趙聲，「歌保國」，辛亥革命江蘇地區史料，頁 94-96。

負橐，走數千里散之。一時長江上下游之兵若匪，人手一紙，習其詞若流」。⑱章氏所謂「印布數十萬份」的說法，也許有誇大之處，但證諸當時的記載，我們可以看出「保國歌」確實在長江一帶相當流行。一篇分析「在湖南革命之氣運」的報導，就指出「保國歌」在湖南到長江一帶的流行。有人還親眼看到南京學堂的學生，在輪船內向船客一一分送。根據這名記者的估計，1904年初，從長江到華南一帶所散佈的「保國歌」，不下幾萬份。⑱

　　以寫艱奧難解的周秦古文著稱的章太炎，也曾經用極端通俗的民歌方式，寫了一篇短小精悍的「排滿歌」。有趣的是這首歌的開頭，和趙聲的「保國歌」，用的是同樣的文字：「莫打鼓，莫打鑼，聽我唱個排滿歌，如今皇帝非漢人，滿洲韃子老猢猻。他的老祖奴爾哈，代領兵丁到我家。后來篡逆稱皇帝，天命天聰放狗屁。」⑱為了一洩心中不可抑遏的種族之恨，一代古文大師放下身段，寫下這篇老嫗童子都解的文字，為嚴肅的革命宣傳添加了一絲詼諧的氣息。

　　和革命有關的戲劇，最主要的是改良新劇（基本上已經是現代的話劇形式，不用鑼鼓場面，不過偶爾會加一些唱腔）和粵劇。就前者而言，王鐘聲、任天知等人都扮演積極的角色。1907年，王鐘聲在上海成立「春陽社」，演出時事新劇，其中像〈官場現形記〉、〈秋瑾〉、〈徐錫麟〉、〈猛回頭〉、〈革命家庭〉、〈熱血〉、〈愛國血〉等，主要都是用來宣傳革命，或諷刺、暴露清朝統治者的腐敗。⑱

　　任天知一度和王鐘聲合作。1910年，自己在上海成立「進化團」，

---

⑱　章士釗，「趙伯先事略」，辛亥革命（四），頁 312。
⑱　中國日報，1904, 4, 10; 4, 11。
⑱　見景梅九，罪案，頁 62。
⑱　歐陽予倩，「談文明戲」，收於歐陽予倩戲劇論文集，（上海文藝出版社，1984），頁 185。閻折梧編，中國現代話劇教育史稿，（上海，華東師範大學，1986），頁 8-11。

四處演出所謂的「天知派新劇」，創造出「言論正生」、「言論正旦」、「言論小生」等角色。「進化團」在辛亥革命前演出過什麼宣揚革命的戲碼，我們不得而知。但我們確知它曾爲宣揚革命而演出，「進化團」的許多團員甚至直接參加革命活動而喪生。⑯

　　粵劇班子與革命有關的，先後有 1905 年成立的「采南歌班」，1907 年成立的「優天影班」及「琳琅幻境」。三者的成立都與革命黨人陳少白有很大的關係。他們演出的劇目像〈文天祥殉國〉、〈黃帝征蚩尤〉是間接的提倡民族主義，以推翻異族統治。〈賊現官身〉、〈奸官跪地〉、〈義刺馬仲儀〉等則是藉時事來揭露官場的黑幕。〈博浪擊秦皇〉、〈一炮定臺灣〉則比較直接地宣傳革命思想。〈火燒大沙頭〉一劇在當時受到極大的歡迎。全劇以秋瑾遇害爲導火線，接下來描寫一小批惡吏劣紳靠著吸吮民脂民膏，而在大沙頭過著荒淫放蕩的生活。下層社會的人也因爲洋煙、賭博、娼妓的毒害，而家破人亡。整個社會都成爲罪惡的淵藪。所以劇中的主人公藉著一把火，燒掉這個具體而微、象徵意義強烈的罪惡世界。這些劇團的演出地點多在香港、澳門及各市鎮。另外，1906 年由陳鐵軍組織的「振天聲」劇社，所編演的劇本也多半以推翻專制或暴露清廷的殘暴統治爲主。⑱

　　這些劇社的組成份子及演出曲目都有別於舊式的戲班，所以被人稱爲「志士班」。在這些「志士班」現身說法後，舊戲班有些優伶也漸受影響，開始排演愛國新劇。其中最有影響力的是「人壽年班」的

---

⑯　歐陽予倩，前引文，頁 181-187。

⑱　馮自由，革命逸史，第二集，（臺北，商務，1953），頁 242-243。林叔香，「辛亥革命前後的幾個劇社」，紀念辛亥革命七十周年史料專輯（下），（中國政協廣東省廣州市委員會，文史資料研究委員會，1981），頁 167-179。謝彬籌，「近代中國戲曲的民主革命色彩和廣東粵劇的改良活動」，戲劇藝術資料，第二期，(1979, 12)，頁 56。

主角梁垣三（蛇王蘇）等人合演的〈岳飛報國仇〉。由於這個戲班有固定、廣大的觀眾羣，他們藉演出來傳達民族觀念的效果，也大於新式劇團。[169]

　　明白了當地鼓吹革命的戲劇，以〈溫生才打孚其（琦）〉最爲著名。這齣戲由粵劇演員馮公平、豆皮元根據眞人眞事寫成。劇中的溫生才在刺殺孚琦被捕後，接受張鳴歧的審問。張問溫生才有多少革命黨人，溫道：「堂上生的是你的狗腿，堂外站的便是我的同黨。」臨刑時，還不放棄向圍觀的羣眾宣揚他的革命理念：「眾同胞站在兩旁靜耳細聽，人在世爲奴隸何等下賤。住在了專制國好比啞子食黃連，眾同胞聽罷我言，須要堅持國民主見。」據說這齣戲在香港演出後，震動了港英當局和香港社會。不過正因爲它傳遞的革命訊息過於強烈、直接，演了兩場就被禁掉。[170]

---

[169]　馮自由，前引書，頁 242-243。

[170]　謝彬籌，前引文，頁 60-61。謝彬籌在另外一篇文章「華僑和粵劇」中，對這個劇本也有所介紹，但細節稍有出入。見戲劇藝術資料，第七期（1982,9），頁33-34。

第六章 結 論

1904 年 3 月，警鐘日報上登載了一篇看似游戲卻鄭重其事的專論：「馬將牌改革議案」。文章開頭，作者首先爲自己這個乍看之下非常突兀的建議加以辯解：「觀國之盛衰，不必觀其大事也，觀其細事已可見矣！彼歐美日本常寓武事於游戲之中，又或以理化之術爲普遍之游戲。反觀吾國，乃無一焉。」① 這個「寓武事於游戲之中」的看法，讓我們想起梁啟超的好友蔣觀雲在同一年對中國戲劇的批評：「中國劇界演戰爭也，尙用舊日古法，以一人與一人，刀鎗對戲，其戰爭猶若兒戲，不能養成人民近世戰爭之觀念。」（按義和團之起，不知兵法，純學戲場之格式，致釀庚子伏屍百萬，一敗塗地之禍。演戰爭之不變新法，其貽禍之昭昭已若此。）② 「伏屍百萬，一敗塗地」之禍，皈結到最後，竟然是戲臺上「猶若兒戲」的武打架式，這倒印證了「雖小道，必有可觀」的聖賢古訓。如此看來，從馬將著手，爲危亡的中國盡一分力量，也就不是什麼荒謬的異想天開之論了。

這篇文章的作者，就用這套邏輯推衍出他的馬將改革論。在他看來，「政教之新，吾儕既無此權力，復無此智術。風俗之更新，則吾儕人人皆可以爲之」。而馬將的盛行，既然已經到了「通國之人，無

---

① 「馬將牌改革議案」，見警鐘日報，1904，3，14 專件。
② 蔣觀雲，「中國之演劇界」，新民叢報，第三年第十七期，（光緒三十一年二月），頁96。

不能之」的地步，那麼將馬將當成啟蒙的利器，「寓普通知識於游戲，以救國人之愚」，在理論上無寧是相當有道理的。

於是，作者提出了他匠心獨運的構想：第一排十二張牌上刻上專制、立憲、共和的名辭，每種名辭刻四張，以取代傳統的中發白。第二排改成農工商，第三排改成兵，同樣每種四張，以取代東南西北。第四排第一組則在每張牌刻上亞洲各國國名及其政體，分別是：⑴中國專制⑵日本立憲⑶高麗專制⑷安南法屬⑸暹羅專制⑹緬甸英屬⑺印度英屬⑻阿富汗專制⑼波斯專制，也是每種四張。每張牌的左上角以圓為記號，取代1、2、3、4、5、6、7、8、9（照作者的圖示，這排牌的設計如下：

○	中
專制	國

）

第四排第二組刻歐洲國名及其政體：⑴英吉利立憲⑵俄羅斯專制⑶德意志立憲⑷法蘭西共和⑸意大利立憲⑹奧匈立憲⑺比利時立憲⑻荷蘭立憲⑼西班牙立憲。同樣是每種四張，共三十六張，牌的左上角寫上「萬」字，以代替一到九萬。

第四排第三組則是美洲國名及政體，共包括美利堅等九國，全都是共和政體。牌的左上角繪「索」為記號，以替代一到九索。第五六排花牌，分別畫上地球、亞洲、歐洲、非洲、澳洲、美洲的地圖。第七八排的花牌則寫上太平洋、大西洋、印度洋、北冰洋、南冰洋的名字，並配以波紋。第九、十排則刻上汽船、鐵路、電線、印字機、輕氣球的圖像。從五到十排共十六張，分別用上述的圖像、名辭取代原有的梅蘭竹菊、漁樵耕讀、琴棋書畫、虎豹犀象等花紋。

另外，作者也對使用方法提出說明，因過於技術性，此處略而不

談。③

　　如果站在一個比較犬儒的立場，乍看這個構想，不免會覺得作者天真的近乎可笑，我們也會馬上對這個改良案的可行性深表懷疑。但如果把這個改良議案放在改革、啟蒙之聲高喊入雲的清末的時代環境下重加估量，我們也許就不會覺得有什麼突兀之處了！戲曲既然因為與一般民眾的生活息息相關而可以（必須）加以改良，馬將同樣與人民的生活有密切關係，當然也可以當成啟蒙的利器，讓人民在不斷的游戲中吸收一些新知識和新觀念。

　　馬將的改革顯然不像戲曲一樣，受到社會的廣泛重視而蔚為運動。但作者別具隻眼地挑中馬將來共襄盛舉一番，多少讓我們感受到啟蒙事業的無遠弗屆。而他匠心獨運的設計，將地理、政制和新興事物擇要刻在組牌上的想法，更反映出當時的啟蒙精神。

　　被1910年代新文化運動的導師胡適視為「國渣」的馬將，在1900年代卻被當成改革的利器，這也許可以解釋為什麼我們在看了這個「化腐朽為神奇」的提議後，一方面凜然有感於作者認真的態度和嚴肅的使命感，一方面卻忍俊不住地覺得可笑乃至荒謬。事實上，我們這種可笑乃至荒謬的感覺，正反襯出清末的啟蒙者如何為了開啟民智而殫精竭慮，苦心思索到「無所不用其極」的地步。

　　改良馬將的插曲看似突兀，其實卻和當時種種近乎誇張衝動的言行舉止（女志士為興學而拔刀割肉，終至身殉；一個一個的烈士蹈海；激烈誇張的排滿言論；農民、丐婦、鞋匠戲劇性地捐款賑災救國；志士聲淚俱下而至跪地呼號的演說；有錢的秀才在妓院忘情地宣

---

③　同註①。意圖把馬將從「腐敗」改為「文明」遊戲的人，顯然不只一個。申報在1905年有一則報導說：有一位志士有感於麻雀牌的頹風難挽，「乃思以改良之法，輸入文明之途」，在牌面上刻上英文字母與英文數字。這位志士的雄心雖然沒有前述作者那麼遠大，但基本精神却是一致的。申報，1905，5，11頁97。

揚革命理念……），共同繪製、營造出一個不尋常的時代：一個高越激昂，理想色彩濃厚，而且動力十足的時代。

這麼說，當然不意謂這個時代只有一種聲音、一種相貌。這點從清末繁興的小說中，多少可以窺出一些端倪。在至少多達一千多種的小說④裏，除了描述現實事件（如庚子事變、反美禁約），以及富有啟蒙意義（如鼓吹婦女解放、反對迷信、提倡立憲運動及革命）的作品外，還有暴露官場黑暗與腐敗的「譴責小說」；由「譴責小說」墮落衍生而來的「黑幕小說」；各種描寫妓女與嫖客的「言情小說」或所謂的「嫖界指南」；以及沿襲了舊有「才子佳人」的窠臼，並下開「鴛鴦蝴蝶派」的「寫情小說」。⑤後面這些小說類別的存在，清楚反映出這個動盪與維新的時代中，因襲不變、封建朽腐的一面。透過這些「寫實小說」折射出來的諸般面貌，我們知道「啟蒙」雖然是重要的時代思潮與動向，但卻不是唯一的現實。借用一名文學評論者的術語，我們可以說，清末的文學與現實中所呈現的其實是一個「眾聲喧嘩」的時代與社會。⑥

但這些事實並不能掩沒我們對這個時代理想精神的掌握。黑暗污濁的舊勢力也無法壓抑、抵擋啟蒙浪潮的擴張蔓延。相反地，正是在這種啟蒙思潮的批判與燭照下，舊日積習的邪惡本質才益發強烈地突顯出來，也愈不能為人所接受與容忍。愚昧與啟蒙，黑暗與理想在此並不是以簡單、截然，黑白立判、涇渭分明的狀態呈現出來。

康德在形容十八世紀的歐洲啟蒙運動時，說過一句很有名的話：

---

④　見阿英，晚清小說史，（香港，太平書局，1966），頁1。
⑤　參見阿英，前引書；魯迅，中國小說史略，（北京，北新書局，1927），頁298-312。
⑥　見王德威，眾聲喧嘩：三〇年代與八〇年代的中國小說，（臺北，遠流，1988）。作者這裏所指的雖然是三〇年代與八〇年代的文學傳統，但從他對這個概念的定義，我們不難發現「眾聲喧嘩」這個意念同樣適用於清末的文學作品與思想趨向。見原書序文。

「這是一個啟蒙的時代（an age of enlightenment），雖然並不是一個民智大開的時代（an enlightened age）。⑦ 用這句話來概括清末的下層社會啟蒙運動，也同樣恰當。我們把開民智的工作看成清末重要的思潮和社會運動，並不表示十年的努力，就眞能把社會的面貌全部重新塑造，讓蒙昧無知的「愚夫愚婦」從此光明普照，智慧大開。反過來說，民智雖未大化，卻並不能否認中國近代的啟蒙運動在二十世紀初葉有了重要的開始。

中研院近史所一系列有關中國現代化的區域研究，也標示出同樣的時代趨向。張玉法教授在對山東省的研究中指出：庚子以後的時代是一個革命的時代，也是一個改良的時代。在這樣一個時代中，有爲的地方官固然容易展現他們的才能；卽使沒有理想的官員，在朝廷既定的改革綱領下，也能將山東的發展帶到一個新的方向。⑧ 這個在改革的風潮下發展出來的新方向，正和本書所指陳的清末社會的根本趨勢及風貌若合符節。

但就本文所描述的下層社會啟蒙運動而言，我們可以看出，各項啟蒙措施的倡議和推動，往往是由民間社會的紳士、知識分子、輿論界、商人、教師、僧侶、婦女或所謂的志士首開其端，再由政府的力量予以制度化、組織化，以擴大並鞏固其效果。所以我們可以說，在各項啟蒙活動的初期，來自社會和民間的自發性努力是主要的推動力量。隨著運動的普及和深化，政府自上而下的命令、支助和民間自發性的努力相輔相成，使得整個運動既不致流於口號、樣板、具文或形式，又不致因爲經費的短缺和個人能力的限制而曇花一現，淺嘗輒

---

⑦　Kant, "What is Enlightenment?" 見 Carl J. Friedrich 編的 The Philosophy of Kant, (The Modern Library, New York, 1949)，頁 138。

⑧　張玉法，中國現代化的區域研究——山東省，1860-1916，下冊，（臺北，中央研究院近代史研究所，1982），頁 831-833。

止。

　　張玉法教授的研究顯示在朝廷既定的改革方針之下，地方官員卽使胸乏大志，夙無理想，也往往基於求功或考成，而將各項發展導入新途。這說明了政府政策的重要性。王樹槐教授對江蘇省社會現代化的研究則指出：士（紳）商階層或因自身權益，或因國家民族意識的增長，而成爲立憲、革命、收回路權、抵制美貨、女權、天足、禁煙、剪辮等運動的領導者。⑨這又說明了社會、民間的力量在改革過程中所扮演的角色。而我們對下層社會啟蒙運動的研究則顯示出：政府的主導和民間社會的自動自發，是這個運動能收到一定成效的主要因素。

　　就這個運動本身而言，具體可見的成就在於勸戒鴉片和纏足。王樹槐教授對江蘇的研究，也顯示在這一方面，確實收到不少成效。⑩除此之外，新知識、新思想——特別是「國民」的觀念和愛國的思想——的傳播，也是這個運動的主要收穫。這些觀念、思想的傳播，或者藉著危亡救國的主題、故事直接宣示出來，或者靠個別的事件如賑災、國民捐、抵制美貨乃至戒鴉片、戒纏足等，一次一次加以強化。此外，革命的成功，也和革命黨巧於利用各種啟蒙形式進行宣傳有不小的關係。

　　除了這幾個主題外，在白話報的文字中，我們看到不少批判既成權威、攻擊宗教迷信和傳統習俗，以及主張男女平權的言論。而政府的告示，其所涵蓋的範圍更是廣泛，從選舉、鼓勵蠶桑、種樹等政令的宣示到人民一般生活的規範，幾乎無所不包。卽使與後代相比，我

⑨　王樹槐，中國現代化的區域研究——江蘇省，1860-1916，（臺北，中央研究院近
　　代史研究所，1984），頁641。
⑩　同前，頁539-597; 609-622。

們也不得不佩服清末的一些機關、衙門在善用白話這個媒介上，確實有異乎尋常的突破表現。其中有關衛生、穿著、公德等方面的宣導，則讓我們遙想起十八世紀歐洲啟蒙運動中，意圖讓人們擺脫野蠻粗魯的舉止，以日進於文明的各種努力。

但就像所有的思想啟蒙和社會改革運動一樣，我們不能期望在短期內收到豐碩可觀的成果。以中國幅員的廣闊，各種交通、通訊、基礎設施的缺乏，以及文盲人口的眾多，我們當然更難想像新知識、新觀念能夠迅速傳播──特別是在下層社會。不過從本書的敍述中，我們可以看出，在一些通都大邑，啟蒙運動確實收到不小的成效。卽使在鄉鎮村落，因為地方政府、士紳的努力（如河北密雲縣綠樹成蔭的景況，各地戒煙、戒纏足的積極開展，和白話報的銷售等），啟蒙的理想也不是遙不可及。而在交通便利的小村落，城市裏發生的事，常常很快就可以得知。譬如廣東北部銅鼓嶂下一個叫做河姑潭的小山村，距廣州約一千里，距潮州二百里。但因為有小木船直通韓江，所以「大城市新聞傳到山村還是多而快的。」像溫生才在廣州炸死孚琦的事件發生沒有多久，就已經在這個一千里外的小山村裏傳來傳去。村人「繪影繪聲，說溫不願自己的革命行動牽累別人，行刺得手後，獨個坐在城樓上拉胡琴等待歸案。」而辛亥革命爆發，廣東易幟的消息也很快傳到村裏，年輕男子很多人把辮子剪掉。[11]從村人對溫生才近乎傳奇式的描述，我們可以想像這些「趕上革命潮流」，剪掉髮辮的年輕男子，很可能不像阿Q那樣，毫不自覺這個象徵性的舉動背後的實質意義。這個例子讓我們看出，對河姑潭之類的村落而言，下層啟蒙確非遙不可及的空言。

---

[11] 見梁若塵，「一個山村裏的革命風暴」，收於紀念辛亥革命七十周年史料專輯（下），（中國政協廣州市委員會文史資料研究委員會編，1981），頁 184-185。

　　不過即使我們無法精確評估這個運動的實際影響，也無礙於我們去了解它在清末思想、文化、社會史上的意義。更重要的，這個運動並非及身而止，在十年內就倏然消亡；而是整個二十世紀中國「走向民眾」運動的起點和第一波。在二十世紀第一個十年內所發展提倡的各種啟蒙方式和主張，像白話報刊，演說，戲曲改良和現代化的戲劇學校、團體，以及半日學堂等，在以後三、四十年間波瀾壯闊的民粹運動中，扮演了更積極的角色。甚至文化大革命期間，八大樣板戲變成政治宣傳的主要工具，在形式上也是承襲了二十世紀初戲曲改良、戲曲啟蒙的作法。

　　就這個運動所傳播的新訊息而言，除了對傳統的政治權威做各種形式的挑戰外，對宗教迷信的抨擊，對惡俗和不合理制度的批判，在以後都持續地進行。更重要的是，國家思想、民族主義和愛國情操從此成爲二十世紀中國人（不管是上層或下層）思想中最突出的質素。不論國共兩黨皆以此爲號召，1949年以後的中共政權更將這個民族主義的浪潮推到最高峰。清末的啟蒙運動是在強烈而急迫的救亡意識下推展出來，在整個運動中，愛國思想，國家、民族觀念只是各種努力的一部分。但在往後幾十年中，民族主義、國家意識卻往往變成各種作爲的最基本的原動力；民族、國家也成爲最高的價值準繩和信念。所以就實質內容而言，世紀初的啟蒙運動也和二十世紀中國的動向息息相關（雖然日後的發展常常不是肇始者所能預期）。

　　清末的啟蒙運動不僅在形式和內容上影響到日後的發展，在實際的推動和運作上，也下開日後各種「走向民眾」運動的先河。上文曾提到清末的下層社會啟蒙運動之所以能夠蔚爲風潮，和政府的主導及社會的自覺自發性努力有絕對的關係。而來自民間社會的「啟蒙者」尤其具有非比尋常的意義。我們都知道從太平天國之亂後，中央政府

的權威逐漸式微，地方及社會的力量漸漸茁壯。1911年帝制的推翻，非但沒有重振中央的權勢，反而使得整個政府的架構土崩瓦解。隨著軍閥割據局面的出現，中央政府的控制名實皆亡。國民政府的北伐，也只帶來名義上的統一。所以如果我們放寬廣一點來看，至少從1850年代開始，一直到1949年間將近一百年的時間，中國面臨的其實是一個「國家再造」（state-building）的課題。相對於一個統一有主宰力的國家從式微、崩潰到再造的局面，我們看到社會的勢力逐漸擴展，在思想、文化的轉型，甚至政治、社會、經濟結構的重組過程中，扮演重要的角色。⑫

　　從這個國家、社會勢力消長的觀點來看清末以降的發展，我們就很容易了解為什麼民間社會（civil society）在下層社會啟蒙一類的思想、文化、社會改良運動中，總是扮演著發凡開端、鼓吹推展的重要角色。義大利的馬克思主義異端葛蘭西（Antonio Gramsci）認為：要重建一個嶄新的政治、社會秩序，光靠經濟基礎、生產模式的改變和軍事武力是不夠的；還必需從思想、文化上著手，從根改變一般人民的世界觀和價值體系，以建立一套新的「文化霸權」。只有經過這種從根刨起、再造的過程，新秩序才能建立鞏固的基礎，一個真正宰

⑫　中央政府勢力的式微，當然給地方及社會力量以可乘之機，但這並不意謂國家的統治力就此完全消退。事實上，從上面的敍述中，我們可以看出清政府積極的參與清末的各項啟蒙措施。一方面藉此控制改革的走向，一方面也意圖重建一個強盛的國家。所以我們同時看到民間社會的發展和國家再造的努力。兩種勢力可以相輔相成，但也很可能發生衝突。Duara 對二十世紀上半葉華北農村的研究，就是從「國家再造」的角度探討農村社會力量的結構、運作、發展；國家的勢力如何試圖重新進入農村，加以控制；以及二者的衝突和所造成的結果。見 Prasenjit Duara, Culture, Power, and the State: Rural North China, 1900-1942, (Stanford University Press, 1988)。Charles Tilly 等人曾對近代西歐的國家和民族塑造的過程及各個面相有所討論，見 Charles Tilly, The Formation of National States in Western Europe，(Princeton University Press, 1975)。

制性的統治才能深入人心而不移。 要顛覆既存的秩序和權威， 就要
仰仗民間社會的力量來建立一套新的「文化霸權」。而在民間社會中
傳播新觀念、 新思想的 ， 則是經過葛氏廣義界定過的「知識分子」
(intellectuals)。這些知識分子並不一定以思維或相關的教育、文化
工作爲業，而是泛指那些在生產、文化或政治管理等領域居於指導地
位的人。葛氏這個「知識分子」的定義，和我們在前文中所描述的各
行各業的「啟蒙者」相彷彿；如果用當時人的說法，則是所謂的「志
士」了。⑬

---

⑬ 在近代西方歷史上 ， 黑格爾是第一個對國家（state）與社會（黑格爾稱之爲「市
民社會」—civil society）相依相存，既對立又缺一不可的辯證關係與性質詳加探
討的思想家。葛蘭西就黑格爾的思想加以引申，而創立了「民間社會」的概念。對
葛氏來說，國家與社會不僅是靜態的、抽象的分析概念或範疇，在實際的現實中，
也往往以動態的緊張關係存在。二者對立的程度端視國家的宰制能力而定。在一個
絕對極權，文化霸權牢牢建立的國家，社會勢力（如教會、學校、輿論）完全被國
家控制，成爲宣揚統治階層的理念、價值觀的工具。民間社會等於完全不存在。但
隨著國家勢力的式微，社會就有可能逐漸抬頭，成爲對抗舊的霸權宰制的勢力。而
在一個政府控制力漸弱，又有改革意圖的局面下，政府的力量也可能與民間社會結
合，一起宣揚一些新的思想和價值。在這種情況下，原有的「文化霸權」就不一定
會被一個全新的反霸權（counter-hegemony）所取代，而逕在原有的架構下作不同
程度的修正。這些觀點，我在「再論市民社會(civil society)——從黑格爾到葛蘭
西」一文中，有比較詳細的討論，見中國論壇，第340期，(1989，11)，頁73-80。
有關霸權、反霸權的討論，英國的馬克斯主義學者 Raymond Williams 曾經就
葛蘭西的觀點作了精彩的補充和引申，他特別強調霸權不是一個死的、固定不變的
整體，而是一個活的、不斷流變的過程。見 Marxism and Literature (Oxford
University Press, 1977)。
　　對「知識分子」這個概念，葛蘭西曾從階級和經濟利益的角度出發，進一步加
以分析。他認爲知識分子可以大概分爲兩類，一種是「傳統的知識分子」(tradi-
tional intellectuals)；一種是「有機的知識分子」(organic intellectuals)。
前者指那些不一定非由統治階層的觀點來看問題，但最後或基於現實經濟利益的考
量，或因爲制度的壓力，往往有意或無意的傳播統治者服膺的世界觀及價值體系。
後者則是隨著經濟生產世界的改變而產生出的新階級，這個階級不能獨立於經濟、
政治結構而存在，而是隨著這些結構的轉變，如有機體般的依倚而生，所以稱爲「
有機的知識分子」。但這個範疇下的知識分子雖然不能自外於經濟結構，而和自己
所從屬的階級有比較密切的關係，卻並不意謂他們僅狹窄地察覺到自己在經濟領域
中扮演的功能。事實上，他們清楚地知道自己可以在社會上的每一個階級發揮影響

（下轉221頁）

　　進一步分析，對葛蘭西來說，建立新霸權的過程，其實就是要進行一連串的政治教育。這些教育當然不能只局限在狹隘的課室中，而必需把整個社會當成學校，把所有的「知識分子」當成教師。這些包羅廣闊的「知識分子」（或所謂的「志士」）要做的，就是把大思想家的哲學體系，透過各種場合，用淺近易解的語言，傳播到社會的底層，讓大傳統中的世界觀和價值體系成爲人倫日用中的常識。⑭

　　清末的啟蒙者所宣導的理念當然不全是政治性的（雖然「政治教育」的色彩已經相當濃厚），但他們無疑地是把社會當成學校，用盡各種可能的方式把一些新的思想向民眾推銷，務期使這些新思想在人民心中生根結果。這個知識分子走向人民的趨勢，隨著時間的推移而

（上接220頁）

力，在社會、政治各個方面都扮演主導的角色。清末的「啟蒙者」並沒有這一套經濟、階級的觀點；但二、三十年代在中國各地從事各種工人、農民運動的共產黨員卻顯然正是葛蘭西筆下的「有機的知識分子」。他們不僅要帶領民眾重新塑造一個新的經濟秩序，也同時要傳達一套截然不同的世界觀與價值體系。有關「知識分子」的各項討論，可參見 Joseph V. Femia, Gramsci's Political Thought : Hegemony, Consciousness, and the Revolutionary Process, (Clarendon Press, Oxford, 1987)，頁131-132。

　　最近幾年，學者對將"Civil Society", "Public Sphere"之類的觀念應用到中國史研究上的可行性及其限制，有熱烈的討論。其中，孔復禮(Philip A. Kuhn)教授的看法，相當具有代表性。孔教授指出，civil society 這個觀念在西方歷史中有不同的意涵，如果我們僅是泛泛而論，不是失去比較的意義，就是引喻失義，導致錯誤的解釋。孔教授這篇文章對時下西方漢學界的這股新流行，無疑地有醍醐灌頂的功用。不過就 civil society 而論，我覺得只要謹慎辨別這個辭彙的各種意涵，依然可以用在中國史的研究上。對不同的西方思想家來說，civil society 分別指公民社會、市民社會和民間社會。如果我們用的是「公民社會」這層意思，那顯然不適於中國傳統社會。但如果我們指的是「民間社會」，我則覺得確實有相當的解釋效力。參見 Philip A. Kuhn, "Civil Society and Constitutional Development", 在 American-European Symposium on State and Society in East Asian Traditions (Paris, 29-31, May 1991) 上發表。中譯文收於近代中國史研究通訊，第十三期。

⑭ 參見 Walter L. Adamson, Hegemony and Revolution: A Study of Antonio Gramsci's Political and Cultural Theory, (University of California Press, 1980)，頁 140-162。

益爲深刻，終於爲二十世紀上半葉的中國歷史寫下一篇血淚交織（而不僅是浪漫鄉愁式），令人動容，也令人嗟歎的史詩。

清末的中央政府雖然備受挑戰、威脅，但即使不談理想，而僅站在一室一家興亡絕續的現實立場，對已經展開的各項改良運動，他們也勢必要繼續推動。從 1860 年代開始引火待發的各種現代化措施，經過甲午戰後的維新運動，到 1900 年代已經凝聚了足夠的燃料和動力，以更快的速度向前推進。帝制瓦解所造成的混亂局面，卻使得許多依賴中央統籌推動的計畫戛然中止。迫使中國探索富強之道的客觀情勢未變（中央政局的紛亂反而加強了這個客觀情勢的壓力），而富強希望所寄的樑柱卻腐朽不堪聞問，來自民間社會的知識分子所擔負的責任自然較清末更爲沉重。許多原該由國家主導的活動反而落到知識分子身上。嚴復在「原強」一文中所闡揚的觀念，經過義和團之亂而得到愈來愈多知識分子的認同。「中國的問題和前途都在百分之八十以上未經開化的人民身上」的看法，在此後就成爲一個顛撲不破，爲知識階層普遍信持的眞理。對 1910 年代以後的知識分子而言，如何開發化育這批廣大的人民，成爲一個更嚴肅的課題。一方面，知識分子與人民的關係這個課題益形迫切；另一方面，不同時代、不同立場的知識分子對這個問題的詮釋和解答有別，因此將「民粹運動」的發展引到不同的方向上。

1900 年代是中國近代史上「走向人民」運動第一次大規模的開展。在本質上是一次思想、文化和社會的改良運動，具有強烈的啟蒙意義。圍繞著這個主題而衍生出的變奏，以後是無代無之。1910年代的主題是五四時期的「整理民俗運動」，基本上是從學術、文化、思想的角度，重新估量民間文化的價值。是有史以來，中國上層的知識分子，第一次大規模的對人民的文化抱著肯定積極的態度，重加審

視、探索。⑮1920、30 年代的連臺好戲則是遍及各地的鄉村建設運動。值得注意的是在數以千計的鄉村建設團體中，最引人注目的晏陽初與梁漱溟都不是共產黨員。一個接受西方教育，深受基督教的影響與支持；另一個則是以「孔家店」式的理念來經營各種活動。這些運動的參與者來自不同的背景，運動的本質除了思想的陶鑄外，也擴大到經濟及社會組織的層面。

　　另一方面，隨著中國共產黨的創建，從二十年代開始，知識分子與人民的關係又被導入一個全新的境地。這批「有機的知識分子」不僅意圖用激烈的手段重建一個截然不同的經濟、社會秩序，更帶來了一套與傳統完全背離的世界觀和價值體系。和同時的村建運動者相比，他們同樣也要在經濟、社會、文化、思想的領域改變人民的生活，但他們所帶來的訊息在各方面都比前者劇烈得多。他們向人民許諾的是一個徹底深翻過的西方樂土。對這些共產黨員所發動的工人、農民運動，我們已經有了相當了解。至於他們如何將新的思想、觀念向人民傳播，雖然還缺乏系統性的研究，但清末的各種嘗試，無疑地對我們進一步探討中共的具體措施，提供了重要的線索。

　　我們知道俄國的「民粹主義」（Populism）從 1860 年代開始，漸漸發展成一套對俄國知識分子有深遠影響的意識型態。在這套思想的影響下，一羣羣年輕而激進的知識分子開始走向農村，意圖與農民結合在一起，並對他們進行啟蒙。但由於農民冷漠甚至懷有敵意的態度，使得知識分子浪漫的理想與熱忱很快就為之破滅。到1880年代，民粹主義者漸漸與馬克思主義合流。十九世紀末，各個信仰民粹主義

---

⑮　對這個運動的研究，可參考 Chang-tai Hung, Going to the People: Chinese Intellectuals and Folk Literature, 1918-1937, (Harvard East Asian Monographs 121, 1985)。

的羣體又漸漸活躍起來，在 1901 年組成「社會革命黨」。這個公然倡導恐怖活動的政黨，雖然在策略上已經和 1870 年代「走向人民」的知識分子大相逕庭，但在精神上，他們卻是民粹主義者最主要的承繼者。

事實上，民粹主義者從一開始就不是一個有著緊密組織與一貫信念的團體。民粹主義指的是俄國從十九世紀中葉以後，發展出來的一個普及各地的激進運動。這個運動從開始就受到法國社會主義者如聖西蒙、傅立葉等人的影響，嚮往的是一個以正義與平等的原則組成的社會。而俄國傳統的農民公社正是這些原則與理想的體現，所以將來俄國社會的重組也必定要以這些農民公社爲基礎。這些民粹主義者對西方的資本主義心懷厭憎，而在俄國的農民和鄉村中看到俄國再生的希望。農民的身上已經蘊含了重建新社會的種苗和潛力，就只待有使命感，對前途有深切認知的知識分子將這些種苗點燃，將人民的潛力激發出來。民粹主義這幾個基本面貌，後來也同樣可以在「社會革命黨」身上發現。而列寧的許多看法，更和激進的民粹主義者（主要是被稱爲俄國雅各賓黨的 Tkacher 及其徒眾）的主張相彷彿。所以對俄國民粹運動做過最詳細研究的義大利學者 Venturi 就認爲，民粹主義實在是俄國大革命的重要根源。[16]

清末的「啟蒙者」同樣相信：中國問題的解決和希望在一般人民身上。但他們並不排斥外來的事物和觀念，也不像俄國的民粹主義者

---

[16] 見 Franco Venturi, Roots of Revolution: A History of the Populist and Socialist Movements in Nineteenth-Century Russia, 譯者是 Francis Haskell，(Tne University of Chicago Press, 1960) Isaiah Berlin 爲本書寫的序言，對這個運動有簡扼的分析。Meisner 也對俄國民粹主義的特質，其與共產主義的異同，有精要的敍述，見 Maurice Meisner, Li Ta-chao and the Origins of Chinese Marxism, (Atheneum, New York, 1977), 頁 75-79。

那麼重視經濟問題。但在一、二十年的時間裏，我們看到中國的民粹主義者也漸漸發展出俄國民粹主義者的特色，並逐漸趨向共產主義。中國共產黨的信念當然與二十世紀初的啟蒙者有著各種深刻的差異，但他們走向人民做宣導、教育工作的基本假設和方式，卻和世紀初的啟蒙者沒有什麼差別。不過這裏要強調的是，清末的啟蒙者破除迷信，批判權威，伸張女權，攻擊惡俗，基本上秉持的是一種理性的精神。而在中共的宣傳中，雖然也包括了這些題旨，但他們更要鼓吹的卻是一套基於仇恨思想的階級鬥爭觀念，一個無所不在、史無前例、專制壓迫的列寧式政黨，以及（特別是後期）對毛澤東毫無批判，毫無保留的崇拜、迷信。他們打倒了一個個祭壇上的神祇，卻又在現實生活中塑造了一個更具絕對支配力的新神明。就此而論，在形式上共產黨採用的各種方法和二十世紀初的啟蒙者沒有什麼差異，甚至更為民間化，在技巧上也更趨完善，但在基本精神上卻和世紀初的啟蒙者南轅北轍。世紀初的啟蒙者為了救亡圖存，殫精竭慮地思考出一套套開啟民智的工具和形式，為衰頹的古老帝國帶來了一線曙光；共產黨巧妙的利用這些形式，將新的訊息更有效地帶到民間，在種種因素的配合下，重新建立了一個統一的「新」中國。但在這個重建「新」中國的過程中，二十世紀初乍現的啟蒙曙光卻日漸消蝕，中國又走向一條崎嶇幽暗的道路上去。

徵引書目

一、基本史料

大公報，1902-1911年，（天津版，北京人民出版社，1982）

中國日報，1904年，（臺北，中國國民黨黨史史料編纂委員會，1969）

申報，1900-1911年，（上海書店影印本，1983）

安徽俗話報，1-22期，（人民出版社，1983）

東方雜誌，第四卷、第五卷

順天時報，1904-1911年，（微捲）

警鐘日報，1904年，中華民國史料叢編，1集13，（臺北，中國國民黨黨史
史料編纂委員會，1969）

二、中、日文資料

三愛，「論戲曲」，新小說，第二卷第二期

小野川秀美著，林明德、黃福慶譯，晚清政治思想研究，（臺北，1982）

大清光緒皇帝實錄，（臺北，華文，1964），卷559

王秋桂編，李家瑞先生通俗文學論文集，（臺北，學生書局，1982）

王栻主編，嚴復集，第一冊，詩文（上），（北京，中華書局，1986）

王爾敏，中國近代思想史論，（臺北，華世，1977）

───，晚清政治思想史論，（臺北，1969）

───，「中國近代知識普及化之自覺及國語運動」，臺北，中央研究院近
代史研究所集刊，第十一期，（1982，7）

王德威，眾聲喧譁：三十年代與八十年代的中國小說，（臺北，遠流，1988）

王樹槐，中國現代化的區域研究——江蘇省，1860-1916，（中央研究院近代史研究所專刊之48，1984）

方漢奇，「京話日報」，辛亥革命時期期刊介紹，V，中國社會科學院近代史研究所文化史研究室，丁守和主編，（北京，人民出版社，1987）

中村忠行，「晚清における演劇改良運動——舊劇と明治の劇壇との交涉を中心としこ」，（一）（二），天理大學學報，第七輯、第八輯，（1952，3；1952，7）

戈公振，中國報學史，（臺北，1976）

天㪍生，「劇場之教育」，收於阿英，晚清文學叢鈔：小說戲曲研究卷

心青，「二十世紀女界文明燈彈詞」，收於晚清文學叢鈔：說唱文學卷

包天笑，釧影樓回憶錄，（臺北文海，近代中國史料叢刊續輯，四十八之一）

任二北，敦煌曲初探，（上海文藝聯合出版社，1954）

——，敦煌曲校錄，（上海文藝聯合出版社，1955）

任半塘編，敦煌歌辭總編，（上海古籍出版社，1987）

朱峙三，「辛亥武昌起義前後記」，收於辛亥首義回憶錄，第三輯，（湖北人民出版社，1980）

朱眉叔，「梁啟超與小說革命」，文學遺產增刊，第九輯，（北京，1962）

李孝悌，「胡適與白話文運動的再評估——從清末的白話文談起」，收於胡適與近代中國，（臺北，時報文化基金會，1991）

——，「評介義和團之亂」，新史學，第一卷第三期，（臺北，1990年9月）

——，「從中國傳統士庶文化的關係看二十世紀的新動向」，中央研究院近代史研究所集刊，第十九期，（臺北，1990年6月）

——，「再論市民社會：從黑格爾到葛蘭西」，中國論壇，第340期，（1989年11月）

——，「清末的禁煙運動」，史原，第八期，（1978年9月）

李春萱，「辛亥首義記事本末」，辛亥首義回憶錄，第二輯，（湖北人民出版社，1980）

李時岳，辛亥革命時期兩湖地區的革命活動，（北京，1957）

李廉方，「武昌起義前之革命團體」，收於熊守暉編，「辛亥武昌首義史編」，（上），（臺北，中華，1971）

李澤厚，「啟蒙與救亡的雙重變奏」，收於中國現代思想史論，（北京，1987）

沈寂，「安徽俗話報」，收於辛亥革命時期期刊介紹，Ⅱ，（北京社科院，1982）

沈懷玉，「清末地方自治之萌芽：1898-1908」，中央研究院近代史研究所集刊，第九期，（臺北，1980，7）

「沙市演說會鼓吹革命助成荊州光復節略」，收於武昌起義檔案資料彙編，中卷，（湖北人民出版社，1984）

肖夢龍，戴志恭，「傑出的資產階級民主革命家趙聲」，收於江蘇省歷史學會編，一次反封建的偉大實踐，（江蘇人民出版社，1983）

宋婕，「論趙聲」，收於一次反封建的偉大實踐

周有光，漢字改革運動概論，（北京，文字改革出版社，1961）

拓牧，中國文字拉丁化全程，（生活書店，1939）

林叔香、黃德深，「辛亥革命前後的幾個劇社」，紀念辛亥革命七十周年史料專輯，（下），（政協廣東省廣州市委員會，文史資料研究委員會編，1981）

林秋敏，近代中國的不纏足運動：1895-1937，（臺北，政治大學歷史研究所碩士論文，1990）

林紓，「致蔡鶴卿太史書」，收於畏廬三集，（臺北，文海，近代中國史料叢刊，九三九之二）

林增平、肖致治、馮祖貽、劉望齡等人主編，辛亥革命史，上冊，（北京，1980）

和田清，「明の太祖の教育敕語に就いて」，收於白鳥博士還曆紀念東洋史論叢，（東京，1925）

阿英，晚清小說史，（上海，商務，1937）

　　——，晚清文學叢鈔：小說戲曲研究卷（上、下冊），（北京，中華，1960）

　　——，晚清文學叢鈔：說唱文學卷，（上、下冊），（北京，中華，1960）

　　——，庚子事變文學集，下冊，（北京，中華，1959）

胡適，四十自述，（臺北，1954）

　　——，胡適文存，（一），（臺北，遠東，1983）

范鴻勛，「日知會」，收於辛亥首義回憶錄，第一輯，（湖北人民出版社，1979）

倪海曙，漢語拼音的故事，收於語文彙編，第五輯，（上海，1958）

酒井忠夫，中國善書の研究，（東京，1973）

夏志清，中國現代小說史，（香港，友聯，1979）

耿雲志，「競業旬報」，收於辛亥革命時期期刊介紹，Ⅲ，（北京社會科學院，1983）

馮自由，革命逸史，第二集，（臺北，商務，1953）

清水盛光，中國鄉村社會論，（上），（東京，1950）

張玉法，中國現代化的區域研究——山東省，1860-1916，（臺北，中央研究院近代史研究所專刊之43，1982）

張存武，光緒三十一年中美工約風潮，（臺北，中研院近史所專刊之 13，1965）

張志公，傳統語文教育初探，（上海，1962）

張朋園，立憲派與辛亥革命，（臺北，1969）

　　——，梁啟超與清季革命，（臺北，1969再版）

張滷編，皇明制書，（臺北，成文，1969），卷九

張難先，「科學補習所始末」、「日知會始末」，俱收於中國史學會主編，辛亥革命（一），（上海，人民出版社，1957）

張灝，「晚清思想發展試論──幾個基本論點的提出與檢討」，中央研究院近代史研究所集刊，第七期，（臺北，1978）

梅蘭芳，「戲劇界參加辛亥革命的幾件事」，收於辛亥革命回憶錄（一），（北京文史資料出版社，1981）

梁若塵，「一個山村裏的革命風暴」，收於辛亥革命七十周年史料專輯，（下）

梁啟超，桃花扇註，飲冰室合集，專集，（上海，中華，1936），第二十集與二十一集

──，新羅馬傳奇，新民叢報，（臺北，藝文，1966），第十號（光緒二十八年五月）。後收於飲冰室合集，專集，第十九集

──，新民說，收於新民叢報彙編續刊（一），（臺灣大通，1969）

──，刼灰夢傳奇，新民叢報，第一號，（光緒二十八年一月）。後收於飲冰室合集，專集，第十九集

──，譯印政治小說序，清議報第一冊，（光緒二十四年十一月），（臺北，成文，1967）

──，論小說與羣治之關係，新小說，（上海書店，1980）

梁煥鼎、梁煥甭，桂林梁先生遺著，（臺北，華文，中華文史叢書之37）

梁濟，辛壬類稿，收於桂林梁先生遺著

梁鐘漢，「我參加革命的經過」，收於辛亥首義回憶錄，第二輯

陳天華，猛回頭，收於中國史學會主編，辛亥革命（二）

──，警世鐘，同上

陳永發，「紅太陽下的罌粟花：鴉片貿易與延安模式」，新史學，第一卷，第四期，（臺北，1990）

陳白塵、董健主編，中國現代戲劇史稿，（北京，1989）

陳匡時，「安徽白話報」，辛亥革命時期期刊介紹，Ⅲ

陶英惠，蔡元培年譜（上），（臺北，中央研究院近代史研究所專刊之36，1967）

康有爲，「上清帝第二書」，收於戊戌變法，Ⅱ，（中國近代史資料叢刊，
　　第八種，上海，1953）

章士釗，「疏皇帝魂」，收於辛亥革命回憶錄，第一集，（北京，中華書局，
　　1962）

──，「趙伯先事略」，收於中華民國史學會主編，辛亥革命，（四）

黃六鴻，福惠全書（臺北，九思，1978影本）

曹亞伯，「武昌日知會之破案」，收於中國史學會主編的辛亥革命（一）

──，武昌革命眞史，（上），（上海，1982）

莫昌藩、鍾德貽、羅宗堂合著，「1910年廣東新軍革命紀實」，收於存萃學
　　社，周康燮主編的辛亥革命資料彙編，（香港，大東，1980）

曾永義，說俗文學，（臺北，聯經，1980）

程季華，中國電影發展史，1（出版時地不詳）

程起陸，「日知會在黃岡的活動」，收於辛亥革命回憶錄（二）

景梅九，「罪案」，收於辛亥革命資料類編，（中國社會科學出版社，1981）

新小說（發行於光緒二十八年到三十一年，此處據上海書店1980年影本）

楊源濬，「陳天華殉國記」，湖南歷史資料，（1959，1）

趙聲，「歌保國」，收於揚州師範學院歷史系編的辛亥革命江蘇地區史料，
　　（江蘇人民出版社，1961）

鄒魯，中國國民黨黨史稿，第二篇，（臺北，商務，1965）

閣折梧編，中國現代話劇教育史稿，（上海，華東師範大學，1986）

端方，「籌辦警務情形摺」，收於端忠敏公奏稿，（臺北，文海，近代中國
　　史料叢刊，第94集）

熊秉坤，「辛亥首義工程營發難概述」，收於辛亥首義回憶錄，第一輯

黎錦熙，國語運動史綱，上，（上海，商務，年代不詳）

魯迅，中國小說史略，（北京，北新書局，1927）

魯迅全集，第一集，（北京，1956）

歐陽予倩，「談文明戲」，收於歐陽予倩戲劇論文集，（上海，1984）

蔡元培，「我在北京大學的經歷」，收於蔡元培自述，（臺北，傳記文學叢書之22，1967）

蔡樂蘇，「清末民初的一百七十餘種白話報刊」，辛亥革命時期期刊介紹，V

——，「中國白話報」，辛亥革命時期期刊介紹，I

蔣觀雲，「中國之演劇界」，新民叢報，第三年第十七期，（光緒三十一年二月）

「論開通下等社會的好法子」，盛京時報，1907，5，3

「論演劇急宜改良」，盛京時報，1907，5，4

論摺彙編，（不著撰人刻本），光緒三十二年十二月

謝彬籌，「近代中國戲曲的民主革命色彩和廣東粵劇的改良活動」，戲劇藝術資料，第二期，（1979，12）

——，「華僑和粵劇」，戲劇藝術資料，第七期，（1982，9）

羅常培，國音字母演進史，（上海，商務，1934），收於語文彙編，第三輯，（中國語文學社編，香港龍門影印，1968）

蘇移，「京劇簡史」，戲曲藝術，1985年2月號

「觀戲記」，收於阿英，晚清文學叢鈔：小說戲曲研究卷

三、英文著作

Adamson, Walter L., Hegemony and Revolution A: Study of Antonio Gramsci's Political and Cultural Theory, (University of California Press, 1980)

Ariès, Philppe; Duby, Georges; Chartier, Roger eds., A History of Private Life, III. Passions of the Renaissance, trans., by Arthur Goldhammer, (Harvard University Press, 1989)

Bullock, Alan, The Humanist Tradition in the West, (New York, Norton & Company, 1985)

Burke, Peter, Popular Culture in Early Modern Europe, (Harper Torch Books, 1978)

Cassirer, Ernst, The Philosophy of the Enlightenment, (Princeton University Press, 1951)

Chang, George Jerlang, Local Control in the Early Ming, 1368-1398, (University of Minnesota, 1978)

Chang, Hao, Liang Ch'i-ch'ao and Intellectual Transition in China, 1890-1907, (Cambridge, Harvard University Press, 1971)

Chow, Tse-tsung, The May 4th Movement: Intellectual Revolution in Modern China, (Harvard University Press, 1960)

Darnton, Robert, The Business of Enlightenment: A Publishing History of the Encyclopédie, 1775-1800, (Harvard University Press, 1979)

——, "Recent Attempts to Creat A Social History of Ideas: In Search of the Enlightenment", Journal of Modern History, Vol. 43, No. 1, (March, 1971)

Duara, Prasenjit, Culture, Power and the State: Rural North China, 1900-1942, (Stanford University Press, 1988)

Esherick, Joseph W., Reform and Revolution in China: The 1911 Revolution in Hunan and Hubei, (University of California Press, 1976)

——, The Origins of the Boxer Uprising, (University of California Press, 1987)

Furet, François, Interpreting the French Revolution, (Cambridge University Press, 1978)

Femia, Joseph, Gramsci's Political Thought: Hegemony, Consciousness, and the Revolutionary Process, (Clarendon Press, Oxford,

1987)

Gay, Peter, The Enlightenment: An Interpretation—The Rise of Modern Paganism, (New York, The Norton Library, 1966)

——, The Enlightenment: An Interpretation, Volume II — The Science of Freedom, (New York, The Norton Library, 1969)

Gurevich, Aron, Medieval Popular Culture: Problems of Belief and Perception, trans, by János M. Bak & Paul, A. Hollingsworth, (Cambridge University Press, 1988)

Hsia, C. T., "Yen Fu and Liang Ch'i-ch'ao as Advocates of New Fiction, " in Adele Austin Rickett, ed., Chinese Approaches to Literature from Confucius to Liang Ch'i-ch'ao, (Princeton University Press, 1978)

Hsiao, Kung-chuan, Rural China: Imperial Control in the Nineteenth Century, (Seattle, 1960)

Hung, Chang-tai, Going to the People: Chinese Intellectuals and Folk Literature, 1918-1937, (Harvard East Asian Monographs 121, 1985)

Johnson David, Andrew J., Nathan & Evelyn S., Rawski eds., Popular Culture in Late Imperial China, (University of California Press, 1987)

Kamenka Eugene, "Revolutionary Ideology and 'The Great French Revolution of 1789-?'" in Geoffrey Best ed., The Permanent Revolution and Its Legacy, 1789-1989, (The University of Chicago Press, 1988)

Kant, Immanuel, "What Is Enlightenment', in Carl J., Friedrich ed., The Philosophy of Kant, (The Modern Library, New York, 1949)

Kuhn, A. Philip, "Civil Society and Constitutional Development", 在 American-European Symposium on State and Society in East Asian Traditions (Paris, 29-31, May, 1991) 上宣讀，中譯文收於近代中國史研究通訊，第十三期，（中央研究院近代史研究所，即將出刊）

Lin Yu-sheng, The Crisis of Chinese Consciousness: Radical Antitraditionalism in the May Fourth Era, (The University of Wisconsin Press, 1979)

Miller, James, Rousseau: Dreamer of Democracy, (Yale University Press, 1984)

Meisner, Maurice, Li Ta-chao and the Origins of Chinese Marxism, (Atheneum, New York, 1977)

Rawski, Evelyn Sakakida, Education and Popular Literacy in Ch'ing China, (Ann Arbor, University of Michigan Press, 1979)

Schma, Simon, Citizens: A Chronicle of the French Revolution, (New York, Alfred A., Knopf, 1989)

Schwartz, Benjamin, In Search of Wealth and Power: Yen Fu and the West, (Harvard University Press, 1964)

Snow, Edgar, Red Star Over China, (New York, Grove Press, 1977)

Spence, Jonathan, The Gate of Heavenly Peace: The Chinese and Their Revolution, 1895-1980, (Penguin Books, 1981)

Tilly, Charles ed., The Formation of National States in Western Europe, (Princeton University Press, 1975)

Tocqueville, Alexis de, The Old Regime and the French Revolution, trans., by Stuart Gilbert, (Doubleday Anchor Books, 1955)

Venturi, Franco, Roots of Revolution: A History of the Populist and Socialist Movements in Nineteenth-Century Russia, trans., by Francis Haskell, (The University of Chicago Press, 1960)

William, Raymond, Marxism and Literature, (Oxford University Press, 1977)

Wright, Mary, "The Rising Tide of Change", introduction to China in Revolution: the First Phase, 1900-1913, ed., by Mary Wright, (Yale University Press, 1968)

Yang, Martin, A Chinese Village: Taitou, Shantung Province, (New York, Columbia University Press, 1959)

索 引